Antje Kientz-Deibel
Mit allen Sinnen draußen und drinnen

Mit allen Sinnen in Kindergarten und Grundschule
herausgegeben von Hertha Beuschel-Menze

Dieses Buch wurde nach den neuen Regeln der Rechtschreibung und Zeichensetzung verfasst.

Zur Autorin:
Antje Kientz-Deibel
Jahrgang 1963, verheiratet, drei Kinder,
seit 1984 als Erzieherin und Kindergartenleiterin in verschiedenen Kindergärten tätig.

Ihre Adresse:
Schäferstr. 20, 77839 Lichtenau

Die Deutsche Bibliothek – CIP-Einheitsaufnahme:

Kientz-Deibel, Antje:
Mit allen Sinnen draußen und drinnen: Arbeitsplan für Kindergarten und Grundschule / Antje Kientz-Deibel. (Ill.: Schahhat Abdo). –
1. Aufl. – Lichtenau: AOL, 1996

ISBN 3-89111-521-0

Illustration: Schahhat Abdo
Umschlagsgestaltung: Isabelle Barth
Satz/Umbruch: Marianne Mertz
Druck: Naber & Rogge • Rheinmünster
Printed in Germany

Jahr:	2002	01	00	99	98	97	96
Auflage:	7	6	5	4	3	2	1

ISBN: 3-89111-521-0

Antje Kientz-Deibel

Mit allen Sinnen draußen und drinnen

VORWORT

Dieses Buch richtet sich an alle Erzieherinnen und Erzieher, die Ideen und Anregungen suchen für ihre tägliche Arbeit (Auch Grundschullehrerinnen und -lehrer sind hier angesprochen.). Es ist in verschiedene Themenbereiche gegliedert, damit einzelne Angebote leicht zu finden sind:

„Ich bin da, du bist da“ enthält Themen, die das Kind und seine Familie betreffen. Hier werden Dinge wie Geburt/Tod, Familie: Vater/Mutter/Geschwister, Selbstständigkeit ... aufgegriffen.

„Natur erleben“ ist der Bereich, in dem die Kinder in der Natur arbeiten, Zusammenhänge erkennen und verstehen.

„Wo ich wohne, gibt es viel zu sehen“, dieser Teil des Buches beschäftigt sich mit der näheren Umgebung, in der die Kinder leben.

Die einzelnen Angebote, die in den Kapiteln beschrieben sind, können aber ohne weiteres auch untereinander außerhalb der Kapitel gekoppelt werden. Die einzelnen Themen sollten nun nicht über die Kinder gestülpt und als fester Plan mit den Kindern durchgearbeitet werden. Vielmehr sollen sie Anhaltspunkte zum Aufgreifen bestimmter Themen geben. Ein Hauptanliegen besteht darin, die Kinder „etwas tun zu lassen“. Das heißt, wenn man etwas kocht, muss man auch einkaufen, zubereiten, den Tisch decken, wieder abräumen und das Geschirr abwaschen. Viele künstlich von Erzieher oder Erzieherinnen initiierte Angebote, die sehr viel Mühe machen, könnten durch ganz einfache, natürliche Situationen ersetzt werden. Beispiele: Kinder mit Knöpfen an der Jacke brauchen keine extra Puppen zum Knöpfen lernen; den richtigen Umgang mit Getränken lernt das Kind am besten, indem es sich selbst eingießen darf; das Wachsen, Blühen und Sterben von Pflanzen erlebt das Kind beim Anlegen eines Gartens intensiver und einprägsamer als beim Anschauen eines Bilderbuchs oder dem Hören einer Geschichte hierzu.

Viele Angebote in diesem Buch sind von verschiedenen Erzieherinnen zusammengetragen und so oder ähnlich schon ausprobiert worden. Es sind Angebote, die von Erzieherin zu Erzieherin weitergegeben und meist auf die jeweilige Gruppensituation zugeschnitten sind. Einige Angebote sind richtig „alte Hüte“, die ich schon im Kindergarten gespielt habe. Leider geraten diese Spiele, Lieder etc. oft in Vergessenheit, obwohl sie wirklich gut sind und den Kindern auch viel Spaß machen (z. B. mein linker Platz ist leer, Fußzähler ...).

Die Angebote sind mit verschiedenen Symbolen gekennzeichnet:

Informationen, allgemeine Anmerkungen für Erzieher und Erzieherin

Werken, Basteln

Bewegungserziehung, Rhythmik, Sport, Tanz

Malen, Zeichnen

Musik, Instrumente, Lieder

Spiele mit 2 oder mehreren Kindern

Geschichten, Bilderbücher

Projekte über einen längeren Zeitraum

Eine weitere Gliederung gibt es in Bezug auf die Wahrnehmung. Alle Angebote sind nach den Wahrnehmungsarten gekennzeichnet, die am meisten damit angesprochen werden. Ein spezielles Inhaltsverzeichnis hierzu ermöglicht Ihnen ein Arbeiten ganz außerhalb der verschiedenen Themenbereiche.

Wahrnehmung:

Zum Wahrnehmungsprozess gehören:

1. Die Aufnahme verschiedener Reize aus der Umwelt und aus dem Körper durch die entsprechenden Sinnesorgane
2. Die Weiterleitung in entsprechende Hirnbereiche
3. Die Verarbeitung der Informationen im Gehirn (das richtige Einordnen in bisherige Erfahrungen und Handlungen)

OHNE Stimulation keine Erfahrung
OHNE Erfahrungen keine stabilen Wahrnehmungssysteme
OHNE stabile Wahrnehmungssysteme kein Vergleich mit bereits Erfahrenem/keine Einordnung in Systeme
OHNE Möglichkeit der Einordnung in Systeme herrscht Chaos, die Wahrnehmung wird abgeschaltet.

Die verschiedenen Wahrnehmungsarten und ihre Kennzeichnung:

Visuelle Wahrnehmung	**viw**	– Sehsinn der Augen
Auditive Wahrnehmung	**auw**	– Hörsinn in der Hörschnecke des Innenohrs
Olfaktorische Wahrnehmung	**olw**	– Geruchsinn der Nase
Gustatorische Wahrnehmung	**guw**	– Geschmacksinn der Zunge und des Gaumens
Kinästhetische Wahrnehmung	**kiw**	– Der Bewegungssinn der Muskeln, Sehnen und Gelenke. Druck, der über die Sinneszellen der Muskeln, Sehnen und Gelenke weitergeleitet wird.
Vestibuläre Wahrnehmung	**vew**	– Gleichgewichtssinn im Labyrinth des Innenohrs
Taktile Wahrnehmung	**taw**	– Tastsinn und Berührung der Haut (unser Körper mit seiner gesamten Hautoberfläche)

Zur Zeit ist es leider so, dass Kinder auf Grund ihrer eingeschränkten Bewegungsfreiheit (viele Straßen, wenig Platz zum freien Spielen) viele visuelle und auditive Reize erhalten (Fernsehen, Computerspiele ...) während der Bewegungssinn, der Tastsinn und der Gleichgewichtssinn immer mehr ins Hintertreffen geraten.
Wenn Sie sich einmal Ihre Angebote im Kindergarten ansehen und in die verschiedenen Wahrnehmungsarten gliedern, werden Sie feststellen, dass auch im Kindergarten viel mit Augen und Ohren gearbeitet wird. Dabei wäre es manchmal ganz einfach ein Angebot abzuändern um mehr Sinne anzusprechen (Beispiel: das Spiel „Mein linker, linker Platz ist leer" ist hauptsächlich visuell. Wenn die einzelnen Kinder aber zu ihrem Platz hüpfen, auf allen Vieren gehen, wird auch der Bewegungssinn angesprochen.)

Bedanken möchte ich mich bei **Petra Bleich** für ihre Hilfe aus ergotherapeutischer Sicht, außerdem bei **Bruni Karcher** für ihre Ideen und ihr offenes Ohr und natürlich auch bei **Gebhard**, ohne dessen Unterstützung dieses Buch nie entstanden wäre. Außerdem möchte ich all jene nicht vergessen, die hier keine namentliche Erwähnung finden, mir aber immer wieder zugehört und mit Ideen weitergeholfen haben.

INHALTSVERZEICHNIS

2. NATUR ERLEBEN

1. ICH BIN DA, DU BIST DA

1.1 DIE NEUEN KINDER

In vielen Kindergärten sind die vorhandenen Plätze begrenzt. Es müssen Wartelisten angelegt werden. Wenn nun nach den Sommerferien die Großen in der Schule sind und im Kindergarten wieder Platz ist, kommen die ganzen 3-4-Jährigen, die auf der Warteliste waren, in die Gruppen. Nun muss das ganze Gruppengefüge neu zusammenwachsen. Für die Erzieherin bedeutet dies einerseits auf die neuen Kinder einzugehen und ihnen den Start so leicht wie möglich zu machen und andererseits auch die größeren Kinder nicht zu vernachlässigen, die ihrerseits wieder ihren neuen Platz in der Gruppe suchen. In diesem Kapitel habe ich insbesondere Angebote beschrieben, die den kleineren viel Spaß machen und die das Gruppengefüge festigen.

taw,viw

EIMER MIT VERSCHIEDENEN BÄLLEN

Material:
1 Eimer mit Deckel, viele verschiedene Bälle (große, kleine, feste, weiche, mit Noppen, zum Quietschen, mit Löchern u.v.m.), die ausgefallensten Bälle gibt es in Tierhandlungen.

Die Bälle eignen sich fürs Zimmer zum Spielen und Tasten, aber auch im Turnraum, zum Beispiel in Verbindung mit den Rollbrettern. Die Kinder lieben diesen Balleimer und Sie werden merken, dass nicht jedes Kind jeden Ball anfasst. Viele Kinder haben Schwierigkeiten im taktilen Bereich und blockieren bei verschiedenen Materialien. Die Kinder können mit diesen Bällen frei spielen. Sie können diesen Eimer aber auch gezielt einsetzen z. B. in der Bewegungserziehung.
Eine schöne Übung ist das Einsammeln der Bälle mit den Rollbrettern: Die Kinder sitzen, liegen auf den Brettern und werden geschoben oder „paddeln" ...
Zu diesem Thema lesen Sie auch im Kapitel 3.1. Ich kenne meine Straße (Rollbretter).

auw, viw

GERÄUSCHMEMORY

Material:
leere Filmdosen, Sand, Reis, Kies, Erbsen, Wasser, Grieß, Zucker, u.s.w.

Die Kinder bringen von Zuhause leere Filmdosen mit. Wenn nicht genügend zusammenkommen, können Sie auch in einem Fotogeschäft danach fragen. Nun werden immer 2 mit dem gleichen Material gefüllt. Die Kinder haben sicher gute Ideen, was man alles hineinfüllen kann. Sie sollten nur darauf achten, dass die Kinder die Geräusche gut differenzieren können.
Jetzt kann es losgehen. Die Regeln für dieses Spiel sind die gleichen wie beim normalen Memory. Die Kinder können die Dosen aber einfach auch nur zum Hören nehmen ohne irgendwelche Spielregeln.

taw, kiw

KNETE SELBST HERGESTELLT

Material:
Mehl, Salz, Alaunsalz (erhält man in der Apotheke) Öl, Zwiebelschalen, Rotholz, Blauholz (ist ebenfalls in der Apotheke erhältlich, wird oft zum Eier färben benutzt). Natürlich kann man auch Lebensmittelfarbe verwenden, evtl. einige Tropfen ätherisches Öl.

Knete-Rezept:
400 g Mehl
200 g Salz
2 El. Alaunsalz
2 El. Öl
1/2 l kochendes Wasser

Die Zutaten werden alle zu einem Teig geknetet. Fertig ist die Knete. Allerdings ist sie nun nur weiß. Wer verschiedenfarbige Knete möchte, muss vorher in dem halben Liter Wasser entweder Zwiebelschalen (ergibt die Farbe hellbraun), Rotholz (rot), Blauholz (blau) aufkochen und dann abseihen. Wer Lebensmittelfarben nimmt, muss diese einfach während des Zusammenmischens dazugeben.
Diese Knete ist sehr gut zu formen, sie ist weich, klebt aber nicht an den Fingern. Wer will, kann der Knete noch ein Paar Tropfen ätherisches Öl zugeben, das gibt einen besseren Geruch. Sie muss in einer luftdichten Dose (leere Eisdosen eignen sich sehr gut) oder Plastikschüssel aufbewahrt werden, da sie sonst austrocknet. Reste, die auf den Boden fallen, kann man einfach auffegen, wenn sie getrocknet sind. Wird die Knete durch häufige Verwendung, oder weil sie einmal offengelassen wurde, zu spröde oder ist angetrocknet, so kann man einfach mit einem Pflanzensprüher etwas Wasser darübersprühen und über Nacht wieder einziehen lassen.
Gerade die ganz kleinen Kinder spielen sehr gerne damit, backen Kuchen, Plätzchen oder kneten sie auch nur mit den Fingern. Will man eine Figur aufbewahren, so braucht man sie nur trocknen lassen.

taw

SOCKENTIER

Material:
1 große Herrensocke aus Frottee, etwas Pappe, Filzreste, 2 Knöpfe oder Perlen für die Augen, Klebstoff und Nähseide, eventuell Woll- und Fellreste.

Zuerst müssen Sie wissen, was für ein Tier Sie als Gruppenmaskottchen haben wollen. Dementsprechend müssen Sie die Farbe der Frotteesocke wählen. Die Grundform ist für alle Tiere gleich. Der Socke wird vorne die Spitze etwa 4 cm lang abgeschnitten. Nun fertigen Sie aus Pappe das Maul des Tieres. Ein Froschmaul wird vorne rund, eine Hundeschnauze länglich, ein Vogelschnabel spitz. Die Pappe wird in der Mitte gefaltet und dann doppelt ausgeschnitten. Nun wird die Pappe in die vorher geschnittene Strumpföffnung mit dem geschlossenen Teil nach hinten gelegt. Jetzt wird die Pappe aufgeklappt und der Strumpfrand daran festgeklebt. Mit Filz wird das Maul verziert. Dann wird die Ferse mit etwas Watte ausgestopft. So, die Grundarbeiten sind erledigt.
Nun hängt es von Ihrer Phantasie ab, welche Haare, Zähne, Ohren und so weiter das Tier bekommt.

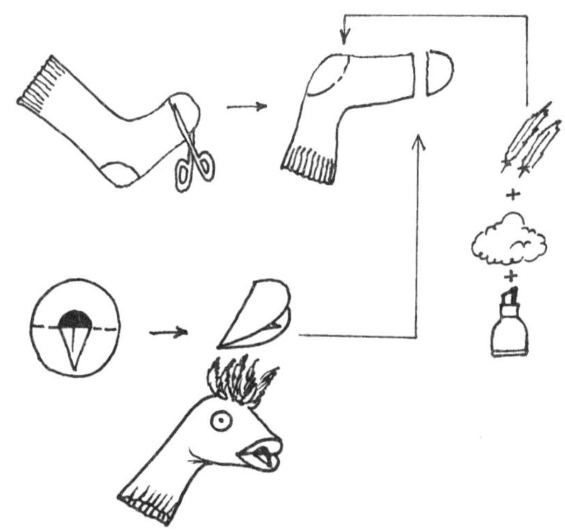

viw

HANDPUPPENSPIEL

Wir hatten in unserer Gruppe einen grünen Sockenfrosch mit Namen Walter. Walter nahm an vielen Gruppenunternehmungen teil, tröstete verletzte Kinder, heiterte kleinere Kinder, die weinten, auf. Er wurde von den Kindern heiß und innig geliebt. Schön war die Geschichte, wie Walter zu uns kam.
Eines Tages, es war kurz nach den Sommerferien, brachte der Postbote ein Päckchen für unsere Gruppe. Alle waren ganz neugierig, was wohl da drinnen sei und wer uns wohl dieses Päckchen geschickt hatte. Auf dem Absender stand aber nur: ein guter Freund. Bis heute haben wir nicht herausgefunden, wer das ist. Wir öffneten vorsichtig das Papier, heraus kam ein Karton. Der Karton war ganz leicht. Es konnte also nichts Schweres darin sein. In dem Karton war in Watte

gehüllt ein grüner Frosch. Ich habe den Frosch herausgenommen und über die Hand gezogen. Da hat er sich gereckt und gestreckt und einige Male ganz herzhaft gegähnt. Als er sich dann so umschaute, erschrak er sehr, weil so viele Kinder um ihn herum standen. Er versteckte sich schnell hinter meinem Rücken. Erst nach einigem guten Zureden war er bereit wieder hervorzukommen und uns zu erzählen, wie er heißt.

Seit diesem Tag lebt Walter bei uns. Er hat einen festen Platz im Gruppenraum und ist immer da, wenn er gebraucht wird.

vew, kiw

KNIEREITERSPIELE

Der Erwachsene sitzt auf einem Stuhl und hat das Kind mit dem Gesicht zu sich gewendet auf dem Schoß sitzen. Die beiden halten sich an den Händen. Gemeinsam spricht man den Reim:

Hoppe, hoppe Reiter,
wenn er fällt, dann schreit er,
fällt er in den Graben,
fressen ihn die Raben,
fällt er in den Sumpf,
macht der Reiter plumps.

Während des Reimes wippt der Erwachsene rhythmisch mit den Beinen, die am Boden stehen. Wenn es heißt „plumps“, lässt man das Kind langsam nach hinten. Je besser die Kinder das Spiel kennen, desto schneller kann man den Plumps machen.

Oder aber:

Fährt ein Schifflein auf dem Meer,
fährt ganz ruhig vor sich hin.
Ziehen dicke Wolken her,
bringen mit den Wind.
Wie das wackelt, wie das schwankt,
hin und her und her und hin,
und der Wind bläst mehr und mehr,
peitscht die Wellen schnell daher,
kommt 'ne große Welle mit kawumm,
wirft das arme Schifflein um.

Die Ausgangssituation ist die gleiche wie beim vorhergehenden Spiel. Nur werden jetzt die Beine abwechselnd auf und ab bewegt. Wenn der Wind stärker wird, werden auch die Bewegungen stärker. Wenn das Schifflein umfällt, darf auch das Kind auf die Seite fallen.

taw, auw, viw

FINGERSPIELE AM KÖRPER

Erzieherin und Kind sitzen sich gegenüber. Das Kind streckt den Arm aus und gibt der Erzieherin die Hand. Die Erzieherin spricht:

Kommt ein Mann ganz schnell heran,
hier klopft er an,
geht weiter froh und heiter,
klingelt an der Tür.
Läuft weiter hier im Haus,
klingelt nun Herrn Nachbar raus,
geht wieder runter, ganz vergnügt und munter.

Die Erzieherin geht mit 2 Fingern den Arm des Kindes hinauf. Am Ellbogen klopft sie an.
Geht weiter, klingelt an einem Ohr, geht über den Kopf, klingelt am anderen Ohr und geht den anderen Arm wieder hinunter.

Oder:

Kommt ein Mäuschen,	– Die Erzieherin krabbelt mit den Fingern auf dem Tisch in Richtung Kind.

baut ein Häuschen,	- Sie macht mit den Händen ein Hausdach.
kommt ein Mückchen,	- Sie zeigt mit dem Zeigefinger auf das Kind und macht fliegende Bewegungen.
baut ein Brückchen.	- Mit der Hand wird eine Brücke dargestellt.
Kommt ein Floh,	- Die Hand macht springende Bewegungen.
der macht - sieh, sah, so.	- Jetzt wird das Kind gekitzelt.

Sie werden sich jetzt vielleicht fragen, warum ich solche Babyspiele mit den Kindern mache. Das ist ganz einfach: Immer mehr Kinder haben Störungen in ihrer Körperwahrnehmung. Solche Spiele sind eine gute Stimulation den eigenen Körper wieder bewusster wahrzunehmen.

taw

WÄSCHEKLAMMERSPIEL

Material:
Wäscheklammern

Ein Kind macht die Augen zu und bekommt dann Wäscheklammern an der Kleidung befestigt. Nun muss es durch Tasten herausfinden, wo die Klammern sind. Bei kleineren Kinder empfiehlt es sich nur 1 Wäscheklammer zu nehmen und diese am Rücken zu befestigen, da kleinere Kinder die Augen noch nicht lange geschlossen halten können und die Klammern ja ertastet und nicht nur gesehen werden sollen.

Dieses Spiel kann man auch zum Aufwärmen im Sport nehmen. Jedes Kind erhält die gleiche Anzahl an Wäscheklammern (ich nehme bis zu 6 Klammern). Diese Klammern sollen sie sich selbst am Oberkörper festmachen. Sind alle angebracht, geht der Wäscheklammerklau um.
Jeder darf vom anderen die Klammern klauen und diese anstecken. Haben sie sich genügend ausgetobt, wird das Spiel beendet. Jeder kann sagen, wie viele Klammern er hat.

viw

MEIN LINKER, LINKER PLATZ IST LEER

Alle Kinder sitzen im Kreis auf Stühlen oder auf dem Boden (jedes Kind sollte auf einem Kissen oder einem Stück Teppichboden sitzen). Neben einem Kind ist der linke Platz frei. Der linke Platz deshalb, weil die linke Seite für Kinder beim Straße überqueren wichtig ist. Man könnte natürlich auch rechts nehmen. Jedoch muss mach sich für eine Seite entscheiden, wegen der Ähnlichkeitshemmung.
(Lesen Sie dazu die kostenlose Infobroschüre aus dem AOL-Verlag, Best.-Nr. F101.) Dieses Kind klopft mit seiner Hand auf den freien Platz und spricht: „Mein linker, linker Platz ist leer, da wünsch' ich mir den/die (Name eines anderen Kindes) her. Dieses gerufene Kind setzt sich auf den leeren Platz. Weiter geht das Spiel mit dem Kind neben dem der linke Platz nun leer ist.

viw
Variante: Die Kinder hüpfen, gehen auf allen Vieren, ... zu ihrem Platz.

Bilderbücher zum Thema:
Gilla Linnemann: Gesa geht in den Kindergarten, Siegbert Linnemann Verlag.
Theresa Binsteiner, Hartmut Schmidt: Komm, ich zeig dir meinen Kindergarten, Herder.
Jo Seibt: Der Neue. Herold, München.

1.2 IN MEINER FAMILIE FÜHLE ICH MICH GEBORGEN

Die Welt der Kinder hat sich verändert. Sie haben nicht nur immer weniger Platz und Freiraum, auch die Familiensituation hat sich gewandelt. Früher wuchsen die meisten Kinder in einer Großfamilie auf. Sie hatten viele Geschwister und meistens lebten auch die Großeltern mit unter einem Dach.
Heute wachsen viele Kinder in einer unvollständigen Familie auf. Entweder fehlt ein Elternteil oder es sind keine Geschwister vorhanden. Es gibt immer mehr sogenannte Patchworkfamilien. Das sind Familien, in denen ein Stiefelternteil lebt. Hinzu kommt, dass viele alleinerziehende Eltern den ganzen Tag arbeiten müssen um den Lebensunterhalt zu verdienen.
Dies alles führt dazu, dass der Kindergarten immer mehr familienersetzende Aufgaben übernehmen muss. Deshalb ist es ganz besonders wichtig im Kindergarten eine Atmosphäre zu schaffen, in der sich Kinder geborgen fühlen und ihre Bedürfnisse ausleben können.

taw, viw,

WIR BAUEN EIN TASTHAUS

Material:
große Kartons, Kleber, Fingerfarben, Kronkorken, Kunstrasen, Wachstuch, Fellreste, Sandpapier, Tapetenreste, Wellpappe, leere Toilettenpapierrollen u.s.w.

Das Tasthaus sollte in Gruppenarbeit gebaut werden. Jede Gruppe erhält einen großen Karton (gibt's in vielen Supermärkten, Baumärkten oder Elektrogeschäften). Dieser wird zu einem Haus zusammengeklebt. Jetzt kann jede Gruppe ihr Haus bekleben wie sie will. Sie sollten darauf achten, dass den Kindern möglichst viele verschiedene Materialien zur Verfügung stehen, die zum Tasten anregen.

Nicht vergessen, den Kindern Malkittel anzuziehen.

MALKITTEL

Material:
alte Hemden, Gummiband, Imprägnierbäder (erhält man in Reinigungen oder Campingartikelgeschäften)

An den Hemden werden vorne die Ärmel abgeschnitten Die Abschnittkante wird 2 cm breit umgenäht und ein Gummi eingezogen. Nun haben die Kinder Malkittel, die schön lang sind und an den Armen nicht rutschen.
Am besten knöpft man die Kittel hinten zu und wer will, kann sie noch in ein Imprägnierbad geben, damit sie wasserabstoßend sind.

taw, kiw

PIZZA BACKEN, EINMAL ANDERS

Die Kinder bilden zusammen Paare. Immer ein Kind legt sich bäuchlings auf den Boden, sein Partner setzt sich daneben. Nun spielen wir Pizza backen auf dem Rücken des Liegenden.
Das sitzende Kind formt mit seinen Händen den Mehlberg, macht eine Kuhle hinein, zerbröckelt die Hefe, rührt Mehl hinein, gibt Salz hinzu und knetet dann alles zusammen.
Als nächstes wird der Teig ausgerollt. Nun darf das liegende Kind wählen, welche Zutaten es auf seiner Pizza

haben will. Tomaten, Salami, Schinken, Zwiebeln, Pilze u.s.w. müssen geschnitten werden, den Käse muss man reiben. Dies macht man am besten auf dem Popo des liegenden Kindes. Am Schluss kommt die Pizza in den Ofen. Dafür legt man eine kleine Decke über das Kind. Wenn die Pizza fertig ist, wird sie geschnitten und gegessen. Jetzt dürfen die Partner den Platz wechseln.

Was man beachten sollte:
Das erste Mal wäre es geschickt, wenn die Erzieherin das Spiel zusammen mit den Kindern erarbeiten und es dann selbst vormachen würde. Die Kinder dürfen nicht zu ungestüm miteinander umgehen, brauchen aber auch nicht zu zaghaft zu sein.
Sie werden sehen, dass dieses Spiel den Kindern sehr viel Freude bereitet und sie es immer wieder spielen wollen.

taw, viw

PUPPENKLEIDERWASCHTAG

Material:
Wanne, Waschmittel, Wäscheständer und Wäscheklammern

Die Kinder bekommen eine Wanne und Waschmittel. Nun können sie Wasser einfüllen und ganz selbstständig die Puppenkleider waschen, auswringen, aufhängen, trocknen lassen, abhängen, zusammenlegen und wieder aufräumen.

viw, kiw

PUPPENECKE NEU EINRICHTEN

Material:
Decken, Vorhänge, Rollbrett, Wäscheklammern

Fast in jedem Kindergarten sieht die Puppenecke ähnlich aus. Alles ist festgelegt. Es bleiben für die Kinder wenig Möglichkeiten sie nach ihren Vorstellungen zu gestalten.
Stellen Sie zusammen mit den Kindern einmal um und gestalten Sie die Puppenecke so, dass die Kinder auch alleine umräumen können. Spannen Sie Schnüre, an denen man Decken und Vorhänge befestigen kann, damit die Kinder die Puppenecke in einzelne Zimmer unterteilen können.
Geben Sie ihnen die Möglichkeit ungestörter und unbeobachteter zu spielen. Mit Hilfe eines Rollbrettes werden alle Möbel variabler. Jetzt können die Kinder die Möbel auf das Rollbrett stellen und an eine andere Stelle rollen.
Sie werden sehen, dass die Kinder, wenn sie mehr Möglichkeiten haben selbst etwas zu gestalten, phantasievollere Rollenspiele spielen.

kiw, taw

MATRATZENBETT

Material:
dreigeteilte Matratzen, verschiedene Bezugsstoffe (wie z. B. Cordsamt, Webpelz, Futterstoff, Jute, Wachstischtuch)

Die meisten Kindergärten haben in ihren Gruppenzimmern Matratzen zum Kuscheln. Da dies meistens aber nur eine große Matratze ist, ist die Nutzungsmöglichkeit sehr eingeschränkt. Mit einer dreigeteilten Matratze kann man Hütten und Häuser bauen, Kuscheln, u.v.m., was Ihnen die Kinder schon zeigen werden.
Der unterschiedliche Bezugsstoff soll den Kindern spielerisch verschiedene Sinneswahrnehmungen vermitteln. Scheuen Sie sich nicht einen Teil der Matratze mit Wachstuch zu beziehen, auch wenn es sich kalt und unangenehm anfühlt. Die Kinder werden auch diese benutzen.

vew, kiw
Variante: darüberlaufen, daraufhüpfen

olw, guw

MITTAGESSEN IM KINDERGARTEN

Pizza, Gurkensalat und Obstquark
Heute sind wir alle mal Mutter oder Vater und bereiten unser Mittagessen selbst. Das Mittagessen sollte so gewählt

werden, dass die Kinder möglichst viel selbstständig zubereiten können.
Ich mache hier den Vorschlag Pizza, Gurkensalat und Obstquark. Sie können aber auch andere Mahlzeiten kochen, welche die Kinder gerne essen.

Pizza

Das braucht man für eine Gruppe:

Teig:

750 g	Weizenvollkornmehl
3 Tl.	Salz
500 g	Magerquark
1 1/2	Tassen Sonnenblumenöl
1 1/2	Tassen Wasser

Belag:

300 g	Champignons
300 g	Emmentaler Käse
3 El.	Kräuter (Oregano, Basilikum)
4	Knoblauchzehen
3	Paprikaschoten
1 kg	Tomaten
1-2 Tl.	Kräutersalz
1 El.	Margarine

Zubereitungszeit: 45 Minuten
Ruhezeit für den Teig: 1/2 Stunde
Backzeit: 35-40 Minuten, mittlere Schiene, 22O°C

Gurkensalat

Zutaten:

2	Salatgurken
1/2 Tl.	Kräutersalz
1 Tl.	Dill
2 El.	Essig
2 El.	Sonnenblumenöl

So wird's gemacht:
Gurken in Scheiben schneiden, Salatsoße herstellen und vermischen.
Zubereitungszeit: 1/2 Stunde

Obstquark

Zutaten:

500 g	Magerquark
1	Tasse Sahne
1	Tasse Honig
	etwas Milch je nach Konsistenz
1-2	Bananen
2	Äpfel
500 g	Erdbeeren, Himbeeren, Pfirsiche u.s.w. je nach Jahreszeit

So wird's gemacht:
Den Quark, die Sahne und den Honig zusammenrühren. Das Obst wird kleingeschnitten und in die Quarkmasse gegeben. Zum Schluss wird noch etwas Milch zugegeben, wenn die Quarkmasse zu fest ist.

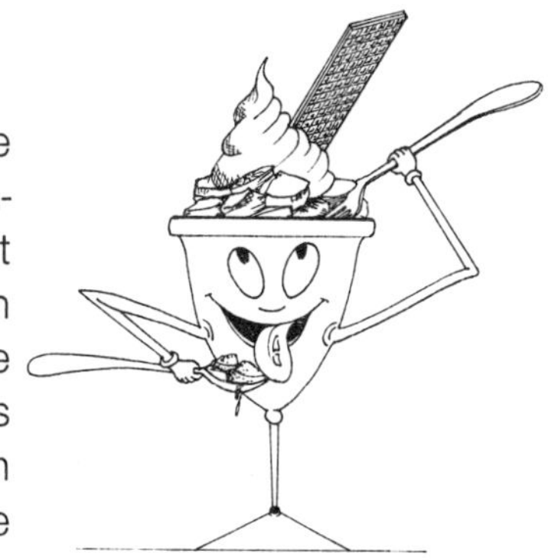

Zum Schluss noch etwas ganz Grundsätzliches. Diese Rezepte sind Vorschläge, welche jederzeit abgewandelt werden können. Sie sollten darauf achten, dass die Zutaten jahreszeitlich stimmen. Es wäre blödsinnig im Winter Tomaten zu kaufen. Dann nehmen Sie lieber eine Dose.
Selbstverständlich sollte auch sein, dass die Kinder nicht nur kochen, sondern auch den Tisch decken, nach dem Essen abräumen, den Tisch abwischen, das Geschirr abwaschen, abtrocknen und wieder wegstellen. Also viel Spaß und guten Appetit.

auw

BERRIT UND IHR FREUND FLORIAN

Heute möchte ich euch eine Geschichte von Berrit und ihrem Freund Florian erzählen. Berrit ist 5 Jahre alt und lebt mit ihrer Mutter in Hamburg. Ihr Vater lebt in einer anderen Stadt. Sie sieht ihn nur am Wochenende und in den Ferien. Die Eltern haben sich nicht mehr verstanden und ließen sich deshalb scheiden als Berrit 2 Jahre alt war. Am Anfang war Berrit deshalb ganz traurig. Mittlerweile hat sie sich aber daran gewöhnt.
Wenn sie am Wochenende bei ihrem Vater ist, unternehmen sie immer ganz tolle Dinge miteinander. Einmal gehen sie in den Zoo, dann in den Freizeitpark oder ins Kino. Sie freut sich jedesmal sehr auf ihren Vater. Am Sonntagabend geht Berrit dann aber auch wieder gerne zu ihrer Mutter nach Hause. Denn sie hat ihre Mutter sehr lieb und am Montag ist wieder Kindergarten und da trifft sie ihren besten Freund, den Florian. Berrit und Florian sind gleich alt. Sie spielen fast immer gemeinsam und sie erzählen sich alles. Berrit

erzählt ihm, wenn sie Ärger mit ihrer Mutter hatte und Florian erzählt ihr über den Streit mit seinem Bruder.

Eines Morgens, Florian war schon im Kindergarten, kam Berrit ins Gruppenzimmer und hat ihn nicht angesehen. Sie sagte der Erzieherin guten Morgen und hat sich alleine an einen Tisch gesetzt. Da hat sich der Florian schon gewundert, weil Berrit sonst immer zuerst ihm guten Morgen sagt. Er hat sein Spiel fertig gemacht und ist zu Berrit gegangen. Aber die hat ihn gar nicht angeschaut. „Hey bist du mit dem linken Fuß aufgestanden?“ fragte er Berrit. Da hat Berrit ihn angeschrien er solle sie in Ruhe lassen und abhauen. Er ist ganz erschrocken und hat sie in Ruhe gelassen. Den ganzen Morgen spielte Berrit alleine und hat mit niemanden ein Wort gesprochen.
Als es Mittag war, gingen beide traurig nach Hause. Am Nachmittag war es wieder das gleiche. Florian wurde schon richtig wütend auf Berrit und dachte: „Die blöde Kuh soll doch gerade machen was sie will. Wenn sie nicht mit mir sprechen will, soll sie es eben bleiben lassen.“ Aber traurig war er trotzdem darüber. Als Berrit von ihrer Mutter abgeholt wurde, hat er gehört wie die Mutter sagte: „Berrit komm beeile dich, Klaus wartet schon auf uns.“ Florian kannte keinen Klaus. Er nahm sich vor, am anderen Morgen Berrit zu fragen, wer dieser Klaus ist.

Als Berrit am nächsten Morgen in den Kindergarten kam, ging er zu ihr und sagte: „Hey, Berrit, sag mal, wer ist denn Klaus? „Da fing Berrit auf einmal an zu weinen und erzählte Florian schluchzend, dass ihre Mutter jetzt einen Freund hat, der Klaus heißt. Florian fragte: „Warum weinst du denn? Ist der so blöd, dass du ihn nicht leiden kannst?“ „Das weiß ich nicht. Ich kenne ihn doch gar nicht. Ich möchte aber nicht, dass die Mutti einen Freund hat. Wir brauchen keinen Mann im Haus.“ Da wunderte sich Florian und meinte: „Aber du hast doch auch mich als Freund. Vielleicht will deine Mutter auch einen Freund mit dem sie alles besprechen kann.“ „Meinst du?“ fragte Berrit. „Klar“ sagte Florian.
Nach diesem Gespräch wurde Berrit ganz nachdenklich und überlegte: „Na ja, vielleicht hat der Florian recht. Und ich müsste diesen Klaus doch erst mal ein bisschen kennenlernen.“

Zu diesem Thema lesen Sie auch die Kapitel:

3.1. Ich kenne meine Straße
3.3. Mein Vater ist Bäcker, meine Mutter Briefträgerin

Bilderbücher zum Thema:
Friedel Schmidt: Ein großes Schwein war auch mal klein. Gerstenberg.
Nele Maar, Verena Ballhaus: Papa wohnt jetzt in der Heinrichstraße. Modus Vivendi.
Antoinette Becker, Marlis Scharff-Kniemeyer: Und was wird aus uns? Ravensburger.
Irmgard Eberhard, Ursel Scheffler: Hier bin ich zu Hause. Ravensburger.

Bilderbuch zum Thema Arbeitslosigkeit der Eltern:
Wolf Harranth, Christina Oppermann-Dimow: Mein Papa hat was verloren. Jungbrunnen.

1.3 ICH HABE EINE OMA UND EINEN OPA

Das Bild von Oma und Opa hat sich geändert. Viele von ihnen sind noch jung, arbeiten noch und wohnen meistens auch irgendwo anders als ihre Enkel. Die Großfamilie wurde durch die Kleinfamilie ersetzt.
Alte, gebrechliche Opas, Omas, Urgroßeltern sind meist im Alten-/Pflegeheim untergebracht. Dort verbringen sie ihren Lebensabend. Die Kinder haben kaum Berührung mit ihnen. Bei Besuchen gibt es häufig Ärger, weil sich Großeltern und Kinder nicht gut kennen.

auw

GESPRÄCH ÜBER GROßELTERN

Anlass, dieses Thema aufzugreifen, könnte sein: ein Kind bekommt Besuch von Großeltern, die es nicht oft sieht - eine Oma/Opa wird krank oder stirbt - Kinder gehen in Ferien zu ihren Großeltern. Die Erzieherin er-

zählt über ihre Großeltern. Ob sie noch leben, wo sie leben, ob sie sie oft sieht, wieviel Omas und Opas sie hat. Nun erzählen die Kinder von ihren Großeltern. Dabei gilt: Jedes Kind darf erzählen, die anderen hören zu. Wer nicht will braucht nicht.
Wenn Sie eine große unruhige Gruppe haben, in der solche Gespräche schwer sind, teilen Sie die Gruppe und führen das Gespräch in Kleingruppen.

viw

BILDER VON OMA UND OPA

Material:
Tonpapier und Fotoecken

Die Kinder können von Zuhause Fotos ihrer Großeltern mitbringen. Die Fotos sollen aus verschiedenen Lebensabschnitten stammen. Kinderbilder, Hochzeitsfotos, Bilder mit Enkeln und neuere Bilder. Dies muss natürlich in einem Elternbrief angekündigt werden, denn ohne Mithilfe der Eltern geht es hier nicht. Nun brauchen wir noch ein Bild jedes Kindes. Das können auch die Kinder von Zuhause mitbringen oder aber Sie machen selbst von jedem Kind ein Bild. Jedes Kind, das Bilder mitbringt, darf auf einem Blatt Tonpapier sich und seine Großeltern mit Fotoecken befestigen. Durch Fotoecken gehen die Bilder nicht kaputt.
Nun gibt es auch immer Kinder, die nichts mitbringen. Was tun? Sie können zu Anfang gleich erklären, dass es möglich ist, dass keine Bilder vorhanden sind. Wer keine Bilder hat, darf zu seinem Bild (das ist auch der Vorteil, wenn man die Kinder selbst fotografiert) einfach seine Großeltern malen. Kinder deren Großeltern schon gestorben sind, sollen ruhig auch Bilder von ihnen mitbringen zum Anschauen und Erinnern.

viw, taw

STEINZEITWEBEN

Material:
Schnur, einen Stock, viel verschiedenes Naturmaterial (lange Gräser, Getreidepflanzen, Baumrinde, Maisblätter ... die Materialauswahl ist stark von der Jahreszeit abhängig), Steine

An einem Stock werden gleich lange Schnüre angebracht. Die Menge der Schnüre hängt von der Breite des Stockes ab. Dieser Stock wird an einem Ast oder einer Stange mit 2 Schnüren aufgehängt. Die langen Schnüre werden jeweils mit einem Stein beschwert. Nun können die Kinder die verschiedensten Materialien, die sie irgendwo finden, hineinweben.

Lassen Sie die Kinder alleine überlegen, was sie hineinweben wollen. Und auch das Problem der Höhenüberwindung werden die Kinder alleine lösen.

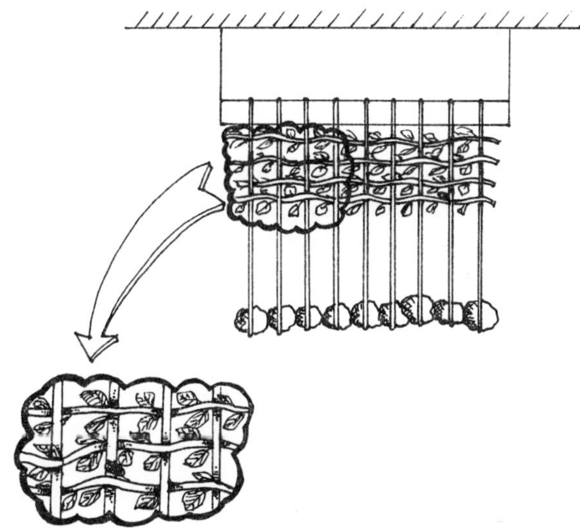

ALTENHEIMBESUCH MIT GARTENFEST

Für Kinder, die eine Oma oder einen Opa im Altersheim haben, sind die Besuche dort oft langweilig. Alles ist fremd, es sind so viele alte Menschen auf einmal. Machen Sie mit den Kindern einen Besuch im Altenheim, der anders ist. Geplant wird ein Gartenfest mit den Bewohnern. Es soll ein Fest werden, bei dem die Kinder und alten Menschen gemeinsam Spiele machen, singen, tanzen und essen.

Hierzu müssen Sie sich zuerst mit der Altenheimleitung in Verbindung setzen und das Organisatorische regeln. Erklären Sie, welche Vorstellungen Sie bei einem Besuch haben (ein kurzes Vorsingen bringt weder den Kindern noch den alten Menschen viel). Vielleicht ist es möglich gemeinsam an einem Grillplatz oder am Lagerfeuer zu grillen. Gestalten Sie mit den Kindern eine Einladung, die an die Altenheimbewohner verteilt werden.

Spiele und Lieder beim Altenheimbesuch:
Ich habe hier vorwiegend alte Kinderlieder gewählt. Zum einen ist es für Kinder interessant zu erfahren, welche Lieder auch schon ihre Großeltern gesungen haben. Zum anderen sind diese Lieder und Spiele den meisten älteren Menschen bekannt.

auw, taw

RINGEL RINGEL ROSEN

Alle stehen im Kreis und halten sich an den Händen. Während das Lied gesungen wird, gehen alle im Kreis, bis es heißt: „Alle Kinder setzen sich“. Hier gehen alle Mitspieler in die Hocke. Bei „Ade Papa, Ade Mama“ winken alle Mitspielenden. Bei „Ringel, Ringel, Hopsasa“ springen alle in die Höhe.
Dieses Spiel hat meine Oma noch mit 86 Jahren mit den Urenkeln gespielt.

Ringel, Ringel, Rosen

Text und Melodie: volkstümlich

auw, viw, kiw

SCHMETTERLING, DU KLEINES DING

Alle Mitspieler stehen im Kreis. Einer darf der Schmetterling sein. Die anderen sind die Blumen. Der Schmetterling geht im Kreis herum und sucht sich eine Tänzerin. Wenn es heißt „Juheirassa", tanzt der Schmetterling mit ihr herum. Ist die Strophe fertig, darf die Tänzerin den Schmetterling spielen und sich einen Tanzpartner suchen. Die anderen Kinder klatschen dazu.

Schmetterling, du kleines Ding

Text und Melodie: volkstümlich

Schmetterling, du kleines Ding, such dir eine Tänzerin!
Juheirassa, juheirassa, oh, wie lustig tanzt man da;
hei lustig, lustig wie der Wind, wie ein kleines Blumenkind,
hei lustig, lustig wie der Wind, wie ein Blumenkind!

auw, viw, kiw

KOMMANDO BIMBERLE

Kommando Bimberle ist ein Spiel, das man am Tisch sitzend spielt. Ein Mitspieler gibt das Kommando.

Kommando Bimberle:	Alle klopfen mit ihren ausgestreckten Zeigefingern auf den Tisch.
Kommando flach:	Klopfen mit der flachen Hand
Kommando Faust:	Klopfen mit der Faust.
Kommando Bock:	Die Finger einer Hand werden auf den Tisch gestellt, so dass es wie eine Brücke aussieht.
Kommando Doppelbock:	Die andere Hand wird genauso darüber gestellt.

Die Kommandos sollen möglichst kurz in beliebiger Reihenfolge hintereinander kommen. Nach einiger Zeit wird der Kommandogeber gewechselt.
Natürlich kann man noch andere Kommandos, die den Kindern einfallen, hinzunehmen (z. B. Kommando Klatsch, Kommando Kuss ...).

auw, kiw

BRÜDERCHEN, KOMM, TANZ MIT MIR

Immer zwei Partner stehen sich gegenüber, halten sich an den Händen und tanzen miteinander. Bei „Einmal hin, einmal her ..." bleiben alle stehen und schwenken die Arme hin und her. Danach wenn es heißt: „Rundherum ..." drehen sich die Paare. Bei „Ei, das hast du ..." schütteln sich die Partner gegenseitig die Hände. Danach werden wieder die Arme hin- und hergeschwenkt. Danach wird genau das gemacht, was auch gesungen wird (mit den Füßen gestampft ...).

Brüderchen, komm, tanz mit mir

Mädchen:	2. Ei, das hast du gut gemacht! Ei, das hätt ich nicht gedacht. Einmal hin ...
Alle:	3. Mit dem Füßchen trab, trab, trab! Mit den Händen klapp, klapp, klapp! Einmal hin ...
Jungen:	4. Noch einmal das schöne Spiel, weil es mir so gut gefiel! Einmal hin ...
Alle:	5. Mit dem Köpfchen nick, nick, nick! Mit dem Fingerchen tik, tik, tik! Einmal hin ...

ERZÄHLENDE OMA/OPA

Versuchen Sie durch einen Elternbrief oder durch direktes Ansprechen eine/n Oma/Opa zu finden, die/der Lust hat, in den Kindergarten zu kommen. Sie/er erzählt den Kindern Märchen, Geschichten oder Erlebnisse aus dem eigenen Leben.
Es gibt viele alte Menschen, die sehr gut erzählen können und auch Spaß daran haben, die Kinder im Kindergarten zu besuchen.

Falls Sie keine/n Oma/Opa der Kinder finden, versuchen Sie es einmal außerhalb, vielleicht auch durch eine Anzeige im örtlichen Mitteilungsblatt. Vielleicht entwickelt sich durch diese Aktion eine richtige Freundschaft zwischen den alten Menschen und den Kindern. Möglich wären gegenseitige Besuche, gemeinsame Ausflüge ...

KINDER UND TOD

Dies ist ein Problem, dem viele Erzieher recht hilflos gegenüberstehen. Was mache ich, wenn ein Kind mit dem Tod konfrontiert wird?

Dabei können die Situationen recht unterschiedlich sein. Ein Kind trauert um den toten Hamster oder Vogel, um den Opa/Oma, um ein Elternteil, um Geschwister. Jedesmal ist der Schmerz der Kinder anders. Kinder bewältigen Trauer meist, indem sie Fragen zum Tod stellen oder versuchen in Rollenspielen ihre Situation zu bewältigen und verarbeiten. Die Hilfe von Eltern und Verwandten ist recht unterschiedlich je nach dem, wie schwer die Eltern selbst von dem Tod betroffen sind. Eltern, deren Kind oder Partner stirbt, sind oft nicht in der Lage mit den Kindern über den Tod oder den Toten zu sprechen.

Hier sind auch die Erzieher/innen gefordert über den eigenen Schatten in Bezug zu diesem Thema zu springen. Geben Sie den Kindern die Möglichkeit mit Ihnen und den anderen Kindern darüber zu sprechen. Viele Eltern sind über diese Hilfe sehr dankbar. Beantworten Sie die Fragen der Kinder ehrlich. Spüren Sie aber vorher ab, welche Erklärungen die Eltern den Kindern gegeben haben. Für Kinder ist es schlimm, wenn jeder etwas anderes sagt. Was soll es da glauben?

- Fragen Sie ob das Kind ein Bild des Verstorbenen mitbringen und den anderen zeigen möchte.

- Geben Sie den Kindern die Möglichkeit den Tod in Rollenspielen zu verarbeiten. Beobachten Sie die Kinder und helfen ihnen verschiedene Utensilien für diese Rollenspiele zu finden (Krankenhaus, Notarztwagen, Stock, Brille ...).

- Auch ein Besuch am Grab auf dem Friedhof könnte den Kindern helfen. Sie können den Anderen zeigen, wo der Verstorbene jetzt liegt. Vielleicht basteln die Kinder etwas für das Grab oder pflücken unterwegs auf einer Wiese einen Blumenstrauß.

Literatur zum Thema Tod:
Margit Bassler, M.-T. Schins: Warum gerade mein Bruder? Trauer um Geschwister. Rowohlt.
Elisabeth Kübler-Ross: Kinder und Tod. Kreuz Verlag.

Bilderbuch zum Thema Tod:
Wenche Oyen, Marit Kaldhol: Abschied von Rune. Ellermann.

Bilderbücher zum Thema Oma/Opa:
Wolf Harranth, Christina Oppermann-Dimow:
Mein Opa ist alt, und ich hab ihn sehr lieb. Jungbrunnen.
Gunilla Hansson: Nina. Ravensburger.
Marcia Williams: Als ich noch klein war. Annette Betz Verlag.
Astrid Bergman Sucksdorff: Ferien mit Großvater sind anders als daheim. Oetinger.

1.4 ICH BIN KRANK, MIR GEHT'S NICHT GUT

Für Kinder ist Krankheit ein Zustand, mit dem sie nur schwer fertig werden. Im Bett liegen mit Fieber oder im Krankenhaus mit einem gebrochenen Arm, das ist langweilig und meist auch noch schmerzhaft.
Andererseits ist es für viele auch einmal die Chance im Mittelpunkt zu stehen und von allen beachtet und bedauert zu werden (was natürlich gleichzeitig die Gefahr in sich birgt, dass Kinder Krankheit simulieren).

Was tun, wenn ein Kind im Kindergarten krank wird?

- Meistens handelt es sich bei diesen Erkrankungen der Kinder um ganz normale Infektionskrankheiten mit Fieber, Kopfweh, Halsweh ... Hier empfiehlt es sich die Eltern der Kinder zu benachrichtigen, wenn sie erreichbar sind. Bis das Kind abgeholt wird, darf es sich irgendwo hinlegen, wo es etwas ruhiger ist (allerdings nicht alleine in einem anderen Zimmer).

- Bei Unfällen, durch die ein Kind verletzt wird, immer den Krankenwagen alarmieren. Bringen Sie das Kind nicht mit dem eigenen Wagen ins Krankenhaus.

- Bei jeder Anmeldung sollten Sie die Eltern nach Krankheiten und evtl. Medikamenten der Kinder fragen (sehr wichtig bei Epilepsie, Fieberkrämpfen, Blutern ...). Wenn Sie bei einer Erkrankung sehr unsicher sind, wenden Sie sich lieber einmal zuviel an einen Arzt. Am besten klären Sie mit einem Arzt aus der Umgebung ab, dass Sie bei Fragen anrufen können.

Viele Kinder haben Angst vor dem Arzt oder Krankenhaus, einerseits aus Unwissenheit und andererseits auf Grund vieler Erzählungen von Erwachsenen.

Immer häufiger passiert es, dass Kindergartenkinder noch nicht sagen können, wo es ihnen weh tut. Was meist auf mangelnde Körpererfahrungen zurückzuführen ist. Deshalb müssen wir den Kindern die Möglichkeit geben ihren Körper wahrzunehmen und zu bewegen. Die folgenden Spielvorschläge werden Ihnen sicher eine Hilfe sein.

auw

GEDICHTE ZUM TRÖSTEN

Heile, heile Segen,
drei Tage Regen,
drei Tage Schnee,
tut's dem Kind schon nimmer weh.

Heile, heile Kätzchen!
'S Kätzchen hat ein Tätzchen
und einen langen Schwanz:
morgen ist alles wieder ganz.

Heile, heile Gänschen,
wird schon wieder gut.
'S Kätzchen hat ein Schwänzchen,
wird schon wieder gut.
Heile, heile Mäusespeck,
in hundert Jahr'n ist alles weg.

taw

DEN KÖRPER KENNENLERNEN

Im Turnen wollen wir Spiele machen um unseren Körper besser kennenzulernen. Hierzu ziehen sich alle Kinder bis auf das Hemd und die Unterhose aus und gehen barfuß:

taw
Schwänzchen fangen
Jedes Kind erhält ein Schwänzchen (ein Seil, ein Stück Stoff u. s. w.). Dieses steckt sich jeder hinten in die Hose. Nun geht's los. Jeder versucht dem anderen das Schwänzchen hinten herauszuziehen. Sieger ist, wer am Schluss noch sein Schwänzchen hat.

taw
Malerspiel
Jeder Kind erhält einen Pinsel, mit dem es sich an verschiedenen Körperteilen „anmalt". Nachdem alle Kinder ihren Körper angemalt haben, sagt jedes Kind, was ihm am besten gefallen hat und welches Körperteil es nun am liebsten angemalt haben will. Dies machen dann alle anderen nach.

taw, kiw

Körper tasten

Ein Kind darf unter eine Decke liegen. 4 Kinder sitzen um das Kind herum. Nun fassen sie vorsichtig an die Decke und raten, welches Körperteil sie gerade ertastet haben. Nach einer Weile wird gewechselt.

taw

Spaghetti-Teller

Alle Kinder sitzen im Kreis und haben ein zusammengerolltes Seil vor sich auf dem Boden liegen. Jedes Kind stellt sich vor, dies wären Spaghetti. Da unsere Hände aber hinter dem Rücken sind, müssen alle mit den Füßen essen. Guten Appetit!

Eine Variante: Alle Seile liegen in einem Reifen (dem Spagettt-Teller). Jedes Kind versucht einen Spaghetti mit den Füßen zu angeln.

taw, kiw

Sanitäter fangen

Ein oder zwei Kinder sind Fänger. Sie müssen versuchen die anderen Kinder zu fangen, indem sie diese an deren Körper berühren. Ist nun ein Kind gefangen, so muss es sich an dem Körperteil anfassen, an dem es von den Fängern berührt wurde. Es kann wieder erlöst werden, wenn ein anderes, ungefangenes Kind es wieder an diesem Körperteil berührt. Das Spiel ist beendet, wenn alle Kinder sich irgendwo festhalten und niemand mehr da ist um sie zu erlösen.

Zu diesem Thema lesen Sie auch das Kapitel:
1.1 Die Neuen sind da (Wäscheklammerspiel)

ARZTBESUCH

Wir gehen zusammen eine Arztpraxis ansehen. Fragen Sie den ortsansässigen Arzt, ob Sie mit den Kindern seine Praxis besichtigen können.
Gut wäre es, wenn Sie im Vorfeld mit dem Arzt einige Dinge absprechen. Das wäre z. B.: Was will er den Kindern alles zeigen? Was wäre für die Kinder interessant selbst auszuprobieren (Verband anlegen, Abhören, in den Mund schauen ....)?
Wenn Sie merken, der Arzt ist nicht gerade begeistert oder weiß überhaupt nicht, was er mit den Kindern anfangen soll, suchen Sie lieber einen anderen. Sonst sind wahrscheinlich Sie und die Kinder enttäuscht.

taw, kiw

ARZTPRAXIS IM KINDERGARTEN

Material:
Campingliege, Matratze oder 2 Rollbretter, Spritzen, Verbandszeug (Pflaster, Elastikbinden, Augenklappe, Dreiecktuch, Handschuhe, Creme, Holzstäbchen, Fieberthermometer ...). Linsen, Traubenzucker und kleine Dosen.
Die meisten Dinge bekommt man in der Apotheke. Als Holzstäbchen, um in den Mund zu schauen, kann man gut Eisstiele nehmen. Ein Fieberthermometer kann man leicht aus Pappe und Farben selbst herstellen und anmalen.

Richten Sie eine Ecke des Zimmers mit den Kindern als Arztpraxis ein. Jedes Zimmer sollte eine Ecke haben, die man je nach Bedarf in eine Post, Arztpraxis, Zahnarztpraxis ... umwandeln kann. (Siehe hierzu auch Kapitel 3.8: So soll unser Gruppenraum aussehen)

Ich halte es für erheblich besser in die Apotheke zu gehen und echtes Verbandsmaterial zu holen, als diese Plastikarztkoffer zu kaufen, die in vielen Katalogen angeboten werden. Erstens geht der Inhalt sehr schnell kaputt und zweitens bieten sie nicht sehr viele Möglichkeiten zum Ausprobieren.
Als Tabletten eignen sich Linsen und Traubenzucker, die in kleinen verschließbaren Dosen aufbewahrt werden. Das ist jedoch nicht unproblematisch! Sie müssen sicher gehen, dass die Kinder ganz genau wissen, dass dies keine richtigen Tabletten sind und dass man richtige Tabletten nicht ohne Verordnung des Arztes einfach essen darf. Füllen Sie etwas Wasser in ein Tropfenfläschchen. Hierbei gilt wieder das gleiche wie oben.

Das einzige Problem besteht darin, wo man ein Stethoskop herbekommt.
Vielleicht fragen Sie einmal bei verschiedenen Ärzten nach, ob sie nicht ab und zu neue Stethoskope kaufen und das alte dem Kindergarten überlassen.

auw, viw

TONBANDAUFNAHMEN FÜR EIN KRANKES KIND

Material:
Kassettenrecorder und eine Kassette

Für ein Kind, das lange krank ist, sei es zu Hause oder im Krankenhaus, ist es eine schöne Überraschung, von der Erzieherin und einigen Kindern besucht zu werden. Die Besucher können sich einmal ein Krankenhaus von innen anschauen oder sehen, wie ihr Kindergartenkollege wohnt.
Bei einem Krankenhausbesuch müssen sie allerdings zuerst nachfragen, ob Kinder zu Besuch kommen dürfen. Dies ist nicht an allen Krankenhäusern gestattet. Als Mitbringsel könnte eine Kassette dienen, die Kinder im Kindergarten aufgenommen haben. Die Kinder könnten eine Geschichte erzählen, Lieder singen ein Rätsel aus Kindergartengeräuschen machen und was ihnen sonst noch dazu einfällt.

Lesen Sie dazu auch Grüße gegen Langeweile aus dem Kapitel „Keine Angst vom Arztbesuch" in: ... und weiter geht's mit allen Sinnen: miteinander leben, lernen, lachen (AOL, Best.-Nr. A345)

auw, viw

HANDPUPPENSPIEL: SEPPEL HAT EINEN UNFALL

Personen:
Kasper, Seppel, Dr. Pillendreher (Nehmen Sie einfach eine Handpuppe und ziehen ihr ein weißes Kleid an. Für den Kopf können Sie noch ein weißes Häubchen mit einem roten Kreuz basteln).

Requisiten:
ein Sofa (aus der Puppenstube), eine kleine Binde und ein kleines Dreiecktuch

1. Szene:

Kasper erscheint und begrüßt die Kinder.

Kasper: Hallo Kinder. Wie geht es euch? Wir haben uns ja schon lange nicht mehr gesehen. Ich warte auf den Seppel. Wir wollten zusammen im Hof spielen aber der Seppel kommt einfach nicht. Vielleicht könntet ihr mir helfen ihn zu rufen?

Kasper und die Kinder rufen laut „Seppel!", bis dieser erscheint.

Seppel: Was schreit ihr denn so laut? Hallo Kinder!

Kasper: Wo warst du denn so lange: Ich warte schon eine ganze Ewigkeit auf dich. Da haben die Kinder und ich dich halt laut gerufen.

Seppel: Ich musste noch mein Zimmer aufräumen und da brauchte ich ein bisschen länger. Aber sag Kasper, was spielen wir jetzt? Hast du eine Idee?

Kasper: Ich hab mir gedacht, wir könnten im Hinterhof spielen. Da sind welche ausgezogen und haben viel Sperrmüll liegen lassen. Darauf könnten wir doch ein bisschen rumklettern. Oder wie findet ihr das, Kinder? Ist doch sicher große Klasse.

Kasper und Seppel verschwinden und gehen zum Hinterhof. Dort liegen einige Kisten und ein altes Sofa herum.

2. Szene:

Kasper: Hey, wollen wir ein bisschen Trampolin springen?

Seppel: Oh, ja.

Und schon geht es los. Die zwei hüpfen auf dem Sofa. Plötzlich fällt Seppel herunter und schreit.

Seppel: Aua, Aua, das tut so weh!

Kasper: Seppel, Seppel, was ist los?

Seppel: Mein Arm tut so weh.

Kasper: Kinder, was soll ich denn nun machen?

Kinder: Zum Doktor gehen.

Kasper: Ja, Seppel, wir müssen schnell zu Dr. Pillendreher.

Seppel: Nein, ich will nicht zum Doktor. Ich habe so Angst.

Kasper: Ach komm schon, du Angsthase. Der Doktor macht dir doch nichts. Der wird dir helfen, dass dein Arm nicht mehr so weh tut.

Kasper hilft Seppel hoch und sie gehen davon.

3. Szene:

Kasper: Ich bleibe hier im Wartezimmer und warte auf dich.

Seppel kommt zu Dr. Pillendreher.

Doktor: Na, Seppel was hast du denn?

Seppel: Mein Arm tut so weh.

Doktor: Na, dann lass mich mal nachsehen. Kannst du den Arm bewegen?

Seppel: Ja, aber es tut höllisch weh.

Der Doktor untersucht den Arm. Seppel stöhnt ein bisschen.

Doktor: Ja Seppel, gebrochen ist der Arm nicht, aber verstaucht. Ich lege dir jetzt einen Verband an und lege den Arm in eine Schlinge.

Doktor verbindet Seppel.

Doktor: So, Seppel, jetzt bist du fertig. Du warst sehr tapfer. Nun kannst du gehen. Morgen will ich dich wiedersehen. Da muss ich den Verband kontrollieren.

Seppel: Auf Wiedersehen, Herr Doktor.

4. Szene:

Seppel und Kasper treffen sich im Wartezimmer.

Kasper: Wie war's? War es schlimm?

Seppel: Nein, es hat zwar ein bisschen weh getan, aber das habe ich ausgehalten.

Kasper: Der Seppel ist schon ein toller Kerl. Nicht wahr Kinder?
So, Seppel, jetzt gehen wir ersteinmal nach Hause und stärken uns. Tschüs Kinder!

Seppel: Tschüs Kinder.

Kasper und Seppel gehen von der Bühne.

KINDER UND AIDS

In vielen Kindergärten müssen wir uns in Zukunft verstärkt dem Problem stellen, dass ein Aids infiziertes Kind in den Kindergarten aufgenommen werden soll. Was tun, wenn Sie mit diesem Problem konfrontiert werden? Eines der wichtigsten Dinge ist, sich erst einmal selbst genau über diese Krankheit zu informieren. Das tun Sie am besten auf dem für Sie zuständigen Gesundheitsamt und (oder) bei der Aids-Hilfe in Ihrer Nähe. Hier können Sie sich über die Übertragungswege, die Ansteckungsgefahr und die Gefährdungen der anderen Kinder und sich selbst informieren. Auf jeden Fall sollten Sie sich auch mit Ihrem Träger in Verbindung setzen und über dieses Problem sprechen.

Denn Aids wird **nicht** übertragen, wenn man aus dem gleichen Glas trinkt, dieselben Handtücher oder Toilette benutzt, auch nicht durch Husten, Niesen oder Küssen. Die Hauptinfektionsquellen sind: nicht sterile schon mal gebrauchte Nadeln bei Fixern, Geschlechtsverkehr ohne Kondome und bis vor kurzem die Übertragung von Blut oder Blutpräparaten.

Klären Sie in Gesprächen mit den Eltern ab, inwieweit andere Eltern von der Infizierung wissen. Wenn andere Eltern davon wissen, ist es auf jeden Fall ratsam einen Elternabend zu diesem Thema zu veranstalten. Am besten mit einem kompetenten Vertreter des Gesundheitsamtes oder der Aids-Hilfe.

Fachliteratur zum Thema:

Ilse M. Lehner, Rainer Hoehne, Angelika Kraus, Eva-Maria Schröder: Gesundheitsförderung im Kindergarten. Lambertus.

Bilderbücher:

Waltraud Schmidt, Richard Meier: Peter kommt ins Krankenhaus. Schwann.

Klaus Neuhaus, Ingrid Schmechel: Das Monster hat Masern. Schwann.

Hartmut Schmidt, Christine Merz: Komm mit mir ins Krankenhaus. Herder.

Janosch: Ich mach dich gesund, sagte der Bär. Diogenes.

1.5 ZÄHNE PUTZEN, HÄNDE WASCHEN, PINKELN GEHEN. MUSS DAS IMMER SEIN?

In diesem Kapitel geht es hauptsächlich um das Selbstständig werden der Kinder im Bereich der Selbstversorgung. Dazu gehört zur Toilette gehen, Hände waschen, Zähne putzen (Zum Thema Zahngesundheit jede Menge Vorschläge und Spiele in „Vorschularbeit von A bis Z", AOL, Best.-Nr. A525), anziehen, Schuhe binden ...
Viele Kinder können heute mit 6 Jahren keine Schuhe mehr binden oder Knöpfe zumachen, weil dies aus unserer Welt nach und nach verschwindet (durch Reißverschluss und Klettverschluss).
Die Wahrnehmung der Kinder in Bezug auf ihren eigenen Körper kann durch Spiele, Beobachtungen und Erfahrungen gefördert werden.

viw, auw

ZAHNARZT, ZÄHNE PUTZEN...

Besuchen Sie mit den Kindern einen Zahnarzt (am besten in Kleingruppen), der den Kindern die Praxis und deren Instrumente zeigt. Ein gemeinsamer Besuch nimmt vielen die Angst vor dem Zahnarzt. Im Kindergarten ist es eine sehr gute Sache, wenn für jedes Kind eine Zahnbürste mit Becher zur Verfügung steht, mit der es nach jedem Vesper die Zähne putzen kann. Kinder, die zu Hause keine Zähne putzen, tun dies wenigstens im Kindergarten und den anderen geht es in Fleisch und Blut über und wird möglicherweise zur Gewohnheit.
Viele Kindergärten haben sehr kleine Waschräume und ich höre immer wieder, dass die Erzieherinnen sagen: Ich habe keinen Platz. Dabei ist es oft ganz einfach ein zusätzliches Regal anzubringen, wenn man von der Notwendigkeit des Zähneputzens im Kindergarten überzeugt ist. Am Anfang gehen Sie gemeinsam mit den Kindern in den Waschraum und putzen die Zähne. Nach kurzer Zeit können es die Kinder auch alleine nach dem Essen.
Wichtig ist: Jedes Kind hat seine eigene Zahnbürste und einen eigenen Becher, die beide für das Kind erkenntlich gekennzeichnet sind. Neue Kinder bringen gleich bei ihrer Aufnahme Bürste und Becher mit. Nach einiger Zeit (monatlich, oder wenn die Borsten krumm sind) müssen die Bürsten gewechselt werden. Entweder bringt jedes Kind eine neue mit, oder Sie sammeln Geld ein und kaufen mit den Kindern gemeinsam ihre Zahnbürsten. Ein oder zwei Tuben Zahncreme reichen für alle Kinder. Es braucht nicht jeder eine eigene Tube. Übrigens auch den Zähnen der Erzieherin tut das Zähneputzen im Kindergarten gut.
Wie die Zähne richtig geputzt werden, lassen Sie sich und den Kindern am besten beim Praxisbesuch vom Zahnarzt erklären. Wenn Sie merken, das Zähneputzen wird zeitweilig vernachlässigt, können Sie den Kindern Färbetabletten oder Rote Beete geben. So sehen die Kinder, wieviel Belag sie auf den Zähnen haben.
Natürlich gehören zur Zahnpflege auch Gespräche zu gesundem Essen und Süßigkeiten.

guw, olw

ZAHNCREME SELBST HERSTELLEN

Es verschiedene Arten mit Kindern Zahncreme herzustellen.
Hier die einfachste Art. Die Zutaten hierfür erhalten Sie in allen Läden, die Hobbythek Zutaten verkaufen (z. B. Spinnradläden, Omikron, Colimex ...). In den meisten dieser Läden werden Ihnen die Zutaten auf Nachfrage

auch abgewogen. Einige Substanzen sind auch in Drogerien, Apotheken, ... erhältlich.

Zutaten:
50 g Calciumcarbonat (Schlämmkreide)
Warmes Wasser
10-15 Tropfen Lebensmittelaroma (Erdbeere, Himbeere, Karamel, Kirsche, Mango, Orange, Vanille ...)

So wird's gemacht:
Geben Sie die Schlämmkreide in eine Dose, die Sie wieder luftdicht verschließen können. Fügen Sie das Lebensmittelaroma zu. Nun wird das Wasser ganz langsam dazugegeben und untergerührt. Geben Sie nur soviel Wasser zu, dass ein dicker Brei entsteht. Die fertige Zahncreme können Sie nun in dieser Dose lassen und immer wieder luftdicht verschließen. Sie können aber auch eine leere Tube kaufen (gibt es auch in den genannten Läden, kostet ca. 1 DM und ist wiederverwendbar) und die Paste hineinfüllen.

Die Zubereitung dieser Paste ist sehr einfach. Die Paste hat nur den Nachteil, dass sie beim Zähneputzen gerne spritzt und dadurch der ganze Waschraum weiß getupft sein kann.

TOILETTENBESUCH

Viele Kinder, vor allem aber die Neulinge, haben Schwierigkeiten mit dem Toilettengang. Einige vergessen es, andere haben keine Lust und verhalten den Urin, wieder andere getrauen sich nicht alleine zu gehen oder die Erzieherin zu fragen, ob sie mitgeht. Viele 3-Jährige können sich den Po noch nicht alleine putzen und sind deshalb oft verschmiert. In früheren Zeiten mussten die Kinder vor dem Essen oder dem Rausgehen alle zur Toilette. Dadurch waren zwar alle sauber, aber sehr selbstständig wurden sie damit nicht.
Bei kleinen Kindern sollte man darauf achten, dass sie ab und zu auf die Toilette gehen und ihnen zeigen, wie man den Po putzt. Die größeren haben meist das Problem, dass sie keine Lust und Zeit haben aufs Klo zu gehen. Fragen Sie doch einfach ab und an, bevor die Kinder nach Hause gehen, ob noch jemand muss. Oftmals ist gerade der Heimweg recht lang, wenn die Kinder ganz dringend müssen.

taw, auw

PUPPENBADETAG

Material:
Puppen, die waschbar sind, Badewanne (vielleicht hat jemand der Eltern noch eine alte Babybadewanne), Puppenschampoo, Waschlappen, Bürste, Kamm ...

In vielen Puppenstuben liegen die Puppen ungewaschen und unangezogen in irgendwelchen Ecken herum. Machen Sie öfter mal einen Puppenbadetag. Alle Puppen werden gebadet, abgetrocknet, gekämmt, angezogen und wieder in ihr Bettchen gelegt. Es macht den Kindern viel Spaß einmal jemand anderen zu baden und zu waschen, nicht nur immer sich selbst.

auw

DIE GESCHICHTE DER SCHNUPFENNASE

Es war einmal eine ganz kleine süße Stupsnase. Die war sehr neugierig. Überall wo es etwas zu riechen gab, war sie anzutreffen. Am liebsten roch sie an schönen Blumen oder guten Badeölen. Unter den vielen Dingen, an denen sie roch waren auch ganz furchtbar stinkende dabei. Einmal roch sie zum Beispiel in einen Schweinestall hinein. Bäh, war das ein unangenehmer Geruch. Sie musste sich mächtig rümpfen. Wenn sie in ihrem Zimmer aufräumte und das Regal abstaubte, musste sie dauernd niesen, weil der Staub sie immer so kitzelte. Es war schon ein herrlich aufregendes Geruchsleben, das die Kleine führte.

Eines Morgens, es war mitten im Winter, wachte die kleine Stupsnase auf und war ganz verklebt. Was ist denn jetzt los, dachte sie. Sie ging in die Küche und roch überhaupt nichts. Nicht den Kakao, nicht die warme Milch, auch Vaters Kaffee nicht, nichts, gar nichts hat sie gerochen. Statt dessen fing sie plötzlich an zu tropfen. Heiße Tröpfchen kamen aus ihr heraus. Die Mutter sagte: „Heute bist du aber eine kleine tropfende Schnupfennase. Komm, nimm ein Taschentuch und wisch dir die Tropfen ab." Das tat die kleine Schnupfennase dann auch. Aber kaum waren die ersten Tropfen weg, kamen auch schon die nächsten. So ging das den ganzen Tag weiter. Mit der Zeit wurde es die Schnupfennase leid, immer diese Abputzerei mit dem Taschentuch, und sie nahm einfach ihren Ärmel. Da wurde die Mama ganz schön sauer und sagte: „Das ist doch eine Schweinerei. Du machst ja deine ganzen Pulloverärmel schmutzig. Da komme ich ja mit dem Wäschewaschen nicht mehr nach." Da nahm die kleine Schnupfennase wieder ein Taschentuch, weil sie die Mama ja nicht ärgern wollte.
Am Abend, als sie ins Bett ging, kam die Mama ins Zimmer und rieb sie mit einem gut riechenden Balsam ein. Da konnte sie gut schlafen und am anderen Morgen ging es ihr schon wieder besser. Natürlich tropfte sie immer noch ein bisschen. Dies wurde aber von Tag zu Tag besser. Nach einer Woche war die kleine Schnupfennase eine kleine Stupsnase ohne Tropfen, die wieder alles riechen konnte.

olw

DUFTDOSEN

Material:
einige Dosen, die mit einem Deckel verschlossen werden können, Watte, verschiedene Materialien, die stark duften (Zitronensaft, Essig, Zimt ...), Sie können natürlich auch verschiedene Duftöle oder Parfüms nehmen. Auch unangenehme Gerüche wie z. B. Knoblauch oder Nelkenöl.

In jede Dose wird ein Wattebausch gelegt, der mit einem Duft getränkt ist. Dann wird die Dose wieder verschlossen. Nach einiger Zeit kann man sie dann wieder öffnen und riechen. Lassen Sie die Kinder mit verbundenen Augen erraten was für ein Duft es ist. Das ist ganz einfach für die Kinder, wenn sie am Füllen der Dosen beteiligt waren. Sie können die Dosen auch einfach nur im Zimmer stehen lassen. Die Kinder werden immer wieder mit ihnen spielen.

kiw

TÄTIGKEITEN RATEN

Immer ein Kind darf den anderen pantomimisch eine Tätigkeit der Körperpflege vormachen (Haare kämmen, Zähne putzen, waschen...). Die anderen müssen diese Tätigkeit erraten. Wer es zuerst errät, darf als nächster vorspielen.

taw, viw

SCHUHE BINDEN, KNÖPFE ÖFFNEN UND SCHLIEẞEN

Nehmen Sie sich jeden Tag genügend Zeit beim An- und Ausziehen der Kinder. Um sich alleine an- oder auszuziehen brauchen die Kinder Zeit. Vereinbaren Sie mit den Eltern, dass die Kinder ruhig Schuhe zum Schnüren und Jacken mit Knöpfen anziehen können. Erklären Sie den Eltern, dass die Kinder im Kindergarten genügend Zeit zum An- und Ausziehen haben. Diese Tätigkeiten sind für die Kinder wichtige Übungen des täglichen Lebens. Oft werden extra Spiele konstruiert, bei denen die Kinder diese Tätigkeiten erlernen können.
Dabei ist es sehr viel sinnvoller und für die Kinder einsichtiger dies am eigenen Körper zu lernen.

Ich habe die Erfahrung gemacht, dass die Kinder sehr viel Spaß am Schnüren haben, wenn ich ihnen einen Finger zum Verhaften geliehen habe. Ich lege einfach

meinen Finger unter die zu bindenden Schuhbänder. Die Kinder überkreuzen die Bänder, ziehen eines durch das andere und ziehen fest an, schon haben sie meinen Finger verhaftet. Das Binden einer Schlaufe ist einfacher, wenn die Kinder gleich zwei Schlaufen nebeneinander legen und dann die eine durch die andere ziehen.
Das Zuknöpfen ist leichter, wenn die Kinder unten mit Knöpfen beginnen, da sie das besser sehen.

Lesen Sie zu diesem Thema auch das Kapitel:
2.3 Wasser ist ein tolles Element
(Wir verändern unseren Waschraum)

viw, auw

Zum Thema Zähneputzen ist mir ein sehr witziges Kasperletheater bekannt: Kasperle und der Räuberzahn aus „Vorschularbeit von A-Z" von Renate Mrozek, AOL (Bestell-Nr. A525)

Bilderbücher zu diesem Thema:
Gunilla Bergström: Willi Wiberg kann jetzt Schleifen machen. Oetinger.
Rose Impey und Sue Porter: Der Zahnputz-Teufel. Parabel.
Hartmut Schmidt, Christine Merz: Komm mit zum Zahnarzt. Herder.

1.6 HEUTE WILL ICH MAL EIN ANDERER SEIN

Dieses Thema wird vor allem in der Faschingszeit aktuell sein. Die Kinder verkleiden und schminken sich zwar immer sehr gerne, aber gerade in der Faschingszeit sind alle Kinder ganz scharf auf Veränderungen. Geben Sie den Kindern die Möglichkeit ihre Ideen und Phantasien umzusetzen.
Oft genügen kleine Requisiten und die Kinder schlüpfen in eine bestimmte Rolle (eine Krone und schon ist der König fertig ...).
Natürlich macht dieses Thema nicht nur zur Faschingszeit Spaß.

viw, taw

THEATERGARDEROBE

Viele Kindergärten haben eine sogenannte Verkleidungskiste, in der sich Kleider zum Verkleiden befinden. Oft herrscht aber ein großes Durcheinander in diesen Kisten und sie sind für Kinder nicht besonders ansprechend. Eine gute Lösung finde ich die Einrichtung einer Theatergarderobe. Nun ist zuerst die Frage was man alles dafür braucht.
Sie brauchen: Kleiderständer, Schuhregale, Hutablagen, Regale für sonstige Utensilien (Halsketten, Kronen, Spazierstöcke ...).

- Für den Kleiderständer brauchen Sie eine Fahrradfelge. Diese wird mit einem festen Draht an der Decke befestigt, so dass sie drehbar und in Augenhöhe der Kinder ist. An den einzelnen Speichen können jetzt Kleiderbügel aufgehängt werden. Alte Fahrradfelgen bekommen Sie am besten bei einem Fahrradhändler, Kleiderbügel gibt es kostenlos in vielen Kleidergeschäften.
  Natürlich können Sie auch mehrere Kleiderständer aufhängen.

- Als Schuhregal eignen sich alte Obstkisten aus Sperrholz. Erhältlich in Supermärkten, Obst- und Gemüseläden. Auch feste Kartons eignen sich.

- Als Hutablage kann ein Regalbrett an der Wand dienen oder Sie legen die Hüte auf den Kleiderständer.

- Die sonstigen Utensilien bringen Sie in einer kleinen Kommode mit Schubladen unter. Für Handtaschen wäre es gut, wenn einige Haken an der Wand befestigt wären, an denen man sie aufhängen kann.

- Was natürlich auch noch in der Theatergarderobe sein müsste, wäre ein Ganzkörperspiegel, damit sich die Kinder auch sehen können.

Jetzt zu den Kleidern, Schuhen, Hüten ... . Wo bekommt man das am besten her? Da wären einmal die Eltern und Großeltern der Kinder. Schreiben Sie doch einen Elternbrief und erklären ganz genau, was Sie wollen und wofür Sie es wollen. Ganz toll wäre ein Brautkleid, Schleier, Zylinder, Unterröcke, Anzüge, Stöckelschuhe, Handtäschchen, Aktenkoffer, Gürtel, Hosenträger, Badehosen, Schwimmbrille, Lederjacke, Sonnenbrillen ... In vielen Städten gibt es sogenannte Altkleiderkammern, bei denen Sie auch noch nach den gesuchten Dingen suchen können.
Bevor Sie dann anfangen einzurichten, denken Sie daran, die Kleider vorher mit den Kindern zu waschen.

taw, viw, olw

SCHMINKEN

Material:
Lippenstifte, Schminkfarben (gibt es als Stifte, Paste, oder wie Wasserfarben mit Pinsel) Haargel, Gesichtcreme, Babyöl, Bürsten, Kämme, Haarclips, Spiegel, Watte, Kosmetiktücher

Bevor die Kinder beginnen sich selbst oder sich gegenseitig zu schminken, sollten sie zum Schutz der Kleidung Malkittel anziehen (siehe Seite 19 in Kapitel 1.2 In meiner Familie fühle ich mich geborgen).
Wenn Sie Schminkfarben kaufen, achten Sie darauf, dass diese mild sind und keine Allergien hervorrufen. Ganz gut sind wasser- und fettlösliche Farben.
Auch mit den Cremes und Ölen zum Abschminken sollten Sie besonders aufpassen, wegen möglicher Allergien. Fragen Sie die Eltern empfindlicher Kinder, ob diese allergisch auf bestimmte Cremes und Öle reagieren. Sprechen Sie vorher mit den Kindern darüber, dass sie vorsichtig miteinander umgehen müssen, da das Gesicht sehr empfindlich ist.
Seien Sie als Erzieherin bereit den Kindern Hilfestellung und Tips zu geben.

Beobachten Sie die Kinder, da es doch einige Kinder gibt, die Angst vor dem Schminken haben, Panik bekommen, wenn das ganze Gesicht angemalt ist, Angst haben vor Berührungen von anderen Kindern. Bieten Sie diesen Kindern an nur einen kleinen begrenzten Teil des Gesichtes anzumalen (z. B. die Nasenspitze).

taw, viw

WIR BASTELN UNS MASKEN

Halbmasken
Die Halbmaske ist die einfachste Form der Maske. Sie geht nur über Augen und Nase, der Mund bleibt frei.

Material:
nicht allzu dicke Pappe, Farben, Kleber, Stoff- und Wollreste, dünnes Gummiband

Die Kinder malen sich die Form ihrer Maske auf. Kleineren Kindern müssen Sie dabei helfen. Dann wird die Form ausgeschnitten. Das ist nicht ganz leicht, da die Pappe schwer zu schneiden geht. Die Kinder brauchen gute Scheren. Danach wird die Maske vor das Gesicht gehalten und markiert, wo die Augen ausgeschnitten werden. Die Augen sollten schön groß sein, damit die Träger auch etwas sehen. Nun wird die Maske ganz nach den Vorstellungen der Kinder verziert. Dazu können ganz unterschiedliche Materialien verwendet werden. Manche Kinder brauchen Wollfransen, Stoffreste, Holzperlen ... je nachdem, was ihre Maske darstellen soll. Am Schluss werden auf jeder Seite 2 kleine Löcher gemacht und ein Gummiband durchgezogen.

Eine andere Variante besteht darin, die Maske nicht mit Gummiband zu befestigen, sondern an einem kleinen Stöckchen. Noch mit Glitzer und Federn verziert, gibt dies eine Maske, die früher von feinen Damen zum Kostümfest getragen wurde.

Tütenmasken
Foto-Karton wird so zusammengerollt, dass sich an einem Ende eine Spitze ergibt. Diese Tüten werden über den Kopf gestülpt. Aber nicht alle Kinder können dies ertragen und geraten vielleicht in Panik.

Vorsicht!
Auch mit ganz normalen Papiertüten lassen sich Masken herstellen. Aber Sie sollten vorher den Kindern ganz eindringlich klar machen, dass man diese Masken nur mit Papiertüten bastelt. Auf gar keinen Fall dürfen Plastiktüten über den Kopf gestülpt werden.

Material:
Fotokarton, Papiertüten, Farben, Wollreste ...

Zuerst wird die Tüte über den Kopf gestülpt. Nun muss markiert werden, wo Augen, Nase und Mund ausgeschnitten werden müssen. Nachdem dies erledigt ist, kann die Maske ganz nach Lust und Laune gestaltet werden. Wunderschöne fertige Tiermasken (Haus- und Zootiere) gibt es beim AOL-Verlag. Sie können vor dem Falten bemalt werden.

taw, viw, kiw

GANZKÖRPER BEMALEN

Material:
wasserlösliche Schminkfarben

Diese Aktion ist am besten an einem schönen, sonnigen Tag durchzuführen, da die Kinder sich dann draußen im Garten anmalen können.
Wer will, kann dies natürlich auch mit den Kindern im Zimmer oder Turnraum machen. Sie müssen nur bedenken, dass die Kinder hinterher duschen müssen.

Die Kinder ziehen sich bis auf die Unterhosen aus. Nun dürfen sie sich alleine oder gegenseitig mit Pinseln oder Fingern anmalen. Erlaubt ist nur, was der andere mag. Nachdem die Kinder angemalt sind, sollten sie die Farbe trocknen lassen. Das gibt ein ganz eigenartiges Gefühl, da die Farbe sich zusammenzieht und die Haut dann spannt.
Zum Schluss werden die Kinder abgeduscht oder mit einem Wasserschlauch abgespritzt. Den Kindern macht diese Aktion viel Spaß. Da manche Eltern oft nicht ganz so begeistert sind, sollten sie vorher informiert werden.

viw

SPIEGELBILDER

In keiner Kindergartengruppe sollte ein großer Ganzkörperspiegel fehlen. Es ist für Kinder sehr wichtig sich auch einmal ganz zu sehen. Kinder können ewig lange vor einem Spiegel stehen und sich beobachten.
Dieses Beobachten im Spiegel kann man auch mit den Kindern spielen.

Ein Kind ist der „Spiegel“, ein anders Kinder ist der „Betrachter“.
Der „Betrachter“ sieht in den „Spiegel“ und macht bestimmte Bewegungen oder schneidet Grimassen. Der „Spiegel“ muss die Bewegungen des „Betrachters“ nachahmen.
Bei größeren Kindern können Sie ruhig darauf achten, dass der „Spiegel“ seitenverkehrt arbeitet.

VERKLEIDUNGSFEST

Ein Verkleidungsfest können Sie sowohl an Fasching als auch unterm Jahr feiern. Schwierig ist es oft, unter welchem Motto das Fest stehen soll.
Kinder haben sehr genaue Vorstellungen, was sie sein wollen und wie. Ich denke, es ist falsch, die Kinder in ein bestimmtes Motto hineinzupressen, bei dem sie nicht mehr das sein können, was sie wirklich wollen. Auch wenn viele Kinder das gleiche sein wollen (Cowboy, Prinzessin) muss man einfach sehen, dass es der Traum vieler Kinder ist, einmal in diese Rolle zu schlüpfen. Die Frage ist nun: Wie bekommt man alle Kinder unter einen Hut?

Wir richten im Kindergarten verschiedene Behausungen her. In einem eingruppigen Kindergarten wird das in verschiedenen Ecken des Kindergartens gemacht. In einem mehrgruppigen Kindergarten können Sie die einzelnen Gruppenzimmer in verschiedene Behausungen verwandeln. Das muss nicht perfekt sein. Sie müssen sich überlegen: Was ist charakteristisch für diese Behausung und was machen die Bewohner darin.

Versuchen Sie mit einfachen Mitteln die Zimmer zu verändern (von der Erzieherin gebastelte Girlanden sehen zwar schön aus, bringen aber weder den Kindern noch der Erzieherin etwas).
Zuerst wird die Frage sein: Wie werden sich die Kinder wahrscheinlich verkleiden?
Da gibt es: Cowboy, Indianer, Koch, Vampir, Prinzessin, Ballerina, Tiere, Seeräuber, Clowns ...).

Ich habe die Verkleidungen in fünf Gruppen aufgeteilt.

- **Räuberhöhle:**
  für alle Räuber, Seeräuber, Matrosen ...
- **Prinzessinnenschloss:**
  Prinzessinnen, Prinzen, Köche ...
- **Hexenhaus:**
  Hexen, Zauberer, Vampire ...
- **Zirkusmanege:**
  Clowns, Tiere ...
- **Cowboy und Indianerzelt:**
  Cowboys, Indianer, Squaw, Sheriff ...

Sie können dies natürlich auch anders aufteilen. Kinder, die nicht in die Behausung wollen, in die sie gehören, können natürlich auch in eine andere. Sie können sich auch noch andere Behausungen überlegen oder diese noch unterteilen.

Anregungen zum Errichten der Behausungen:

Räuberhöhle: Wer kann, sollte die Räuberhöhle im Freien aufbauen, etwa in einer Hütte im Freigelände (siehe dazu Kapitel 3.10 Wir spielen im Freien - Weidenhaus) oder wer hat, in einem Gartenhaus).
Auf jeden Fall sollte ein Lagerfeuer errichtet werden können. Wer nicht die ganze Zeit raus will, kann auch im Zimmer eine Höhle errichten und nur kurz rausgehen.

Prinzessinnenschloss: In einem Zimmer verschiedene Tücher aufhängen, Kissen im Raum verteilen, das Licht etwas dämpfen und mit roten oder rosa Tüchern zuhängen, Wappen und Fahnen basteln und aufhängen.

Hexenhaus: Das Hexenhaus sollte in der Nähe einer Küche sein, damit gekocht werden kann. Im Hexenhaus herrscht düsteres Licht, eventuell Spinnenweben aus Wollfäden. Stofftiere: Katzen und Vögel.

Zirkusmanege: Verschiedene Decken und Tücher aufhängen als Zirkuszelt. Eine Manege richten. Zuschauerplätze aufstellen.

Cowboy und Indianerzelt: Mit Tüchern und Decken verschiedene Zelte errichten. Einen Marterpfahl gestalten. Ein Lagerfeuer im Zimmer oder draußen bauen.

Lassen Sie Ihrer Phantasie freien Lauf und denken Sie daran, weniger ist oftmals mehr. Die Kinder sollen ruhig mithelfen und ihre Ideen und Vorstellungen einbringen.

Was wird nun in den einzelnen Hütten und Häusern gemacht?

viw, taw

Schatzsuche in der Räuberhöhle

Draußen oder im Zimmer wird ein Schatz versteckt. Wenn Sie die Schatzsuche draußen machen, können Sie die Räuber über Pfeile auf dem Boden, Wand, Gras zum Schatz hinführen.
Drinnen kann man die Räuber entweder durch „heiß und kalt" oder ebenfalls durch Pfeile zum Schatz führen.

kiw

Lagerfeuer

Wer ein Lagerfeuer im Freien macht muss zuerst mit den Kindern Holz zusammentragen. Das Holz wird aufgestellt, dass es wie ein Zelt aussieht. Am Lagerfeuer können Sie dann Topfbrot mit den Kindern backen.

olw, guw

Topfbrot: für das Lagerfeuer

Zutaten:
500 g Weizenmehl
1/2 Päckchen Hefe
1 Tl. Honig
1 Tl. Salz
350 g lauwarmes Wasser

Die genannten Zutaten werden zu einem Teig geknetet. Soviel Teig in saubere Blumentöpfe geben, dass er Platz hat, sich zu verdoppeln. Jetzt den Teig neben dem Lagerfeuer gehen lassen. Danach die Töpfe in die Glut stellen so, dass der Blumentopf bis auf die Öffnung gut mit Glut umschlossen ist.
Es dauert ca. 30 Minuten, bis das Topfbrot fertig ist.

Drinnen kann man natürlich kein Feuer machen, aber Sie können ein Lagerfeuer andeuten und die Räuber um dieses herum spielen lassen.
Für Räuber, die im Zimmer bleiben müssen, gibt es Räubersuppe. Natürlich müssen die Räuber ihre Suppe selbst kochen.

olw, guw

Rezept Räubersuppe für ca. 20 bis 25 Räuber

2 kg Kartoffeln
4 l Wasser
2 El. Butter
Suppengrün (Lauch, Gelberübe, Sellerie, Petersilie)
2 Tl. Salz
1-2 Brühwürfel
1 Becher Sahne

So wird's gemacht:
Die Kartoffeln schälen, in Würfel schneiden und mit dem Wasser, der Butter, dem Suppengrün und dem Salz kochen, bis die Kartoffeln weich sind. Dann das Ganze durch die „Flotte Lotte" drehen oder mit dem Pürier-Stab pürieren.
Am Schluss die Sahne zugeben und je nach Geschmack noch 1-2 Brühwürfel.

Im Prinzessinnenschloss wird eine Goldschmiede aufgebaut. Die Prinzessinnen fädeln sich selbst Ketten auf. Sie basteln sich Kronen, Ringe und Armbänder aus Pappe und Goldpapier.

taw, kiw

Spiel: Ringsuche

In einer Schüssel mit Erbsen oder Linsen wird ein Ring versteckt. Ein Kind versucht mit verbundenen Augen den Ring zu finden.

viw, taw, olw, guw

Spiel: Mehlschneiden

Auf einen Teller wird ein Berg Mehl gehäuft und festgedrückt. Oben auf den Mehlberg wird ein Ring gesteckt. Nun dürfen die Kinder nacheinander mit einem Messer immer ein Stückchen vom Mehlberg abschneiden. Das Spiel ist zu Ende, wenn der Ring herunterfällt.

Im Schloss gibt es königlichen **Überraschungspudding** zum Essen. Wir brauchen dafür:
2 l Milch
4 Päckchen Schokoladen- oder Vanillepuddingpulver
8-10 El. Zucker
Den Pudding laut Päckchenangabe zubereiten. Für jedes Kind wird ein Förmchen oder eine Tasse mit Pudding gefüllt. In jedem wird eine kleine Überraschung versteckt (Erbse, Bohne, Linse ...).
Den Pudding kalt stellen und kurz vor dem Essen stürzen.

In unserem **Hexenhaus** wird gezaubert und gekocht.

viw, olw, guw
Hexentrank

Rezept:
3 El. Saft (Apfel, Orangen, Birnen ...)
1 Tasse Milch
etwas Zitronensaft
Zucker nach Geschmack

Jedes Kind braut sich seinen Trank. Dieser wird dann in einem Schüttelbecher geschüttelt oder im Mixer gerührt. Wobei es natürlich mehr Spaß macht seinen Trank selbst zu schütteln.

viw, olw, guw
Zauberkorn

1 Päckchen Popkornmaiskörner
etwas Öl
Salz oder Zucker

In einen Topf etwas Öl geben. Wenn Sie einen Topf mit Glasdeckel haben, wäre das ideal zum Zusehen. So viele Popkornmaiskörner zu dem Öl geben, dass der Boden bedeckt ist. Nun den Topf auf den Herd stellen und das Ganze erhitzen. Nach kurzer Zeit platzen die Maiskörner auf. Vorsicht, nicht zu lange auf der Herdplatte lassen, da der Mais sonst anbrennt.
Wenn das Popkorn fertig ist, wird es in Tüten gefüllt und je nach Geschmack gezuckert oder gesalzen.

viw
Wundergläser

Sie brauchen schmale, lange Schraubgläser (ganz prima sind schmale Oliven- oder Spargelgläser), Alufolie, Glitzersternchen ... Rizinusöl (es muss Rizinusöl sein, weil dies dickflüssig genug ist).

Das Schraubglas wird halb mit Wasser gefüllt und gefärbt (z. B. mit Tinte oder Lebensmittelfarben). Nun werden Glitzersternchen, Kügelchen oder Konfetti aus Alufolie ins Glas gegeben.
Zum Schluss wird genausoviel Rizinusöl dazu gegeben, wie Wasser drin ist (das Glas sollte voll sein). Nun den Deckel schließen. Jetzt können die Kinder das Glas drehen und schütteln. Dadurch bewegen sich die Glitzersternchen langsam auf und ab.

Zirkusmanege:
Im Zirkus werden verschiedene Kunststückchen geübt. Im Zirkus gibt es auch selbst Gemachtes oder von den Hexen, Zauberern ... zubereitetes Popkorn. Siehe dazu auch Kapitel 3.6. Der Zirkus kommt in unsere Stadt.

Cowboy und Indianerzelt:

taw, viw, kiw
Büchsen werfen
Wir bauen einen Stand zum Büchsen werfen auf. Auf einem Tisch werden Büchsen aufgestellt (unten 4, dann darauf 3, darauf 2 ...). Es werden 3 Bälle bereitgelegt (am besten Tennisbälle). Nun hat jeder 3 Schuss um die Büchsen umzuwerfen. Jedes Kind erhält dafür eine Belohnung (Luftballon, Salzsticks ...).

viw, vew, kiw
Pferde zureiten
Die Erzieherin/der Erzieher sitzt auf einem Stuhl. Er ist das wilde Pferd. Jeweils 1 Kind setzt sich mit dem Gesicht zu den Zuschauern auf den Schoß der Erzieherin. Diese bewegt nun ihre Beine schnell auf und ab so, dass das darauf sitzende Kind versuchen muss nicht runterzufallen. Wird das Kind abgeworfen, kommt das nächste dran.

kiw, viw, taw
Pferdeschwanz fangen
Immer 2 Kinder sind ein Gespann. Ein Kind ist das Pferd, das andere ist der Reiter. Das Pferd bekommt um den Bauch ein Seil, das vom Reiter festgehalten wird. Der Reiter bekommt hinten in die Hose ein Seil gesteckt. Die verschiedenen Gespanne müssen nun versuchen sich gegenseitig die Schwänze zu rauben. Wenn alle schwanzlos sind, werden Pferde und Reiter gewechselt.

auw, taw, kiw
Marterpfahlreigen
Alle Kinder nehmen ein Musikinstrument (Handtrommel, Rasseln, Rätschen ...). Alle tanzen zusammen um den Marterpfahl, machen Musik und rufen immer „He-ja He-ja".

taw, viw, oiw, guw

Cowboyspieße

14 Würstchen
3 Paprikaschoten
3-4 Möhren
1 Zwiebel
für jedes Kind einen Schaschlikspieß.

Alle Zutaten werden kleingeschnitten. Jedes Kind richtet sich einen Spieß. Alle Spieße werden auf ein Blech gelegt und im Backofen ca. 20 Minuten bei 170 bis 200°C gebacken.

Diese ganzen Vorschläge können natürlich miteinander variieren, je nachdem wie groß Ihr Kindergarten ist. In einem Kindergarten mit wenig Kindern wird man natürlich nur einmal kochen und gemeinsam einige der Spiele machen.

viw, auw

BESUCH IM KINDERTHEATER

Wenn Sie mit den Kindern in ein Kindertheater gehen wollen, sollten Sie folgende Dinge beachten:

- Am besten wäre es, wenn Sie das Stück schon einmal gesehen hätten um zu entscheiden, ob es überhaupt für das Alter der Kinder geeignet ist. Viele Kindertheater geben zwar das Alter der Kinder an, sind dabei aber oft sehr großzügig.
- Sprechen Sie die Eltern an, ob von ihnen 2 oder 3 zusätzlich mitgehen können, wenn Sie mit der ganzen Gruppe gehen.
- Erkundigen Sie sich bei der Theatergruppe, ob Sie nach der Vorstellung hinter die Kulissen gehen können und sich alles ansehen dürfen. Ein besonderes Erlebnis für die Kinder wäre es auch, mit Schauspielern sprechen zu können.
- Die Kinder sollten etwas zu Essen und Trinken mitnehmen für die Pause. Weisen Sie aber darauf hin, dass das Vesper nicht zu sehr krümeln und tropfen sollte.
- Vor dem Beginn der Vorstellung sollten Sie darauf achten, dass die Kinder noch einmal zur Toilette gehen. Es ist sehr störend für die anderen, wenn dauernd ein anderes Kind zur Toilette muss.

taw, viw, kiw, auw

THEATER SPIELEN

Nach einem Theaterbesuch sind die Kinder ganz besonders motiviert selbst Theater zu spielen. Wenn Sie ein Handpuppentheater angesehen haben, sollten Sie mit den Kindern auch eine Handpuppenbühne aufbauen, an der die Kinder spielen können.
Ansonsten können Sie im Zimmer einen großen Vorhang aufhängen, den man auf- und zuziehen kann. Einfach ein Seil von einer Wand zu anderen spannen und 2 Decken darüberhängen. Damit die Decken nicht dauernd herunterfallen ist es ratsam sie unterhalb des Seils festzunähen.

Was für Leute braucht nun ein Theater, damit alles funktioniert?
Natürlich Schauspieler. Aber ganz wichtig sind auch die Beleuchter, die Vorhangöffner und -schließer, die Maskenbildner und natürlich der Ansager.

Was wird im Theater gespielt?
Am besten ist eine Geschichte oder ein Märchen, das die Kinder sehr gut kennen und für Kinder von 3-6 Jahren nicht zu grausam ist, wie Frau Holle, Rumpelstilzchen, Wichtelmänner, Sterntaler, Dornröschen ...
Die Kinder sollten die Geschichte oder das Märchen aber wirklich sehr gut kennen.

Nun geht es an die Rollenverteilung und die Verkleidungen.
Geben Sie den Kindern die Möglichkeit, so viel als möglich selbst zu überlegen und auszuführen. Sind die Schauspieler noch recht klein, ist es ratsam einen Sprecher zu haben, der den Text spricht, während die Schauspieler ihn spielen. Größere Kinder können mit einiger Übung meist den Text schon alleine sprechen. Ist alles gerichtet und geklärt, wird gespielt.

Wichtig sind auf jeden Fall auch Zuschauer. Vielleicht möchte ja auch eine andere Kindergartengruppe zusehen. Am Schluss der Vorstellung werden die Rollen getauscht oder andere Kinder dürfen spielen.

Geschichten:
Kinder- und Hausmärchen. Gebrüder Grimm. Gondrom Verlag
Hänschen Apfelkern. Kleine Märchen und Geschichten. Arbeitsmaterial aus den Waldorfkindergärten

Bilderbücher zum Thema:
Leo Lionni: Seine eigene Farbe. Middelhauve.
Else Schwenk-Anger, Friedrich Rückert: Vom Bäumlein, das andere Blätter hat gewollt. Esa Verlag.
Waltraut und Friedel Schmidt: Rolf Semmelbäck backt heute nicht. Schroedel.

Weiterführende Literatur zum Thema:
Klaus Hoyer: AOL-Zirkus. Bestell-Nr. A064. AOL-Verlag.

1.7 MEIN FREUND HEIßT YASIM

In diesem Kapitel geht es um die Integration ausländischer Kinder im Kindergarten. Es gibt Kindergärten, in denen dies kein Problem ist, weil die Kinder sich untereinander akzeptieren und miteinander spielen. In anderen Kindergärten treten Aggressionen gegen Ausländer auf, die sich in Form von verbalen Attacken oder sogar in massiver körperlicher Gewalt äußern.
In diesem Fall ist es ratsam mit den Kindern das Thema: „anders sein“ im Kindergarten aufzugreifen.
Ein großes Problem hierbei besteht darin, dass die Kinder diese Sichtweise meist von ihren Eltern übernommen haben. Im Grunde müssen Sie bei den Eltern beginnen, wenn Sie an dieses Problem ran wollen. Eine Möglichkeit hierzu wäre die Einbeziehung ausländischer Eltern bei der Gestaltung eines Festes.
Zu diesem Thema lesen Sie auch das Kapitel 3.9. Feste und Feiern..
Meist sind das fremdartige Aussehen, das andere Essen und die schwierige sprachliche Verständigung der Grund für gegenseitige Vorbehalte. Im Kindergartenalltag sollten Sie darauf achten, dass Sie sich für Kinder, die nicht richtig Deutsch sprechen können, mehr Zeit nehmen und ihnen ein Gefühl der Wärme geben.
Versuchen Sie eventuell über Dolmetscher (andere Kinder, größere Geschwister oder die Eltern) herauszufinden, was die Kinder bewegt.

olw, guw

WIR KOCHEN EIN AUSLÄNDISCHES GERICHT

Ich könnte hier einige türkische, griechische, italienische ... Rezepte unterbringen, was Ihnen aber gar nichts hilft, wenn Sie ein russisches Kind in der Gruppe haben und russisch kochen wollen.
Mein Vorschlag Ist: Sprechen Sie eine russische, türkische ... Mutter an und fragen sie nach einem Rezept. So haben Sie zum einen ein Gericht, das die Kinder auch kennen und der Kontakt zu der Mutter ist aufgenommen. Natürlich sollten Sie sich vorher Gedanken machen, ob Sie Brot backen oder ein Gemüsegericht kochen wollen.
Auf jeden Fall muss das Gericht einfach sein, so dass die Kinder es auch kochen können. Bei sprachlichen Schwierigkeiten sollten Sie versuchen einen Dolmetscher zu finden. Das können ältere Geschwister sein oder andere Eltern die schon länger in Deutschland wohnen und besser Deutsch sprechen.

viw, kiw

ICH BRAUCHE ETWAS, WAS IST DENN DAS?

Ein Kind versucht den anderen pantomimisch zu erklären, dass es ein bestimmtes Ding will (z. B. einen Löffel, Gabel, Glas, Bilderbuch, Farbstift ...).

Die anderen Kinder raten, was es will. Das Kind, welches herausgefunden hat, was das Kind darstellt, darf das Gewünschte holen.

Noch schwieriger ist es ohne Worte auszudrücken, dass man etwas Bestimmtes tun will.

Auf diese Weise fühlen sich die Kinder in die Situation eines ausländischen Kindes versetzt, das neu in unser Land kommt, unsere Sprache nicht spricht und über seine einfachsten Bedürfnisse natürlich keine Auskunft geben kann.

WO WOHNT YASIM?

Bei diesem Thema können Sie selbstverständlich genauso verfahren wie in Kapitel 3.1. Ich kenne meine Straße (Wir erkunden unsere Stadt). Nehmen Sie aber bitte vorher unbedingt Kontakt mit „Yasims" Mutter auf, da Sie ja nicht davon ausgehen können, dass sie Ihre Sprache spricht und versteht, was die vielen kleinen Kinder von ihr wollen.

auw

Text: Siegfried Macht
Musik: Aus Flandern

ALLE, DIE GERN VONEINANDER LERNEN

(„Alle, die mit uns auf Kaperfahrt fahren")

3. Alle, die traurige Kinder trösten,
sollen unsere Freunde sein;
Ayse, Marion und Lars ...

4. Alle, die uns bei der Arbeit helfen ...

5. Alle, die mit uns den Schneemann (die Butze ...) bauen ...
6. Alle, die mit uns Geburtstag feiern ...
7. Alle, die mit uns den Kuchen teilen ...
8. Alle, die Arm in Arm gerne schunkeln ...

auw

IN PAULE PUHMANNS PADDELBOOT

2. In Portugal, da winkte uns
   die Anabela zu.
   Die fragte: „Darf ich mit euch mit?"
   „Na klar, was denkst denn du!"
   Bom dia, Adeus!
   Guten Tag, auf Wiedersehn! (2x)

3. In Spanien war es furchtbar heiß,
   da stieg der Pedro zu.
   Der brachte Apfelsinen mit,
   die aßen wir im Nu.
   Buenas dias, hasta la vista!
   Guten Tag, auf Wiedersehn! (2x)

4. Und in Italien war'n wir auch,
   da kam die Marinella.
   Die brachte Tintenfische mit
   auf einem großen Teller.
   Buon giorno, Arrivederci!
   Guten Tag, auf Wiedersehn! (2x)

5. Als wir in Jugoslawien war'n,
   kam einer angeschwommen,
   und der hieß Janko Jezovsek.
   Wir ham ihn mitgenommen.
   Dobar dan, dovi dschenja!
   Guten Tag, auf Wiedersehn! (2x)

6. Und rund um den Olivenbaum,
   da tanzten wir im Sand.
   Wir nahmen den Wasili mit,
   das war in Griechenland.
   Kali-mera, jassu, jassu!
   Guten Tag, auf Wiedersehn! (2x)

7. Dann fuhr'n wir weiter über's Meer
   bis hin in die Türkei
   Von da an war'n auch Ahmet und
   die Ayse mit dabei.
   Merhaba, güle, güle!
   Guten Tag, auf Wiedersehn! (2x)

8. Und als wir dann nach Hamburg kamen,
   stand Paule Puhmann da
   und rief: „Verflixt und zugenäht!
   Mein Paddelboot ist da!"
   Guten Tag, auf Wiedersehn!

   Bom dia, Adeus!
   Buenas dias, hasta la vista!
   Buon giorno, Arrivederci!
   Dobar dan, dovi dschenja!
   Kali-mera, jassu, jassu!
   Merhaba, güle, güle ...

WELCHE SPIELE SPIELT MAN IN DER TÜRKEI, GRIECHENLAND ...

Hier gilt das gleiche wie bei ausländischen Gerichten. Am besten man spricht die Menschen an, die aus diesem Land kommen.
Oft gibt es auch in Städten ausländische Kulturvereine, an die Sie sich wenden können.

YASIM SPIELT MIT

Es ist Nachmittag und das erste Mal seit Tagen hat es die Sonne wieder einmal geschafft durch die Wolken zu dringen und den Regen eine Weile zu vertreiben. Auf dem Spielplatz in der Rosen-Allee haben sich 8 Kinder getroffen um miteinander Fußball zu spielen. Das machen sie bei schönem Wetter ziemlich oft. Die 8 sind ein richtig gutes Team zusammen.

Ihr wollt jetzt bestimmt wissen, wie die 8 Kinder denn heißen. Das will ich euch gerne verraten. Der älteste ist Stefan. Er ist 7 Jahre alt und geht schon zur Schule. Stefans Schwester Sophia ist ebenfalls mit von der Partie. Sophias Freundin Maike und deren Bruder Phillip spielen meist auch mit. Ein weiterer Mitspieler ist Yasim. Yasim ist ein Freund von Stefan und geht auch schon zur Schule.
Mit ihm kommt immer auch seine Schwester Pinar. Das ärgert ihn zwar manchmal, aber seine Mutter geht halt ab und zu arbeiten und dann muss er auf Pinar aufpassen. Na ja, eigentlich kann man mit ihr ganz gut auskommen. Nur ab und zu hat sie ihre 5 Minuten, in denen sie wegen irgendeiner Kleinigkeit rumschreit wie eine Bekloppte.
Nun fehlen nur noch Lukas und Timo. Die gehören auch zum Team.

Auf dem Spielplatz in der Rosen-Allee sind 2 Tore aufgestellt, damit man richtig Fußball spielen kann. Die Kinder haben sich in 2 Gruppen aufgeteilt, die gegeneinander spielen.
Heute spielen in der einen Gruppe: Stefan, Lukas, Maike und Pinar und in der anderen Gruppe: Yasim, Sophia, Lukas und Phillip.

Jedesmal bevor sie loslegen, zählen sie die Mannschaften vorher aus, damit sich keiner benachteiligt fühlt. Yasim und Stefan stehen jeweils im Tor, weil sie die größten sind.

Als es gerade 2 : 3 für die Mannschaft von Yasim steht, kommen 2 Jungen auf den Spielplatz, die ebenfalls mitspielen wollen. Die 2 sind erst seit kurzer Zeit hierhergezogen. Es sind Zwillinge, weshalb sie sich auch sehr ähnlich sehen. Der eine heißt Frank. Er hat eine blaue Schildkappe auf. Der andere heißt Horst und hat eine grüne Schildkappe auf. Natürlich dürfen die beiden mitspielen. Frank spielt in der Mannschaft von Yasim und Horst in der von Stefan. Es ist ein gutes Spiel. Frank und Horst sind gute Spieler und nach kurzer Zeit steht das Spiel ausgeglichen 5 : 5.

Kurz vor Ende des Spieles gelingt es Lukas den Ball zu bekommen, vor das Tor von Yasim zu rennen und mit einem kräftigen Schuss ins Tor zu treffen. „Tor, Tor" brüllt er. „6 : 5, wir haben gewonnen."
Auf einmal geht Frank auf Yasim zu und brüllt: „Du dreckiger Türke, hättest du nicht ein bisschen besser aufpassen und den Ball halten können?" Auf dem Spielplatz wird es total still.
Alle schauen Frank an. Was hatte er da gesagt? Dreckiger Türke? So eine Gemeinheit!
Da kommt Stefan aus seinem Tor heraus und sagt zu Frank: „He, was soll das? Der Yasim ist unser Freund. Er ist Türke, klar, aber dreckiger als du am Abend bist, ist er bestimmt auch nicht. Und wenn du weiter mit uns spielen willst, dann lass keine so blöden Sprüche mehr los. Kapiert?"
Frank ist total rot angelaufen und murmelt: „Ok, Ok". Damit ist die Sache erledigt und sie spielen alle zusammen weiter, bis der einsetzende Regen dem Spiel ein Ende setzt.

Bilderbücher zum Thema:
Ursula Kirchberg: Selim und Susanne. Ellermann.
F.K. Waechter: Wir können noch viel zusammen machen. Middelhauve.
Constanze Schargan: Die anderen. Sellier München.
Klaus W. Hoffmann: So singt und spielt man anderswo. Ravensburger.

Weiterführende Literatur:
Monika Feder: Der kleine Knoblauch- und Spaghettifresser. Rezepte aus anderen Ländern. Kartei für Kinder. Die Freiarbeit-Kochkisten komplett, Bestell-Nr. F573. AOL-Verlag.

1.8 EIN KIND KOMMT AUF DIE WELT

Über das Ziel sind sich noch alle einigermaßen einig: Sinnvolle Aufklärung sollte die Kinder nicht nur darüber informieren, wie das Baby in den Bauch der Mutter hinein- und von dort wieder herauskommt, sondern sollte eine positive Grundeinstellung vermitteln: zum Körper, zur Lust, zum Sex, zur Liebe und zur reifen Beziehung.
Doch wie dieses Ziel zu erreichen ist, darüber streiten sich nach wie vor die Geister.

Die meisten Eltern neigen dazu, den Schwierigkeiten ähnlich zu begegnen, wie sie es selbst erlebt haben: durch Schweigen. Nur knapp die Hälfte der Jugendlichen gibt heute in Befragungen an, dass ihre Eltern sie in die wesentlichen Dinge der körperlichen Liebe durch ein Gespräch eingeführt hätten.

Die kindliche „Sexualforschung" äußert sich oft in nicht enden wollenden Fragen über das Kinderkriegen, über Frau und Mann, wie unterschiedlich sie aussehen und reagieren.
Die Kleinen erkennen nach und nach, was es bedeutet, männlich oder weiblich zu sein. Neben der selbstgeschaffenen Lust und Befriedigung werden Doktorspiele immer häufiger. Die Kinder ziehen sich gegenseitig nackt aus, untersuchen und betasten einander, legen sich aufeinander, spielen „Liebe machen", „Heiraten" und „Kinder kriegen".
(Auszüge aus Kursbuch Kinder Kiepenheuer & Witsch)

Wer mit den Kindern das Thema „Baby kriegen" behandelt, muss sich auf die Fragen der Kinder vorbereiten und darauf gefasst sein, dass die Kinder das Gehörte auch nachspielen.
Es ist deshalb oft ratsam in einem Elternabend mit den Eltern dieses Thema zu besprechen.

Es gibt einige schöne Bilderbücher für Kinder zu diesem Thema, die auch für die Eltern interessant sein können (siehe dazu unsere Literaturvorschläge am Ende dieses Kapitels).

taw, kiw, viw

WOHLFÜHLKISTE

Material:
1 Karton, der recht stabil ist, er sollte so groß sein, dass ein Kind gerade mal so darin Platz hat, Transparentpapier, Fell oder Decken

Aus dem Karton werden seitlich 2 Löcher herausgeschnitten und mit rotem Transparentpapier beklebt. Innen wird der Karton mit Fell oder Decken ausgelegt. Vorne sollte der Karton eine „Tür" haben, die man öffnen und schließen kann. Zum einen können die Kinder in dieser Kiste ein bisschen nachempfinden, wie das im Bauch der Mutter war (alle Stimmen sind gedämpft, es ist eng, man muss sich zusammenringeln, es ist alles rötlich gefärbt). Zum andern spüren die Kinder ihre äußeren Grenzen und fühlen sich geborgen.

taw, viw, auw

BABYSPIELZEUG MITBRINGEN

Jedes Kind darf von Zuhause Babyspielzeug mitbringen. Viele Kinder haben noch im Kindergarten- oder Schulalter Spielzeug, mit dem sie schon als Baby gespielt haben (Nuckeldecke, Kuscheltier ...).
Viele Dinge aber wie Rasseln, Kauringe, ... sind oft in Kisten verpackt, verschenkt oder werden von kleineren Geschwistern gebraucht. Den Kindern bereitet es viel Spaß, dieses Spielzeug wieder auszukramen und Mutter oder Vater über die Zeit als Baby auszufragen.

auw, viw, kiw

EINE SCHWANGERE FRAU KOMMT ZU BESUCH

Meist ist der Anlass, dieses Thema aufzugreifen, dass eine Mutter oder eine Erzieherin schwanger ist. Laden Sie die schwangere Frau in den Kindergarten ein. Sehr schön wäre es, wenn die Frau einen ganzen Morgen oder Nachmittag Zeit hätte im Kindergarten zu bleiben. Während dieser Zeit können die Kinder Kontakt aufnehmen und Fragen stellen.
Vielleicht könnten sie einmal spüren, wie das Baby strampelt. Gut wäre auch, wenn die Frau ein Paar Babysachen mitbringen könnte, die sie schon gerichtet hat (Kleider, Bürste, Fläschchen, Windeln).

auw, viw, kiw

EINE MUTTER ODER EIN VATER MIT BABY KOMMT ZU BESUCH

Viele Kinder sind ganz begierig darauf einmal ein Baby zu streicheln, beim Wickeln oder Füttern zuzusehen. Laden Sie eine Mutter oder einen Vater mit Baby in den Kindergarten ein.
Erkundigen Sie sich aber vorher bei den Eltern, wie das Baby auf viele Menschen reagiert. Es gibt Babys, die eher ängstlich reagieren, wenn viele Kinder um es herum sind. Andere lieben es herumgereicht zu werden und andere Kinder zu sehen. Außerdem sollte das Baby auch schon etwas älter sein (mindestens 6 Monate) einfach, weil kleinere Kinder fast die ganze Zeit schlafen.
Sprechen Sie vorher mit Mutter oder Vater darüber, was sie den Kindern alles zeigen können: Wickeln, Saubermachen, Fläschchen geben oder Stillen, Spielen.
Sie werden sehen, die Kinder sind von diesem Tag ganz begeistert und stellen tausende von Fragen.

taw, viw, kiw

DIE PUPPENECKE WIRD ZUM BABYZIMMER

Material:
Babykleider, Spielzeug, Fläschchen, Schnuller, Windeln, Puder, Wiege, Stubenwagen ...

Tragen Sie mit den Kindern zusammen Babyutensilien zusammen. Die Eltern sind Ihnen sicher gerne behilflich dabei. Vielleicht hat noch jemand eine Wiege oder einen Stubenwagen zu Hause, der ihn eine Weile zur Verfügung stellt.

Diese Aktion wird der Anlass für viele Gespräche und Spiele werden. Die Kinder werden von sich als Baby erzählen, sie werden viele Fragen stellen und sie werden Schwangerschaft, Geburt und Baby-sein nachspielen.

Zu diesem Thema lesen Sie auch in Kapitel 1.5 Zähne putzen, Hände waschen ... (Puppenbadetag).

olw, guw

BABYBREI HERSTELLEN

Rezept für eine Babymahlzeit
Vollmilchbrei und Apfelbrei

200 g	Milch
2 Tl.	Zucker oder Honig
1 El.	Grieß oder Haferflocken

Die Milch wird mit Zucker oder Honig erhitzt. In die heiße Milch den Grieß langsam einstreuen, umrühren und aufkochen lassen. Fertig.

Ein anderes, sehr schmackhaftes Rezept **(Hirsebrei mit Apfelmus)** finden Sie auf Seite 83 im Kapitel 2.5. Vom Essen und Trinken.

auw

BABYSPIELE

Backe, backe Kuchen!

Backe, backe Kuchen!
Der Bäcker hat gerufen!
Wer will guten Kuchen backen,
der muss haben sieben Sachen:
Eier und Schmalz,
Butter und Salz,
Milch und Mehl,
Safran macht den Kuchen gel.
Schieb ihn in den Ofen rein!
Wird er auch bald fertig sein?

Während der Vers gesprochen wird, patscht das Baby die Händchen zusammen.

Guck, Guck, da

Die Mutter, der Vater, Bruder oder Schwester verstecken sich ganz oder nur teilweise so, dass man das Baby beobachten kann. Bevor man sich versteckt, sagt man: „Guck, Guck!". Wenn man sich dann schnell wieder zeigt, sagt man: „Da!". Babys können dieses Spiel ewig weiterspielen und sich daran unheimlich freuen. Zu diesem Thema lesen Sie auch im Kapitel 1.1. Die Neuen sind da. (Kniereiterspiele, Fingerspiele am Körper).

taw, viw

WICKELKINDER BASTELN

Material:
Rohwollvlies, Wollfaden, Schere, Filz

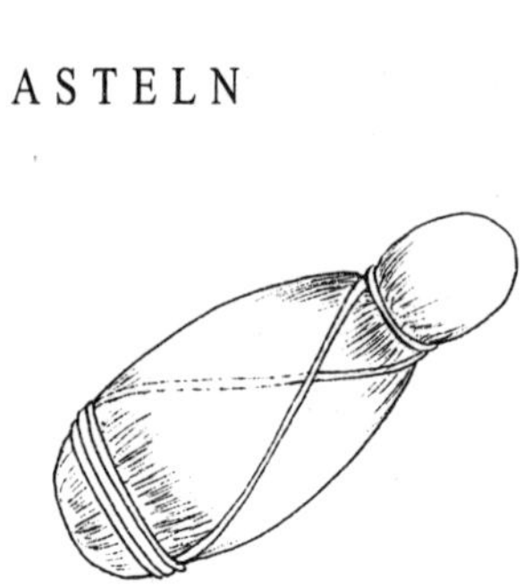

Die Kinder brauchen ca. 20 cm Rohwolle. Die Rohwolle wird zu einer festen Walze gerollt. Die Enden werden verzupft, so dass sie nicht mehr sichtbar sind. Am oberen Ende, aus dem der Kopf werden soll, wird Rohwolle aus der Walze herausgezupft und nach unten gezogen.

Nun wird die Kopfform mit Wollfäden abgebunden, indem die Kinder sie fest wickeln. Der Rest des Körpers wird mit Wollfäden kreuzweise locker umwickelt. Das lose Ende hinten festknoten.
Kinder, die möchten, können das Wickelkind noch anziehen: Ein Stück Filz wird zu einem Rechteck geschnitten. Den Filz an der schmalen Kante zu einem Schlauch zusammennähen. Oben wird ein Faden durchgezogen. Nun das Püppchen bis zum Hals in das Filzgewand stecken, den Faden oben am Hals zusammenziehen und -binden.

taw, viw

ZIPFELPUPPE

Material:
weicher Stoff, Rohwolle

Der Stoff wird quadratisch zugeschnitten. Aus der Rohwolle wird ein Kügelchen für den Kopf gerollt.
Die Kugel aus Wolle wird etwas oberhalb der Mitte auf den Stoff gelegt. Nun mit Faden den Kopf abbinden.
An allen 4 Zipfeln wird ein Knoten gemacht.

FÜHLESÄCKCHEN

Material:
Baumwollstoff, Sand, Federn, Reis, Stahlmuttern, Kies, Konfetti ...

In fast jedem Kindergarten gibt es einen Rhythmikwagen, in dem kleine Sandsäckchen sind. Schade ist nur, dass die Säckchen alle mit dem gleichen Material gefüllt sind.
Um die Tasterlebnisse der Kinder zu intensivieren, können Sie selbst Säckchen nähen in unterschiedlichen

Größen und diese mit verschiedenen Materialien füllen. Sie werden sehen, dass die Kinder ganz begeistert sind.
Füllen Sie jeweils 2 Säckchen mit dem gleichen Material.

SPIELE MIT DEN FÜHLESÄCKCHEN

taw
Memory
Die Kinder versuchen durch Ertasten immer 2 gleiche Säckchen zu finden. Sind alle Säckchen gefunden, werden sie wieder durcheinandergemischt. Ein Kind sucht 2 gleiche Paare mit verbundenen Augen.

kiw, taw
Gewichtsordnung
Die Kinder bekommen die Aufgabe die Säckchen nach ihrem Gewicht zu ordnen. Anschließend wird gewogen. Die Kinder legen die Säckchen auf verschiedene Körperteile und bewegen diese.

taw
Tasten mit den Füßen
Die Kinder ziehen ihre Strümpfe aus. Nun wird mit den Füßen getastet, welche Säckchen zueinander gehören. Auch dies kann man erschweren, indem man den Kindern die Augen verbindet.
Jedes Kind sucht sich ein Säckchen, das ihm am besten gefällt und erklärt, was ihm daran so gut gefällt.

viw, kiw, taw
Säckchen in den Korb
Die Säckchen werden im Raum verteilt. Nun werden sie mit den Füßen aufgenommen, an einen Korb getragen und hineingetan.

Variante:
Im Raum werden Hindernisse aufgebaut (schiefe Ebenen, Tunnel, Balancierbalken ...), die Kinder nehmen die Säckchen vom Boden mit den Händen auf und bringen diese zum Korb. Dadurch wird auch der Gleichgewichtssinn der Kinder angesprochen.

Die Kinder und Sie werden noch viele andere Spielmöglichkeiten mit den Säckchen finden.

Bilderbücher zum Thema Baby:
Richard Graham, Susan Varley: Jimmy und das Monster. St. Gabriel.
Kristiina Louhi: Ein Brüderchen für Lena. Gerstenberg.
Marlis Scharff-Kniemeyer, Anu Stohner: Wir sind jetzt vier. Ravensburger.
Catherine Dolto, Tolitch Joelle Boucher: Das kleine Baby-Erwartungsbuch. Hoppala.

KATRIN UND DAS BABY

Katrin ist vier Jahre alt. Sie hat einen Papa, eine Mama und einen kleinen Bruder. Jonas, ihr Bruder, hat bald Geburtstag und wird 2. Katrin mag Jonas sehr gerne, wenn er sie auch manchmal ganz schön nervt.

Katrins Mama hat im Moment einen richtig dicken Bauch, weil sie ein Baby erwartet. Katrin hat sich mächtig gefreut als ihre Eltern sagten: „Katrin, stell dir vor, wir bekommen ein Baby." Sie hat ihre Eltern gefragt: „Woher kommt denn das Baby?" Ihre Eltern haben ihr erklärt, dass das Baby noch im Bauch der Mama ist.
Als Katrin den Bauch der Mama gesehen hat, konnte sie sich gar nicht vorstellen, dass da drinnen ein Baby Platz hat. Mama hat ihr gesagt: „Das Baby ist noch klein. Es wächst jeden Tag ein bisschen, bis es groß genug ist und in meinem Bauch keinen Platz mehr hat. Dann kommt es heraus."

Katrin versuchte sich das alles vorzustellen. Sie konnte sich aber nicht erklären, wo das Baby rauskommt. Im Kindergarten hat sie mit Claudia darüber gesprochen. Die meinte, die Babys kämen ganz klar aus dem Popo. Das wollte Katrin nicht glauben, deshalb haben sie Frau Maier, die Erzieherin, gefragt. Frau Maier hat ihnen dann ein ganz tolles Buch gezeigt, in dem man sehen konnte, dass die kleinen Babys aus der Scheide oder Muschi kommen.
Jeden Abend durfte Katrin am Bauch der Mutter fühlen, ob sich das Baby bewegt. Sie hoffte, das Baby würde bald rauskommen, damit sie nicht solange warten müsste. Aber sie wusste ja: Erst muss es groß genug sein.
Katrin suchte sich dann auch gleich einen Namen für das Baby aus. Laura, gefiel ihr am allerbesten. Auch

die Eltern fanden Laura sehr schön. Sie sagten: „Wenn es ein Mädchen wird, nennen wir es Laura, aber wie soll es heißen, wenn es ein Junge wird?" Daran hatte Katrin noch gar nicht gedacht: Es könnte ja auch ein Junge werden. Sie wollte keinen Jungen. Sie hatte doch schon einen Bruder, warum noch einen. Die Mama meinte: „Katrin, das kann man sich nicht aussuchen. Und mir ist das auch egal ich freue mich auf das Baby, egal, ob es ein Junge oder ein Mädchen wird." Also einigten sie sich auf den Namen Julius, wenn das Baby ein Junge wird.
Katrin dachte zwar, dass es überflüssig ist einen Jungennamen zu suchen. Sie war sich ganz sicher, dass es eine Laura werden würde.

Eines Morgens, als Katrin aufwachte und aufstand, war die Oma in der Küche und machte Frühstück. Da wusste Katrin, dass die Mama im Krankenhaus war, weil das Baby kommt. Oma, Jonas und Katrin frühstückten zusammen und warteten. Kurz nach dem Frühstück rief dann Papa an und erzählte, dass das Baby da sei und Julius heiße. Katrin war enttäuscht. Sie konnte sich gar nicht freuen. Keine Laura, obwohl sie es sich so gewünscht hatte.
Am Nachmittag fuhr die Oma dann mit ihr und Jonas ins Krankenhaus. Die Mama lag im Bett und freute sich Katrin und Jonas zu sehen. Neben dem Bett stand noch ein kleines Bettchen, darin lag Julius. Niedlich sah er aus, so klein, mit schwarzen Haaren. Als er aufwachte, legte die Mama Julius an ihre Brust und stillte ihn. Danach durfte Katrin ihn eine Weile im Arm halten. Als die Mama sagte: „So, jetzt legen wir Julius wieder in sein Bettchen, damit er schlafen kann."
Da hat Katrin ihm noch schnell einen Kuss gegeben und gedacht: Schade, dass es kein Mädchen ist. Aber ein so süßer Julius ist doch auch o.k.

WIE SAG' ICH'S DEN KINDERN?

Es ist ganz klar, dass zu diesem Thema viele Fragen der Kinder kommen. Überlegen Sie sich vorher, wie Sie es den Kindern sagen wollen. Es gibt einige gute Bilderbücher, die Sie zu diesem Thema einsetzten können. Anhand der Bilder werden die Kinder einfach besser verstehen, was Sie erklären.
Beantworten Sie die Fragen der Kinder wahrheitsgetreu. Sagen Sie ihnen aber auch, dass man früher den Kindern erzählte, der Storch bringe die Kinder. Man nahm an, die Kinder verstünden es sonst noch nicht. Damit wäre dann auch erklärt, warum die Oma das ganz anders erzählt.

Bilderbücher zum Thema Aufklärung:
Frank Herrath, Uwe Sielert: Lisa & Jan. Beltz-Verlag.
Grete Fagerström, Gunilla Hansson: Peter, Ida und Minimum. Ravensburger.
Janosch: Mutter, sag, wer macht die Kinder? Mosaik.
Malcom und Meryl Doney: Vater, Mutter und ich. Brunnen.

SEXUELLER MISSBRAUCH

Sexueller Missbrauch erschüttert das Vertrauen des Kindes in seine Umgebung und die eigene Person zutiefst. Es muss erfahren, dass Nähe und Vertrauen gefährlich sind und dass Menschen, bei denen es Geborgenheit sucht, seine Integrität zutiefst verletzen. Meist sind Opfer und Täter einander schon vor dem Missbrauch vertraut. Nun haben die Kleinen Angst, die Zuneigung zu verlieren, wenn sie „Spuckeküsse" oder die „Zaubertricks mit dem Pimmel" zurückweisen.

Je länger das Kind missbraucht wird, desto schuldiger fühlt es sich. Gewissensbisse und Schamgefühl, Ekel vor anderen oder vor sich selbst begleiten diese Kinder oft ein Leben lang. Manche entwickeln einen Waschzwang oder putzen sich -zigmal am Tag die Zähne, um sich zu „reinigen". Sie bekommen Hautallergien, Schluckbeschwerden, Übelkeit oder Brechreiz, oder sie zeigen ihre Abwehr, indem sie sich dauernd räuspern oder hüsteln.

Missbrauchten Kindern wurde ihr Wille gebrochen. Sie können die Übergriffe auf ihren Körper nicht verhindern und versuchen als Überlebensstrategie, den eigenen Körper zu etwas Fremden, Falschem zu machen. Das kann zu Depressionen, Taubheitsgefühlen an Händen, Bauch und Becken führen. Angst bestimmt das Leben dieser Kinder – Angst vor Übergriffen, wie die vor Entdeckung. Missbrauchte Kinder leiden oft an Schlafstörungen, übermäßigem Schwitzen und Alpträumen.
(Auszüge aus *Kursbuch Kinder*)

Wenn Sie in Ihrer Gruppe Anzeichen für sexuellen Missbrauch an einem Kind bemerken, wenden Sie sich an Beratungsstellen, Kinderschutzzentren oder das Jugendamt. Speziell geschulte Helferinnen wissen am ehesten, wie es weitergehen soll, und mit welchen Schritten und in welcher Abfolge das Kind unterstützt werden soll.
Seien Sie Ansprechpartner/in und Vertrauensperson für das Kind. Versuchen Sie aber nicht aus dem Kind etwas herauszulocken, was es Ihnen nicht sagen will.

Bücher zum Thema Missbrauch:
Beate Besten: Sexueller Missbrauch und wie man Kinder davor schützt. Beck'sche Reihe, Verlag C.H. Beck, München.
Ursula Enders (Hgs.): Zart war ich, bitter war's. Sexueller Missbrauch an Mädchen und Jungen. Erkennen-Schützen-Beraten. Köln 1990.

Bilderbücher dazu:
Ursula Kirchberg, Trixi Haberlander: Geh nie mit einem Fremden mit. Ellermann.
Gisela Braun, Dorothee Wolters: Das große und das kleine Nein. Verlag an der Ruhr.

1.9 IN DER NACHT GIBT ES VIELE SCHATTEN

NACHTWANDERUNG

Planen Sie mit den Kindern zusammen eine Wanderung in der Nacht. Im Winter kann die Wanderung schon um 18 Uhr beginnen, im Sommer ist es teilweise erst ab 22 Uhr dunkel. Jedes Kind sollte eine Taschenlampe mitbringen.
Machen Sie die Wanderung in einem Park oder ins Feld, damit die Kinder beobachten können, welche Tiere in der Nacht unterwegs sind.

Nehmen Sie mehr Betreuungspersonen als gewöhnlich auf diese Wanderung mit, damit ängstliche Kinder einen Ansprechpartner haben.

Eine Nachtwanderung bietet sich im Zusammenhang mit einer Übernachtung im Kindergarten an.

ÜBERNACHTUNG

Bei der Planung einer Übernachtung müssen Sie zuerst überlegen, mit wie vielen Kindern Sie übernachten wollen und in welchem Alter die Kinder sein sollen. Grundsätzlich ist zu sagen, dass es von Kind zu Kind verschieden ist, ob es reif ist für eine Übernachtung. Ein Kind mit 3 Jahren, das oft auswärts schläft, verkraftet eine Übernachtung wahrscheinlich besser als ein Kind mit 5 Jahren, das noch nirgends anders als zu Hause übernachtet hat. Eine Möglichkeit wäre, nur mit den Vorschulkindern zu übernachten oder mit der ganzen Gruppe, wobei Sie den Eltern unbedingt einschärfen müssen, dass kein Kind gezwungen oder überredet werden soll, das nicht will. Sprechen Sie auch mit den Eltern ab, dass sie erreichbar sind an diesem Abend, falls ein Kind Heimweh bekommt.
Was Sie auch mit den Eltern abklären müssen ist, ob die Kinder nachts trocken sind. Es gibt Kinder, die mit 6 Jahren noch nicht trocken sind.
Ein weiter Punkt ist: Wer braucht noch einen Schnuller und wer hat ein bestimmtes Schmusetier oder eine Schmusedecke, ohne das oder die es nicht einschlafen kann. Diese Dinge müssen unbedingt im Vorfeld geklärt werden, damit Sie mit den Kindern darüber reden können. Sonst kann es am Abend dazu kommen, dass sich die Kinder gegenseitig auslachen oder Kinder nicht schlafen können, weil die Eltern ihnen den Schnuller etc. aus Angst, die Kinder könnten ausgelacht werden, nicht mitgegeben haben.
Am Abend kommt jedes Kind mit seinen Nachtutensilien (Matte, Schlafsack, Schlafanzug, Zahnbürste, Schmusetier). Planen Sie ein Abendessen mit den Kindern, z. B. Lagerfeuer mit Topfbrot oder Cowboyspieße, Räubersuppe und so weiter. Die Rezepte dazu finden Sie in Kapitel 1.6. Heute will ich mal ein anderer sein.
Für den Abend könnten Sie planen: eine Nachtwanderung, gemeinsame Spiele, Gute-Nacht-Geschichte, Gute-Nacht-Lied ... Seien Sie darauf gefasst, dass die Kinder lange nicht schlafen können. Am anderen Morgen gibt es ein Frühstück: Lesen Sie hierzu Kapitel 2.5. Vom Essen und Trinken (Frühstückswoche).

auw

GUTE NACHT LIED

Schlaf, Kindchen, schlaf

Schlaf, Kindchen, schlaf!
Am Himmel zieh'n die Schaf:
die Sternlein sind die Lämmerlein,
der Mond, der ist das Schäferlein.
Schlaf, Kindchen, schlaf!

Schlaf, Kindchen, schlaf!
So schenk ich dir ein Schaf
mit einer gold'nen Schelle fein,
das soll dein Spielgeselle sein.
Schlaf, Kindchen, schlaf!

SCHATTENSPIELE

Es gibt verschiedene Arten von Schattenspielen. Ich will hier drei vorstellen, die man mit Kindern sehr gut machen kann. Was Sie für alle drei brauchen, ist ein Raum, den Sie abdunkeln können.

viw, kiw, vew

Ganzkörperschattenspiel

Sie brauchen ein oder zwei weiße Leintücher, die irgendwo im Zimmer so festgemacht werden, dass sie straff gezogen sind. Nun brauchen Sie eine Lichtquelle (Strahler, Diaprojektor, einfache Lampe). Diese wird hinter dem Leintuch installiert, so dass das Leintuch von hinten angestrahlt wird. Verdunkelt man jetzt den Raum und strahlt nur das Leintuch an, so sieht man alles, was hinter dem Leintuch geschieht als Schatten. Nun können die Kinder hinter dem Leintuch Theater spielen.
Falsch wäre es, von den Kindern zu erwarten, sie könnten ein Märchen oder eine Geschichte nachspielen. Die Kinder müssen sich erst langsam an diese Art des Theaterspielens gewöhnen. Zu Anfang können die Kinder ganz einfache Bewegungen hinter der Leinwand vormachen und die anderen erraten, was es war (z. B. auf einen Pferd reiten, Hampelmann, winken, Seil hüpfen ...). Ganz wichtig ist: es bringt nichts diese Wand nur einen Tag aufzubauen, die Kinder brauchen Zeit sich daran zu gewöhnen und selbst Ideen zu entwickeln.
Nach einiger Zeit sind dann die Kinder auch in der Lage (zumindest die größeren) eine kleine Geschichte zu spielen, die von einem Erzähler begleitet wird.

taw, viw, auw

Figurenschattenspiel

Sie brauchen ein Theater, an dem Sie auch Kasperletheater spielen können. Wer kein Kasperletheater hat, kann sich ganz leicht eines in einen Türrahmen bauen: Unten brauchen Sie etwas Schweres, hinter dem die Kinder sitzen können, z. B. einen Tisch, ein Schränkchen etc. Oben am Türrahmen wird rechts und links ein Seil angebracht, an dem ein Vorhang befestigt wird. Damit wäre das Kasperletheater fertig.
Für ein Schattentheater muss ein Stück weißes Leintuch vor die Bühne gespannt und eine Lichtquelle dahinter installiert werden.
Die Figuren werden am besten aus schwarzem Tonpapier ausgeschnitten. Damit die Figuren über die Bühne bewegt werden können, brauchen sie unten einen Stab (aus fester Pappe oder einen Schaschlikspieß).
Nun kann es losgehen. Hier gilt wie vorher schon beschrieben: Am Anfang die Kinder ausprobieren lassen. Erst mit der Zeit sind die Kinder in der Lage einfache Geschichten zu spielen.

taw, viw

Fingerschatten

Beim Fingerschattenspiel wird nicht hinter einer Leinwand gespielt. Eine Lichtquelle wird vor einer hellen Wand installiert, so dass die Wand beleuchtet ist. Nun kann man mit den Fingern in den Lichtstrahl gehen. Die Bewegungen sind dann als Schatten auf der Wand zu sehen. Je näher die Kinder an der Lichtquelle sind, desto größer und verschwommener sind die Schatten. Je weiter an der Wand, desto schärfer und kleiner sind sie.

Es gibt verschiedene Figuren, die man mit den Fingern machen kann und die dann als Schatten aussehen wie ein Tier. Diese Figuren sind aber für die Kinder oft noch zu schwer. Sie können mit den Kindern aber auch ein Fingerspiel als Schattenspiel machen.

Gut geeignet wäre z. B. das Fingerspiel:

viw, auw

10 kleine Zappelmänner

Beide Hände werden nach oben gehalten, die Finger sind Zappelmänner, die ständig bewegt werden. Bewegen sich die Zappelmänner hin und her, bewegen sich auch die Hände hin und her ...

10 kleine Zappelmänner zappeln hin und her,
10 kleinen Zappelmännern fällt das gar nicht schwer.
10 kleine Zappelmänner zappeln auf und nieder,
10 kleine Zappelmänner tun das immer wieder.
10 kleine Zappelmänner zappeln rund herum,
10 kleine Zappelmänner sind ja gar nicht dumm.
10 kleine Zappelmänner spielen mal Versteck,
10 kleine Zappelmänner sind auf einmal weg.
Zappelmänner, wo seid ihr? Hier!

auw

DAS MONSTER IN KLARAS ZIMMER

Klara musste ins Bett. Es war schon spät und sie hatte morgen früh Kindergarten. Sie hatte aber gar keine Lust ins Bett zu gehen. Sie war überhaupt nicht müde und wenn sie jetzt ins Bett ginge, wäre bestimmt auch wieder das Monster da. Vor diesem Monster hat Klara Angst. Klara versucht das zu Bett gehen etwas hinauszuzögern. Sie geht noch Pipi machen, dann hat sie noch Durst, dann muss sie noch Erwin, ihren kleinen Hasen, suchen ... Ihr wäre noch viel mehr eingefallen, aber die Mutter sagte: „ Klara jetzt ist Schluss! Geh jetzt in dein Bett! Sonst verschläfst du morgen den Kindergarten". Also legte sich Klara in ihr Bett und nahm Erwin ganz fest in den Arm.
Als die Mutter das Licht im Zimmer ausknipste, war es wieder da, das Monster. Groß, schwarz und gruselig. Selbst Erwin, der in ihrem Arm lag, begann zu zittern. Klara machte schnell wieder das Licht an und weg war's. Sie hatte schon gemerkt, dass das Monster vor Licht Angst hatte und schnell verschwand, sobald sie Licht machte. Sie getraute sich nicht, das Licht wieder auszuknipsen.
Als die Mutter noch einmal ins Zimmer kam, war sie ganz böse und fragte Klara, warum sie das Licht noch an hätte. Da erzählte ihr Klara von dem gruseligen Monster, das nachts immer in ihr Zimmer kommt.

Daraufhin setzte sich die Mutter neben Klara und knipste das Licht aus. Und da war es ganz deutlich zu sehen, das Monster. Auch die Mutter hatte es gesehen und sagte: „Jetzt kann ich verstehen warum du Angst hast, dieses Monster ist wirklich gruselig. Ich denke aber, dass dein Monster ein Schatten ist. Ich gehe mal auf die Suche".
Die Mutter stand auf und ging durchs dunkle Zimmer. An verschiedenen Dingen rüttelte sie. Als sie an den Vorhang vom Fenster kam, bewegte sich das Monster. Klara erschrak. Aber die Mutter meinte: „Siehst du Klara ich habe es gefunden. Es ist der Vorhang, der wirft einen Schatten, der aussieht wie ein Monster".
Zusammen mit der Mutter spielte Klara dann noch Schatten. Danach ist sie dann ins Bett gegangen und hat ihrem Monster gute Nacht gesagt. Denn mit einem Schattenmonster kann man ruhig das Zimmer teilen.

taw

TASTKARTONS

Material:
Schuhkartons, Stoff, verschiedene Materialien zum Tasten (Moos, Rinde, Rohwolle, Papier, Sand, Kies ...)

An jedem Schuhkarton wird an der langen Seite eine Öffnung ausgeschnitten. Die Öffnung sollte so groß sein, dass die Kinder mit der Hand gut durch können. Nun wird aus dem Stoff ein Vorhang gemacht, der vor die Öffnung geklebt wird.
Jetzt wird in jeden Karton ein Fühlmaterial gelegt. Die Kinder können jetzt in die Kartons hineingreifen und fühlen, was darin liegt. Sie werden merken, dass manche Kartons ganz beliebt sind, weil sich das Material drinnen gut anfühlt (z. B. Rohwolle). Andere sind weniger beliebt und manche Kinder wollen gar nicht hineingreifen.

taw, kiw

WER BIST DU?

Einem Kind werden die Augen verbunden. Ein anderes Kind (das „blinde Kind" sollte es gut kennen) stellt sich vor das „blinde Kind". Dieses muss durch Abtasten versuchen herauszufinden, wer vor ihm steht.

auw

ICH FRAGE DICH, ICH FRAGE DICH, SAG KENNST DU MICH?

Ein Kind hat die Augen verbunden. Ein anderes Kind hält seine Hände und sagt das Verslein. Nun muss das „blinde Kind" raten, wer vor ihm steht.

Bilderbücher zum Thema Schatten:
Alfons Schweiggert: Schwarzer Mann. Parabel.
Tomi Ungerer: Die drei Räuber. Diogenes.
Reinhard Michl, Tilde Michels: Es klopft bei Wanja in der Nacht. Ellermann.
Barbara Moßmann, Werner Färber: Laura, Robin und die Räuber. Herder.
Maurice Sendak: Wo die wilden Kerle wohnen. Diogenes.

1.10 ICH KOMME IN DIE SCHULE

Für die Kinder beginnt mit dem Schulanfang ein neuer Abschnitt in ihrem Leben. Der Kindergarten hat die Aufgabe die Kinder auf den Übergang zwischen dem Alten und dem Neuen vorzubereiten. Die meisten Kinder können es gar nicht erwarten endlich in die Schule zu kommen. Mit diesen Kindern ist es recht einfach dieses Thema anzugehen.
Bei Kindern, die nicht in die Schule wollen, vielleicht sogar Angst vor der Schule haben, wird das schon schwieriger. Die Erzieherin muss überlegen, welche Kinder schulreif sind, bei welchen Kindern es Schwierigkeiten gibt.
Wichtig für dieses Thema ist eine gute Kooperation von Schule und Kindergarten. Für die Erzieherin ist es wichtig zu wissen, was auf die Kinder zukommt, wenn sie in die Schule kommen und auch jeder Lehrer sollte

wissen, was im Kindergarten getan wird.

Ich bin keine Befürworterin eines „Trimmens“ der Kinder auf die Schule. Aber ich denke, die Kinder sollten gewisse Fertigkeiten haben, wenn sie in die Schule kommen (z. B. Schleife binden können, den Namen schreiben, die Mutter loslassen können, sich eine Weile auf eine Sache konzentrieren können). Diese ganzen Fertigkeiten sollte ein Kind im Laufe seiner Kindergartenkarriere lernen. Schwungübungen, Buchstaben und Zahlen schreiben sollen die Kinder in der Schule lernen.

Lassen Sie sich nicht von Eltern und Lehrern unter Druck setzten. Die Schule hat die Aufgabe Lesen und Schreiben zu lehren, nicht der Kindergarten. Allerdings besteht keine Veranlassung, die Kinder am Schreiben zu hindern, falls sie das von sich aus beginnen.

SCHULBESUCH

Zur Vorbereitung der Kinder auf die Schule gehört auf jeden Fall ein Besuch der örtlichen Grundschule. Vereinbaren Sie einen Termin mit dem Lehrer/der Lehrerin der jetzigen 1. Klasse. Meist kennen sich die Kinder noch aus der gemeinsamen Kindergartenzeit. Falls schon feststeht, welche Lehrerin/welcher Lehrer die neue 1. Klasse übernimmt, können Sie diese/n und ihre/seine jetzige Klasse besuchen. Falls Sie Kinder in der Gruppe haben, die hinterher in verschiedene Grundschulen gehen, sollten Sie die verschiedenen Schulen mit den Kindern besuchen. Überlegen Sie mit den Kindern, wie man am besten vom Kindergarten aus zur Schule kommt. Zu Fuß, per Schulbus oder mit öffentlichen Verkehrsmitteln. Am besten ist es das Verkehrsmittel zu nehmen, das nachher auch eine Vielzahl der Kinder benutzt.

Je nachdem was für eine/n Lehrer/in Sie besuchen, wird er/sie mit der Klasse etwas für die Besucher vorbereiten. Es gibt aber auch Lehrer, die nicht wissen, was sie mit den Besuchern machen sollen.

Hier einige Vorschläge: Schulbesichtigung, Vorstellung der einzelnen Klassen und Lehrer, gemeinsames Malen, Singen, Rätseln, Spiele machen in der Turnhalle oder im Freien (konkrete Vorschläge dazu auch in der angegebenen Literatur). Die Kindergartenkinder werden große Schwierigkeiten haben von einer Pause bis zur nächsten durchzuhalten, deshalb ist gerade das Spielen sehr wichtig.

Sprechen Sie mit den Kindern über das Schulvesper. In den meisten Schulen ist es so: das Vesper wird in der großen Pause gegessen und das meist im Stehen oder Rennen. Also sind Yoghurt, Pudding usw. schlecht zum Mitnehmen geeignet.

Das Buch zum Thema:

Hans-Georg Häring & Walter Kowalczyk: Das fängt ja gut an! Das kleine Buch zum Schulanfang. AOL-Verlag. Bestell-Nr. A432.

auw

TONBANDAUFNAHMEN IN DER SCHULE

Material:
ein Kassettenrecorder, eine Kassette

Die Kinder nehmen während des Schulbesuchs verschiedene Geräusche auf. Diese Geräusche können sein: Gong, die Stimmen der Lehrer/innen, Pausengeräusche ... Im Kindergarten können sich die Kinder diese Geräusche wieder anhören und zuordnen. Den Gong können sie beim Schule spielen sehr gut gebrauchen.

auw, viw

LEHRERBESUCH IM KINDERGARTEN

In einigen Schule steht schon einige Zeit vor den Sommerferien fest, welche Lehrerin, welcher Lehrer die 1. Klasse übernehmen wird. Laden Sie diese Lehrkraft ein, den Kindergarten zu besuchen und die Kinder kennenzulernen.
Für die Kinder kann es eine große Beruhigung darstellen, wenn sie den neuen Lehrer, die neue Lehrerin in ihrer gewohnten Umgebung kennenlernen können. Es besteht dann oftmals am Tag der Einschulung schon eine gewisse Vertrautheit zwischen Kindern und Lehrkraft.

taw, auw, viw

SCHULE SPIELEN

Material:
Schulranzen, Mäppchen, Hefte, Stifte, eine Tafel

Besorgen Sie für die Kinder einige Schulranzen und Mäppchen (viele ältere Kinder bekommen in höheren Klassen neue Ranzen, weil die Alten zu klein oder kaputt sind). Hefte können sich die Kinder selbst herstellen, indem sie leere DIN-A4-Blätter in der Mitte falten und zusammenklipsen. Schwierig wird es sein eine Tafel aufzutreiben (es gibt aber immer wieder in Hobbymärkten sehr billige Spieltafeln).
Wenn Sie keine Tafel haben, können Sie als Ersatz große Blätter an die Wand pinnen, die nach Gebrauch erneuert werden können.

ABSCHIEDSFEST

Es gibt verschiedene Möglichkeiten ein Abschiedsfest zu planen. Ich möchte hier eine Möglichkeit vorstellen: Eltern und Kinder nehmen gemeinsam an einer Abschieds-Olympiade teil. Jede Familie erhält am Ende eine Siegerurkunde. Denn jeder, der mitgemacht hat, ist auch Sieger. Die Spiele, die ich ausgewählt habe, sind alle aus der Zwergen-Olympiade Nr. 1 (Spiele für draußen. Die Zwergen-Olympiade 2 enthält Spiele für drinnen). Erschienen sind diese Olympiaden für alle Sinne im AOL Verlag, Autoren: Dorothee Borchers & Eckhard Rüger.

Bei unvollständigen Familien oder Kindern, die ohne Elternteil gekommen sind, dürfen andere Eltern und die Erzieherinnen mitspielen.
Alle Spiele können auch ohne Eltern von den Kindern alleine gespielt werden.

kiw, vew, taw
Kamelrennen

Material:
Ein Seil als Startlinie, Utensilien für die Kamele (Ohren aus Pappe, einen Schwanz aus Krepppapier, ein Tuch als Kopfbedeckung für den Reiter), eine Oase (Tisch mit kleinen saftgefüllten Bechern und Trinkhalmen)

Jeweils drei Personen bilden Kamel und Reiter. 2 Erwachsene sind das Kamel. Der vordere Erwachsene steht aufrecht, der hintere hält sich an den Hüften des vorderen und macht sich krumm, um den Höcker zu bilden. Das Kind sitzt als Reiter auf dem Höcker und hält sich vorne fest. Die Teilnehmer nehmen die Startposition ein und rennen in Richtung Oase. Dort bekommt jedes Kamel samt Reiter eine Erfrischung. Anschließend treibt der Reiter sein Kamel um die Oase herum zurück ins Ziel.

taw, viw, vew

Die Klorollenstaffel

Material:
Einige Zollstöcke, eine bemalte oder buntbeklebte Klorolle

Mehrere Mitspieler stehen im Abstand von etwa zwei Metern nebeneinander (bei den Erwachsenen kann der Abstand ruhig größer sein) und halten jeweils einen etwa zur Hälfte aufgeklappten Zollstock in der Hand. Nachdem die Klorolle auf die Spitze des Zollstocks des Starters gesteckt worden ist, wird sie ohne Zuhilfenahme der Hände bis zum letzten Mitspieler weitergereicht.
Noch mehr Spaß macht es, wenn zwei Staffeln gleichzeitig gegeneinander antreten. Je weiter der Zollstock aufgeklappt ist, desto schwieriger ist der Transport der Klorolle.

viw, taw

Auf jeden Pott passt ein Deckel

Material:
verschiedene Dosen, Flaschen und Schachteln mit Deckeln. Die Behälter sollen unterschiedliche Durchmesser haben.

Auf dem Tisch stehen verschiedene Behälter, die dazugehörigen Deckel liegen unsortiert auf einem anderen Tisch etwas abseits. Eltern und Kinder suchen die jeweils passenden Deckel, setzen diese auf den jeweiligen Behälter und verschließen diesen. Dieses Spiel kann man auch mit zwei Mannschaften gegeneinander spielen.

olw, guw

Probieren geht über Studieren

Material:
ein Tisch, kleine Schälchen für vorbereitete Stückchen mit verschiedenen Sorten Obst (Apfel, Birne, Banane etc.), verschiedenes Gemüse (Möhren, Kohlrabi, Gurke etc.), verschiedenes Brot (Vollkornbrot, Graubrot, Weißbrot etc.), Kekse, Salzstangen, Zwieback und Knäckebrot, Käse, geräucherte Wurst ... und eine Maske zum Verbinden der Augen.

Auf dem Tisch stehen angerichtete Schälchen mit verschiedenen Lebensmitteln, die alle sehen können. Einem Kind oder Erwachsenen wird die Maske aufgesetzt. Dann wird er mit verschiedenen Lebensmittel gefüttert, die dann erraten werden müssen.
Es wird schwieriger, wenn sich die zu erratenden Produkte ähneln.

Lagerfeuer

Einige Eltern bereiten ein Lagerfeuer vor, an dem nach den Spielen gegrillt werden kann. Sie brauchen Holz für das Lagerfeuer, Stecken zum Grillen von Würstchen. Backen Sie am Lagerfeuer Topfbrot.
Das Rezept dazu finden Sie auf Seite 39.

auw

REIME:

Ene Mene Tintenfass
geh' in die Schul und lerne was.
Ene mene Sandbüchs,
bleib daheim, du kannst nix.

Erstklässler Engele,
Zweitklässler Bengele,
Drittklässler ABC,
Viertklässler kann nichts meh'.

(Beide werden als Spottreim gerufen.)

auw

HANNES KOMMT IN DIE SCHULE

Es ist 5 Uhr morgens, Hannes liegt in seinem Bett und kann nicht mehr schlafen. Er ist furchtbar aufgeregt. Heute ist sein erster Schultag. Er hat seinen Schulranzen schon fertig gerichtet. Auch eine große Schultüte wartet auf ihn. Trotz allem ist er aber doch ein bisschen ängstlich. Was ihn wohl in der Schule erwartet? Er hat mit seinen Eltern und Freunden schon oft über die Schule gesprochen. Mit den anderen Kindergartenkindern und Frau Maier waren sie schon in der Schule und haben sich alles angeschaut. Und doch sitzt ganz hinten in seinem Hals ein dicker Kloß, der sich nicht hinunterschlucken lässt.
Hannes steht ganz leise auf und geht zur Toilette. Als

er wieder in sein Zimmer schleicht, kommt die Oma aus ihrem Zimmer und meint: „Bist du aufgeregt? Kannst wohl auch nicht schlafen?" Hannes nickt. Die Oma geht mit ihm in sein Zimmer und sagt: „Weißt du, mir ging es genau wie dir. Ich war auch aufgeregt, als ich so alt war wie du und in die Schule kam."

Die Oma hat dann erzählt, wie das war, als sie in die Schule kam. Zuerst sind alle Kinder mit ihren Eltern in die Kirche gegangen. Der Pfarrer hat eine Weile gesprochen und sie haben einige Lieder gesungen. Danach sind alle zusammen zur Schule marschiert. Dort hat sie dann Fräulein Huber, die Lehrerin, begrüßt. Fräulein Huber war eine ganz liebe Lehrerin. Hannes Oma mochte sie sehr gerne. Jeder durfte dann dahin sitzen, wo er wollte. Die Oma von Hannes setzte sich neben ihre beste Freundin Gerda. Damals war eine Zeit, in der es nicht viel zu essen gab. Alle Leute mussten sparen. Deshalb hat sie und die anderen Kinder in ihrer Klasse keine Schultüte gehabt. Nur als alle Kinder fotografiert wurden, hat der Fotograf ihnen eine in die Hand gegeben. Diese mussten sie aber nachher wieder abgeben. Als sie nach der Einschulung nach Hause gekommen sind, hat ihre Oma ihr einen Lutscher geschenkt. Darüber hat sie sich so gefreut, dass sie heute immer noch genau weiß, wie der geschmeckt hat.

Sie haben dann noch eine ganze Weile über Hannes' ersten Schultag gesprochen. Auf einmal musste Hannes gähnen. Ihm fielen die Augen zu und er ist eingeschlafen. Die Oma hat ihn noch zugedeckt und das Licht gelöscht. Als Hannes am Morgen wieder aufgewacht ist, erinnerte er sich, dass er von einer riesengroßen Schultüte geträumt hatte.
Es wurde ein schöner erster Schultag für Hannes an den er noch lange denken wird.

Weiterführende Literatur:
Speziell für die Arbeit mit 5- bis 6-Jährigen im Rahmen einer Vorklasse ist beim AOL Verlag ein Buch erschienen: *Renate Mrozek:* Vorschularbeit von A-Z. Bestell-Nr. A525.
Das folgende Buch, ebenfalls aus dem AOL-Verlag, wendet sich an Lehrerinnen und Lehrer, Schulleiterinnen und Schulleiter, Erzieherinnen und Erzieher sowie Eltern: *Hans-Georg Häring & Walter Kowalczyk:* „Das fängt ja gut an!" Das kleine Buch zum Schulanfang. Bestell-Nr. A432. In der chronologischen Abfolge des Einschulungsprozesses werden alle wichtigen Schritte vorgestellt und erläutert – für die Schule und den Kindergarten eine Arbeitshilfe, für die Eltern eine gründliche Information.

Bilderbücher zum Thema:
Mira Lobe, Susi Weigel: Morgen komme ich in die Schule. J&V Schulbuchverlag.
Andresen, Johnson: Alle gehen zur Schule. Sauerländer.

1.11 ICH HABE HEUTE GEBURTSTAG

Für Kinder ist der Geburtstag ein ganz wichtiger Tag. Viele fiebern schon wochenlang vorher darauf hin. An diesem Tag stehen die Kinder im Mittelpunkt. Sie bekommen Geschenke. Es kommt Besuch. Es wird gefeiert.
Wie kann so ein Tag im Kindergarten gefeiert werden? Kinder lieben Rituale. Sie möchten bestimmte Dinge ganz genau so haben, wie es vorher bei einem anderen Kind war. Sie wollen aber auch, dass für sie etwas ganz Besonderes geschieht, das sie ganz alleine auswählen können.
Ich würde deshalb vorschlagen, die Geburtstagfeiern so zu gestalten, dass bestimmte Dinge bei jedem Kind gleich sind. Aber jedes Kind auch die Möglichkeit hat, Spiele oder Geschichten selbst auszuwählen.
Achten Sie aber darauf: In einigen Religionen wird kein Geburtstag gefeiert, z. B. Zeugen Jehova. Sprechen Sie mit den Eltern über religiöse Bräuche. Eine Möglichkeit wäre, mit diesem Kind z. B. Namenstag zu feiern.

auw, viw

GEBURTSTAGSKASPERLE

Das Geburtstagskind darf mit 2 Freunden, die es auswählt, in der ersten Reihe sitzen.

Kasper erscheint auf der Bühne:
Kasper: Tri, tra Tralala, der Kasper der ist da. Seid ihr auch alle da Kinder? Ich habe gehört, bei euch hat jemand Geburtstag. Wer ist es denn?
Die Kinder sagen den Namen:
Kasper: Liebes Geburtstagskind, sag' mal, wie alt bist du denn jetzt?
Geburtstagskind: ...
Kasper: Dann steig mal auf deinen Stuhl und hopse ... mal herunter, damit wir auch alle wissen, wieviel ... ist.
Das Geburtstagskind hopst soviel mal vom Stuhl, soviel Jahre es geworden ist.
Seppel erscheint auf der Bühne.
Seppel: Guten Tag Kinder, Guten Tag Kasper. Was macht ihr denn hier?
Kasper: Die/der ... hat Geburtstag.
Seppel: Ah, toll, wie alt wird er/sie denn?
Kasper und Kinder: ...
Kasper: Kinder jetzt singen wir aber der/dem ... ein Lied.
Seppel: Was für ein Lied?
Kasper: Kennt ihr das Lied ...?
Kasper singt das Geburtstagslied.
Alle zusammen singen das Lied.
Kasper : ... komm doch einmal zu mir her.
Kind kommt ans Kasperletheater.
Kasper: Warte einmal einen Moment, ich bin gleich wieder hier.
Kasper verschwindet auf der Seite und kommt nach einer Zeit wieder mit einem Geschenk in der Hand.
Kasper gibt dem Kind das Geschenk und gratuliert ihm zum Geburtstag.
Seppel: Halt, ich will doch auch noch gratulieren!
Er gibt dem Kind die Hand.
Kasper: So, Kinder, jetzt müssen wir aber gehen. Wir haben der Großmutter versprochen, dass wir pünktlich zum Mittagessen zu Hause sind.
Kasper und Seppel winken und rufen:
Auf Wiedersehen.

Dieses Kasperletheater wird für jedes Kind am Geburtstag aufgeführt. Natürlich kann das Kasperletheater auch beliebig erweitert werden (mit Gesprächen über das jetzige Thema, Erlebnisse des jeweiligen Geburtstagskindes ...).

Wichtig ist einfach, dass regelmäßig Kasperletheater gespielt wird.

viw

GEBURTSTAGSTISCH

Material:
Tischdecke, Blumenstrauß, Kerzen, ...

Für jedes Kind wird ein Geburtstagstisch gedeckt. Es sollten immer so viele Kerzen aufgestellt werden, so alt das Kind wird. Ein kleiner Blumenstrauß schmückt den Tisch. Wer nicht immer vorher Blumen suchen will, oder im Winter, wenn es nicht allzu viele gibt, kann man auch eine Topfblume nehmen, die im Zimmer steht.
Schön wäre es, wenn Sie eine bestimmte Tischdecke hätten, die nur am Geburtstag aufgelegt wird.

taw, viw

SCHMUCK DES GEBURTSTAGSKINDES

Material:
dünne Pappe, Goldpapier, Klebstoff

Ich finde die Geburtstagskränzchen, die viele Erzieherinnen den Kindern basteln zwar sehr kunstvoll und hübsch, ich lasse die Kinder aber immer selbst das Geburtstagskränzchen für das Geburtstagskind basteln. Einmal, weil die Kinder dadurch lernen anderen ein Geschenk zu machen und zum anderen, weil ich meine Zeit nicht durch kunstvolle Basteleien vertun, sondern mit den Kindern verbringen will.
Aus dünner Pappe wird eine Krone ausgeschnitten und dann mit Goldpapier beklebt.
Mit dem Goldpapier, das als Abfall übrig bleibt, basteln die Kinder oft noch kleine Geschenke für das Geburtstagskind.

auw

GEBURTSTAGSLIED

Geburtstagslied

T. u. M.: P. Wänke

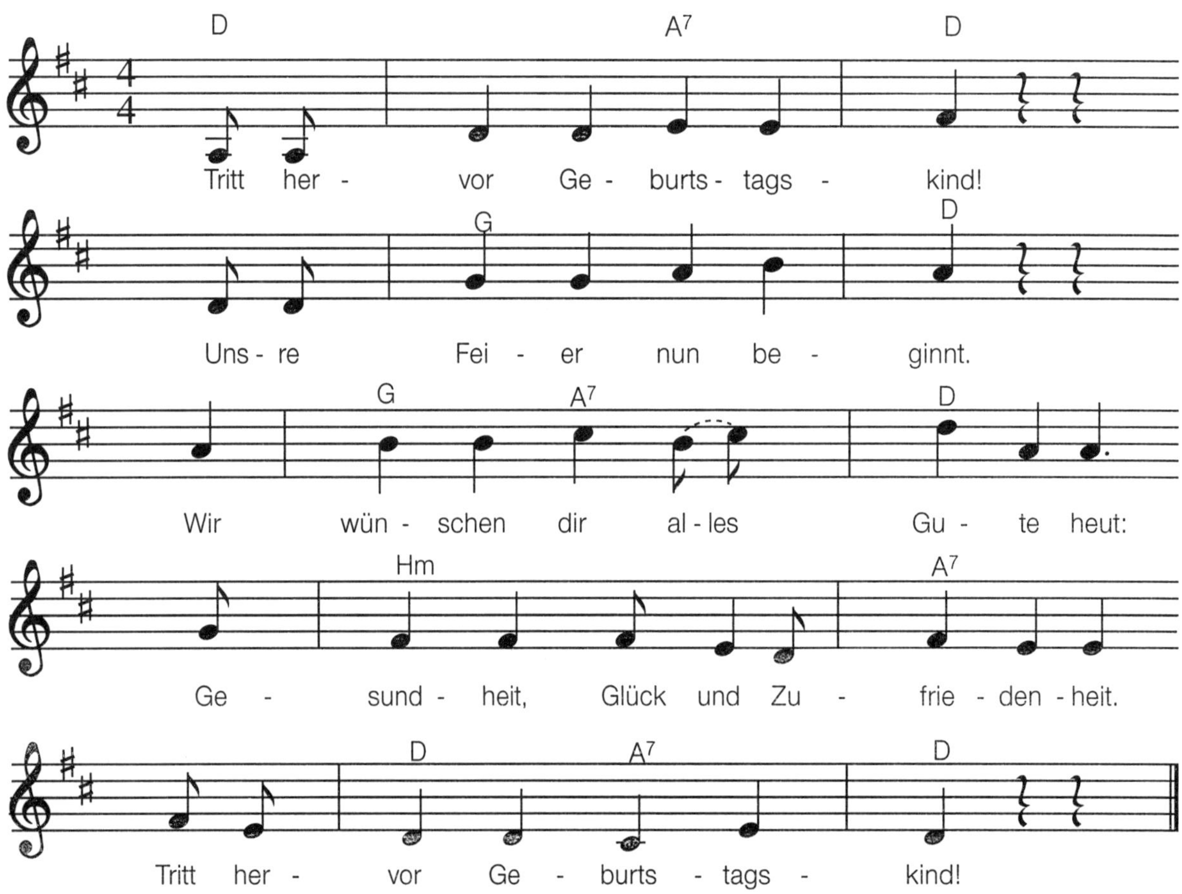

2. Freu' dich heut' und jeden Tag!
Wenn einer sagt, dass er dich mag
dann gibst du ihm einen Klaps auf'n Po
und sagst: „Ich mag dich ebenso!"
Freu' dich heut' und jeden Tag!

3. Bleib' bescheiden und gib acht, dass du andre nie verlachst! Und kannst du mal nicht Erster sein, dann schimpf' nicht gleich wie ein Rohrspatz drein! Bleib bescheiden und gib acht!

4. Danke Mutti und Papa! Sie sind immer für dich da! Drum helf auch mal und meckre nicht, dann gibt's schon morgen dein Leibgericht. Danke Mutti und Papa!

5. Drauf kommt es gar nicht an, ob einer vieles kann. Wir mögen dich so wie du bist, auch wenn dein Lieblingsfach nur die Pause ist. Darauf kommt es gar nicht an!

taw, viw

GESCHENKE VERPACKEN

Richten Sie im Kindergarten eine Sammelstelle für gebrauchtes Geschenkpapier und Geschenkbänder ein. Kinder machen sehr gerne Geschenke. Sie können mit sehr viel Ausdauer für den Freund oder die Freundin, für Mutter, Vater ... Geschenke basteln. Damit diese dann auch hübsch verpackt werden können, recycelt man gebrauchtes Geschenkpapier und die Bänder. Beim Verpacken der Geschenke lernen die Kinder z. B. spielerisch Knoten zu machen oder Schleifen zu binden. Die Kinder werden noch viele andere Gelegenheiten finden, bei denen sie das Papier und die Bänder brauchen können (z. B. Kartons verzieren).

olw, guw, viw

GEBURTSTAGSESSEN

Es gibt viele verschiedene Möglichkeiten, was es am Geburtstag zu essen gibt.

- Die Eltern können 1-2 Kuchen backen und mitbringen
  Vorteil: Das Geburtstagskind hätte einen Kuchen, den es auch gerne isst.
  Nachteil: Berufstätigen Eltern ist es oft zuviel auch noch für den Kindergarten Kuchen zu backen.

- Die Eltern bringen Süßigkeiten zum Verteilen.
  Vorteil: Für die Eltern ist das sehr einfach und die Kinder essen es gerne.
  Nachteil: Für die Zähne ist dies nicht gerade sehr gut und wir wollen die Kinder ja auch vom übermäßigen Süßigkeitenessen abhalten.

- Wir kochen ein Wunschessen.
  Vorteil: Das Geburtstagskind hat die Möglichkeit sich das Essen zu wünschen. Es wird meistens das gleiche Essen geben, weil viele Kinder die gleichen Vorlieben haben.
  Nachteil: Es ist nicht gerade billig und es braucht viel Zeit.

- Sie bereiten ein gesundes Vesper mit den Kindern zu: Vollkornbrot, Brotbeläge, Gürkchen, Radieschen ...
  Vorteil: Es ist gesund, die Kinder haben Spaß am Verzieren.
  Nachteil: Reste lassen sich schlecht aufbewahren. (Zum gesunden Essen lesen Sie: Vorschularbeit von A bis Z. AOL-Verlag Bestell-Nr. A525. Da finden Sie sehr gute Vorschläge).

- Es wird gemeinsam ein Kuchen gebacken.
  Vorteil: Die Kinder sind am Herstellungsprozess beteiligt.
  Nachteil: Auf Grund der begrenzten Zeit muss der Kuchen am Vortag gebacken werden. Bei der Größe der Kindergartengruppen reicht ein Kuchen meist nicht aus.

Ich möchte hier noch eine andere Möglichkeit vorschlagen:

Wir backen Kleingebäck aus Quarkölteig

Vorteil: Es geht sehr schnell und die Kinder haben viel Spaß daran. Den Kindern gibt es die Möglichkeit zu kneten mit einem Material, das weich ist, sich gut anfühlt und sie können es hinterher sogar essen. Es ist wichtig die Kinder kneten und formen zu lassen, nicht das Ergebnis steht im Vordergrund sondern der Weg dahin.

Rezept:

150 g	Quark
6 El.	Milch
6 El.	Öl
75 g	Zucker oder Honig
1 P.	Vanillezucker
300 g	Mehl
1 P.	Backpulver
	Rosinen, Nüsse, Mandeln

So wird's gemacht:
Quark, Milch, Öl, Zucker und Vanillezucker werden zusammen gerührt. Backpulver und Mehl werden ge-

mischt und nach und nach dazugegeben. Fertig!
Für eine Kindergartengruppe mit ca. 25 Kindern brauchen Sie das doppelte Rezept.
Jedes Kind nimmt sich ein Stück des fertigen Teiges und knetet daraus Brötchen, Schlangen, Schnecken, Männchen ..., mit den Rosinen, Nüssen und Mandeln werden die Backwerke verziert. 2 Backbleche werden gefettet oder mit Backpapier ausgelegt, die fertigen Teilchen darauflegen (sortieren Sie diese etwas nach Größe und Dicke, sonst sind die einen schwarz und die anderen noch nicht gebacken), bei 180°C backen bis die Teilchen leicht gebräunt sind.
Die fertigen Teilchen können noch warm gegessen werden.

taw, viw

GEBURTSTAGSKERZENSTÄNDER

Material:
eine kleine Baumwurzel oder ein Ast, Kerzen, Befestigungsknete (in Bastelgeschäften erhältlich)

Suchen Sie mit den Kindern im Wald oder an einem Flusslauf nach einem Ast oder einer kleinen Baumwurzel, die geeignet ist darauf Kerzen zu befestigen. Der Ast sollte gut auf einem Tisch stehen oder liegen können, ohne bei geringster Berührung oder Erschütterung umzufallen.

Mit der Befestigungsknete werden die Kerzen am Holz befestigt. Auf den Ast können nun auch kleine Geschenke gelegt werden, die die Kinder gefunden haben (Steine, Moos, Muscheln, Federn ...).
Achten Sie aber immer darauf, dass diese Dinge weit genug von den brennenden Kerzen weg sind (Brandgefahr).

WUNSCHPROGRAMM

Das Geburtstagskind darf sich etwas wünschen, was alle zusammen tun können. Eine Geschichte oder ein Märchen hören, ein Fingerspiel machen, ein Spiel spielen, ein Lied singen ...

taw, viw

SCHWIMMENDE GEBURTSTAGSKERZEN

Material:
eine große Glasschüssel, Schwimmkerzen, Steine, Muscheln, Sand ...

In eine große Glasschüssel (gibt's oft auf dem Flohmarkt schon sehr billig) wird Wasser gefüllt. In das Wasser können von den Kindern verschiedene Steine, Muscheln u.s.w. gelegt werden.
Auch verschiedene Gräser, die in Sand befestigt werden, eignen sich. Oben auf das Wasser werden dann Schwimmkerzen gelegt. Das Glas wird für jedes Kind neu gestaltet.

Bilderbuch zu diesem Thema:
Steven Kellog: Malwine in der Badewanne. Oetinger.

2. NATUR ERLEBEN

2.1 WAS LEBT AUF DER WIESE?

Dieses Thema setzt voraus, dass man irgendwo in der Nähe eine Wiese hat. Wiese erleben heißt rausgehen und riechen, fühlen sehen.
Auf dem Land ist es sicher einfacher eine Wiese zu finden, aber auch in vielen Städten wurden Rasenflächen in Wiesen umgewandelt. Fragen Sie einmal auf der Stadtverwaltung nach, vielleicht finden Sie eine Wiese ganz in Ihrer Nähe. Aber was Sie nicht vergessen sollten: Egal, wem die Wiese gehört, Sie müssen den Besitzer um die Erlaubnis bitten auf dieser Wiese spielen zu dürfen.
Am besten beginnt man mit diesem Thema im März, da nun die ersten Blumen blühen. Gemäht wird eine naturnahe Wiese frühestens Ende Mai. Bis dahin blühen viele verschiedene Pflanzen auf einer Wiese.

Damit Sie auf Ihren Erkundungstouren auch wissen, was gerade blüht und wie die Pflanze heißt, schaffen Sie sich einen Blumenführer an (z. B. GU *Naturführer Blumen*, Gräfe und Unzer Verlag oder *Was blüht denn da*, Kosmos). Die meisten Blumenführer sind nach den Blütenfarben bestimmt, so können auch die Kinder die gesuchte Pflanze mit etwas Hilfe finden.

Aber nicht nur Pflanzen bevölkern eine Wiese, auch viele Tiere haben hier ihren Lebensraum. Es gibt Maulwurfshügel zu sehen, Mauselöcher, Wurmkegel, vielleicht einen Kaninchenbau, Heuschrecken, Schmetterlinge, Raupen u.v.m. Man muss nur genau hinschauen und beobachten. Richten Sie sich auf eine Zeit ein, in der Sie viel mit den Kindern unterwegs sein werden.

Vielleicht haben Sie im Kindergarten einen Leiterwagen, in dem man Decken, Vesper, etwas zu Trinken, und manchmal auch ein allzu müdes Kind mitnehmen kann. Sie werden merken, dass die Kinder, je öfter sie wandern, richtige Wanderprofis werden.

taw, viw

MOHNPÜPPCHEN

Material:
Knospen und verblühte Mohnblüten

Für ein Mohnpüppchen brauchen wir jeweils eine Mohnknospe und eine verblühte Mohnkapsel.
Die Mohnknospe wird geöffnet und die Blütenblätter herausgeholt. Dies wird das Röckchen des Püppchens.
Die Mohnkapsel wird der Kopf. Von der Mohnkapsel brechen wir den Stiel ab und stecken das Röckchen in die Mohnkapsel. Fertig ist das Mohnpüppchen.
Nun können die Kinder eine richtige Puppenstube im Freien bauen.

taw, viw

AUCH MIT BLUMEN KANN MAN MALEN

Material:
selbst gesammelte Blumen, Gräser und Samen, Papier

Mit Blumen und Gräsern kann man schöne Bilder selbst malen. Wenn man z. B. mit Gras über Papier reibt, so wird das Papier grün. Reibt man Blütenblätter über Papier, so ergibt das ganz unterschiedliche Farben. Viele Blütenblätter haben die gleiche Farbe, die auch nach dem Malen auf dem Papier ist.
Verblüffend ist dagegen das Johanniskraut. Dessen Blütenblätter sind zwar gelb, beim Malen erhält man aber eine rote Farbe.

taw, viw

JAHRESZEITENTISCH

Viele Kinder und auch Erwachsene wissen heute nicht mehr, was zu welcher Jahreszeit wächst, blüht, reift und wieder abstirbt. Oder wissen Sie z. B. genau, wann der Löwenzahn blüht oder das Johanniskraut? Deshalb finde ich die Einrichtung eines Jahreszeitentisches eine tolle Sache.
Im Kindergarten wird ein Tisch gerichtet, der jede Woche neu dekoriert wird. Sowohl die Kinder wie auch die Erzieherin bringen am Montag Blumen, Gräser, Samen, Früchte mit, die sie am Wochenende bei Spaziergängen gefunden haben. Diese Dinge werden dann auf den Jahreszeitentisch gelegt oder in eine Vase gestellt. Dies ist eine ganz einfache Sache, die uns aber veranlasst, unsere Natur etwas genauer zu beobachten.

taw, viw, kiw

BLUMENPRESSE

Material:
2 Holzplatten in der gleichen Größe (nicht größer als 30x40 cm, da sonst der Druck nicht stark genug ist). Die Dicke sollte ca. 1,5 cm betragen. 4 Schrauben (Länge ca. 4 cm, Durchmesser ca. 1 cm) und 4 Flügelmuttern, die auf die Schrauben passen.

Wir legen die 2 Holzbretter übereinander und bohren an den Ecken jeweils ein Loch, durch das wir die Schrauben stecken können. Oben werden dann die Flügelmuttern festgedreht. Fertig ist unsere Blumenpresse. Jetzt können die Kinder nach Herzenslust Blumen und Gräser sammeln, die dann gepresst werden.
Zum Pressen legen wir zuerst unten ein saugfähiges Papier (Zeitungspapier) in die Presse, darauf verteilen wir die Blumen, so dass sie nicht übereinander liegen. Auf die Blumen kommt dann wieder Papier.
Wenn wir mehrere Schichten gleichzeitig pressen wollen, empfiehlt es sich jeweils eine Lage Pappkarton dazwischen zu legen. Am Schluss kommt dann der Deckel darauf und die Flügelmuttern werden zugedreht. Mit den gepressten Blumen kann man dann viele Dinge bekleben (Einladungen, Briefpapier, Schachteln u.v.m.).

taw, viw

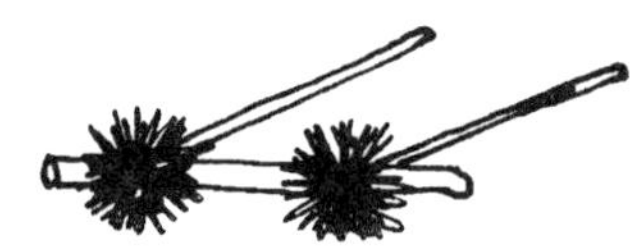

LÖWENZAHNBRILLE

Material:
blühender Löwenzahn

Wir nehmen einen Löwenzahnstängel und schlitzen ihn mit dem Fingernagel rechts und links und quer etwa 1 cm auf. Dadurch stecken wir 2 blühende Löwenzahnstängel.
Fertig ist unsere wunderschöne Sonnenbrille.

taw, viw

LÖWENZAHNLEITUNGEN

Material:
viele Löwenzahnstängel, große Büchsen.

Die Löwenzahnstängel werden ineinander gesteckt. Die Büchsen dienen als Wasserreservoir. Mit einer Ahle werden Löcher in die Büchsen gemacht, durch die man dann die Löwenzahnleitungen steckt. Die Büchsen werden jetzt mit Wasser gefüllt. Fertig ist unsere Wasserleitung.

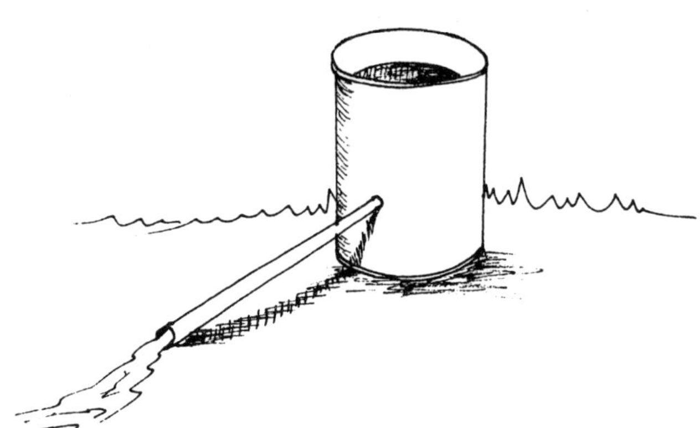

taw, viw

LÖWENZAHNLOCKEN

Material:
Löwenzahnstängel

Die Löwenzahnstängel werden in kurze Stücke geschnitten, unten und oben eingeritzt und in Wasser gelegt. Nach kurzer Zeit kräuseln sie sich wie kleine Locken.

olw, guw

LÖWENZAHN-WILDKRÄUTER-SALAT

Zutaten:
(reicht für 4 bis 5 Portionen)

4 Möhren
1 Handvoll junge Wildkräuter wie Sauerampfer, Petersilie, Schnittlauch, Liebstöckel, Löwenzahn
1 El. Zitronensaft oder Apfelessig
1/2 Tl. Honig
1 El. Sojasoße
3 El. Öl

So wird's gemacht:
Die Blätter sorgfältig waschen, gut ausschütteln und zerschneiden. Die Möhren werden gewaschen, abgeschabt und dann fein geraspelt. Den Zitronensaft mit dem Honig und der Sojasoße gut verrühren, nach und nach wird das Öl zugegeben. Nun wird alles zusammen gemischt und aufgegessen. Guten Appetit.

P.S. Besonders interessant wird der Löwenzahn für Kinder, wenn er verblüht ist und seine Samen in Form einer Pusteblume abgibt. Es macht ihnen viel Spaß sich gegenseitig anzupusten.

Eine andere Besonderheit hat der Löwenzahn auch noch: Von der Löwenzahnmilch bekommt man braune Finger, was aber nichts Schlimmes ist.

olw, guw

GÄNSEBLÜMCHENSUPPE

Zutaten:
(ergibt 5 bis 6 Teller)

1 l Wasser
2 Gemüsebrühwürfel
1 große Tasse frisch gezupfte und vor allem ungespritzte Gänseblümchenblüten
1 Handvoll frische Küchenkräuter (Sauerampfer, Petersilie, Schnittlauch, Liebstöckel)
1 Becher Sahne
1 El. Mehl

So wird's gemacht:
Das Wasser mit den Brühwürfeln zum Kochen bringen. Die Gänseblümchenblüten werden gewaschen und kleingehackt. Die Kräuter müssen ebenfalls zerkleinert werden. Nun gibt man die Blüten und Kräuter in die heiße Brühe. Auch die Sahne wird hinzugefügt.

Das Ganze etwa 5 bis 10 Minuten köcheln lassen. Danach wird das Mehl mit etwas kaltem Wasser in einem Becher gut verrührt und hinzugefügt.
Noch einmal kurz aufkochen, abschmecken und fertig. Lecker, Lecker.

taw, viw

GÄNSEBLÜMCHENFINGERRING

Material:
Gänseblümchen

Man nimmt ein Gänseblümchen und macht ein Loch (am besten mit einem kleinen Zweig) durch die Blüte. Doch Vorsicht: das Loch muss ganz unten am Stielansatz sein, sonst bricht die Blüte auseinander.
Nun wird der Stiel von unten durch die Blüte gesteckt. Am Finger wird der Stiel dann festgezogen und gekürzt.

auw

JOHN, DER EINGEBILDETE MAULWURF

Auf einer schönen bunten Blumenwiese, am Rande der Stadt, lebt der Maulwurf John. Warum der Maulwurf den außergewöhnlichen Namen John hat, kann niemand mehr sagen.
Eigentlich hieß er Walter und Walter ist ein sehr häufiger Name unter Maulwürfen. Aber irgendwann sagten alle Tiere auf der Wiese John zu ihm und manche nannten ihn auch Sir John. Wahrscheinlich war dies alles auf sein etwas vornehmes Getue zurückzuführen. John störte dies nicht. Ihm gefiel John sowieso besser als Walter.
Besonders gut gefiel es ihm, wenn jemand ihn Sir John nannte, denn dann kam er sich sehr, sehr vornehm vor. Eigentlich ist er ein ganz normaler Maulwurf. Er hat ein seidiges grauschwarzes Fell, kleine schwarze Augen, welche fast blind sind, ein rotes Schnäuzchen, zwei Hinterbeine und zwei Vorderbeine, die wie richtige Grabeschaufeln aussehen.
Nur seine Sprache ist etwas gekünstelt. Er sagt zum Beispiel „Meine Verehrung, Gnädigste", wenn er einer Dame begegnet oder „Könnten Sie so freundlich sein mir dies bitte zu geben, wenn es Ihnen beliebt".
Die anderen Tiere meinten deshalb, er sei eingebildet und hielten sich lieber von ihm fern. John machte das nur wenig aus. Er ist ja doch den ganzen Tag damit beschäftigt Gänge zu graben und Hügel aufzuwerfen. Nur ab und zu in der Abenddämmerung, wenn er auf einem seiner Hügel sitzt und der untergehenden Sonne zuschaut, wünscht er sich jemanden, mit dem er sich unterhalten kann und der ihn versteht.

Eines Tages, als er wieder auf einem seiner Hügel in der Abenddämmerung saß und vor sich hin träumte, hörte er ein Lachen, das sich wie das Klingeln vieler kleiner Glöckchen anhörte. Er war ganz verzückt und lauschte, ob er noch mehr von der wunderbaren Stimme hören konnte.
Da bemerkte er ein leichtes Flattern und ein wunderschöner Schmetterling setzte sich zu ihm auf den Hügel.
„Guten Abend, ist dies nicht ein wunderschöner Abend?" sagte die schöne Stimme.
John war ganz verlegen und wusste zuerst gar nicht, was er sagen sollte. Aber dann gab er sich doch einen Stoß und sagte: „Ja, wunderbar. Meine Verehrung, Gnädigste. Darf ich mich Ihnen vorstellen, mein Name ist John. John Maulwurf. Würden Sie mir die Freude machen und mir Ihren Namen kundtun?"
Luise fand seine Sprechweise überhaupt nicht komisch oder eingebildet. Im Gegenteil, sie freute sich solch einem höflichen Tier zu begegnen. Sie mochte John von Beginn an gut leiden. Deshalb sagte sie mit ihrer glöckchenhellen Stimme: „Mein Name ist Luise und ich freue mich Sie kennenzulernen." Ja, so kam das.

Heute treffen sich John und Luise sehr oft auf dem Hügel, an dessen Fuß das Gänseblümchen blüht, sehen sich gemeinsam den Sonnenuntergang an, unterhalten sich ein wenig und sind glücklich, einander gefunden zu haben.

taw, viw

GRILLEN LOCKEN

In jedem Sommer hört man das Konzert der Grillen, aber wie die Grillen aussehen, haben nur wenige Kinder gesehen, da Grillen sehr scheu sind.
Dabei ist es ganz einfach eine Grille aus ihrem Loch zu locken.

Zuerst müssen Sie ein Grillenloch suchen. Ein Grillenloch ist etwa so dick wie ein Zeigefinger. Jedes Loch hat einen kleinen Vorplatz, an dem kein Gras wächst. Hier sonnt sich die Grille. Wenn Sie nun ein Loch gefunden haben, nehmen Sie einen langen Grashalm und stecken ihn in das Loch. Nach einer Weile kommt die Grille heraus. Nun kann man sie genau sehen und beobachten.

Bilderbücher zum Thema:
Der Löwenzahn, „Wir erleben die Natur". Peters-Kinderbuch.
Wolfgang de Haen, Franz Moisl: Wir entdecken Tiere. Ravensburger.
Der Marienkäfer, „Wir erleben die Natur". Peters-Kinderbuch.

2.2 DAS LEBEN IM WALD

Der Wald ist für Kinder etwas ganz Besonderes. Es ranken sich viele Märchen und Geschichten um ihn. Viel Geheimnisvolles gibt es dort zu entdecken.
Der Wald ist eines der artenreichsten Ökosysteme auf unserer Erde. In jeder Jahreszeit hat er ein anderes Aussehen, einen speziellen Geruch und ganz verschiedene Töne. Es lohnt sich deshalb das Thema Wald intensiv und immer wieder während des ganzen Jahres aufzugreifen.
Die meisten Kinder kennen den Begriff „Waldsterben", können sich aber meistens nichts Genaueres darunter vorstellen.

Sicher sind die Kinder schon häufiger mit den Eltern im Wald spazieren gegangen. Oft sind diese Spaziergänge sonntags in guten Kleidern, mit denen die Kinder nicht im Wald herumstreifen können. Dabei ist das Erleben mit allen Sinnen ganz besonders wichtig für die Kinder.

Das Thema Wald bedeutet für Sie, sehr viel mit den Kindern unterwegs zu sein. Auch wenn's regnet, gibt es im Wald einiges zu entdecken.
Informieren Sie die Eltern im Voraus über dieses Thema, damit diese wissen, dass die Kinder geeignete Kleidung und Schuhwerk brauchen.

Lesen Sie zu diesem Thema auch Kapitel 2.4 In unserem Garten gibt es viel zu tun. (Gummistiefel)

viw, auw, kiw, vew

WALDSPAZIERGÄNGE

Zuerst brauchen Sie ein Waldstück, in das Sie wandern können. Auf dem Land ist das nicht allzu schwer zu finden.
Für Städter ist das nicht so einfach. Wenn Sie gar keine Ahnung haben, wo Sie nah genug ein Waldstück finden, fragen Sie einfach mal auf der Stadtverwaltung nach. Die können sicher helfen.

Die ersten Spaziergänge sollten hauptsächlich zum Kennenlernen, Suchen und Finden dienen. Nehmen Sie deshalb Rucksäcke für Essen, Trinken und für Gesammeltes mit. Erkunden Sie bei jedem Spaziergang einen größeren Bereich. Sammeln dürfen die Kinder fast alles (außer Tieren, seltenen Pflanzen und Dingen, die zu groß zum Tragen sind).

Nehmen Sie auch die Lupen aus dem Kindergarten mit, damit sich die Kinder Kleinstlebewesen ansehen können. Auch ein Fernglas ist sehr interessant. Was Sie auch nicht vergessen sollten: Pflanzenbestimmbücher für Bäume und Blumen, einen Naturführer über Tiere (ganz geschickt, weil klein und handlich, sind die Naturführer von Gräfe und Unzer: Bäume, Blumen, Säugetiere, Vögel ...).

Einige Dinge sollten Sie mit den Kindern im Vorfeld abklären.

- Vorsicht mit Pilzen! Auch Beeren, die an Sträuchern nur wenig über dem Boden wachsen, sollten nicht gegessen werden (wegen des Fuchsbandwurms).

- Mit Stöcken werden keine anderen Kinder geschlagen.

- Alle entfernen sich nur so weit von der Gruppe, dass die anderen noch gesehen und gehört werden.

Sie sollten mindestens 2 Aufsichtspersonen sein.
Falls Sie keine Zweitkraft haben, fragen Sie doch eine Mutter oder Vater, ob sie/er mitgeht.

Vergessen Sie nicht einen Verbandskasten(tasche) mitzunehmen!

auw

ICH HAB EINEN FREUND, DAS IST DER BAUM

Text: Notrud Boge-Erli
Musik: Dorothée Kreusch-Jakob
Verlag: Patmos

Ich hab einen Freund

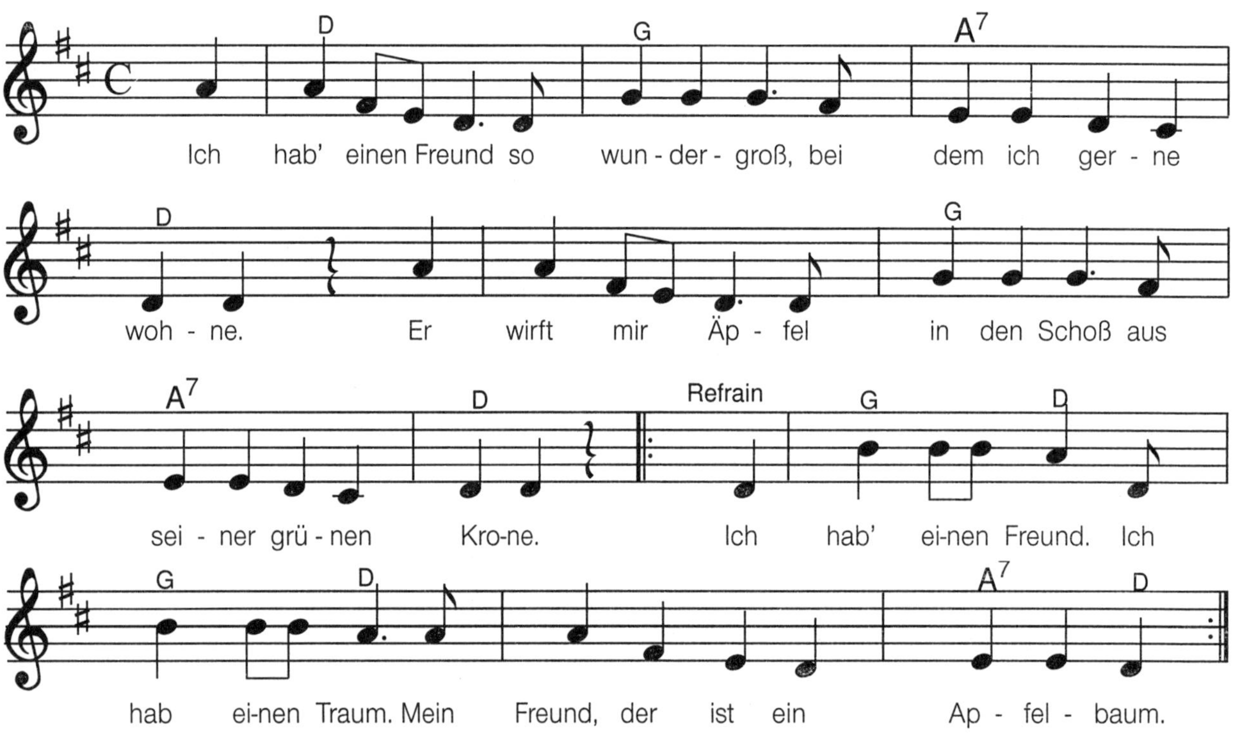

1. Ich hab' einen Freund
so wundergroß,
bei dem ich gerne wohne.
Er wirft mir Äpfel in den Schoß
aus seiner grünen Krone.
Refrain:
Ich habe einen Freund,
ich hab' einen Traum.
Mein Freund, der ist ein Apfelbaum.

2. Ich hab' einen Freund
so goldengrün,
ich streichle seine Rinde.
Er wird im Sommer duften und blühn,
mein Baum ist eine Linde
Refrain: ...
Mein Freund, das ist ein Lindenbaum.

3. Ich hab' einen Freund,
der rauscht und schwingt;
er reicht mir seine Zweige.
Mit Blätterhänden – ob's gelingt,
dass ich nach oben steige?
Refrain: ...
Mein Freund ist ein Kastanienbaum.

4. Ich hab' einen Freund,
der im Mantel steht
aus grünen Nadelstreifen.
Wenn Eiswind pfeift und Schnee verweht,
kann er dem Wind was pfeifen!
Refrain: ...
Mein Freund, das ist ein Tannenbaum.

taw, viw

BEHÄLTER AUS BLÄTTERN

Jedes Kind hält ein Blatt am stiel. Jetzt werden die rechte und linke Blattseite übereinander gelegt. Der Stiel wird von unten durch die überlappenden Seiten geflochten.

taw, viw

BLÄTTERSCHMUCK

Mit Blättern kann man Ketten, Kronen, Armbänder ... herstellen. Die Blätter werden einfach nur nebeneinandergelegt und mit Stielen, Stöckchen, Nadeln von Nadelbäumen aneinander befestigt.

viw, kiw

DER FÖRSTER FÜHRT DURCH DEN WALD

Was macht ein Förster? Viele Kinder können sich unter der Arbeit des Försters nichts vorstellen. Sprechen Sie mit dem Förster, der für das Waldstück, in das Sie Ihre Exkursionen machen, zuständig ist. Laden Sie ihn zu einer Tour durch den Wald ein. Er kann den Kindern Dinge zeigen, die sie sonst nicht sehen (verborgene Lichtungen, Hochsitze, vom Waldsterben betroffene Bäume, ganz besonders alte Bäume ...).

taw, viw, kiw

WIR BAUEN MIT NATURMATERIAL

Material:
Rinde, Moos, Äste, Blätter, Früchte, Samen ...

Auf den verschiedenen Exkursionen haben die Kinder viele Dinge gesammelt. Was machen wir damit? Stellen Sie den Kindern die Aufgabe mit den verschiedenen Materialien kleine Miniaturgärten anzulegen. Dies können die Kinder entweder im Sandkasten tun oder auf einem Karton, auf dem etwas Ton ausgerollt wurde. Der Ton ist wichtig, damit die Kinder etwas stellen können, ohne dass es umfällt.

auw

Kuckuck, Kuckuck

taw, viw

BLÄTTER PRESSEN

Material:
gesammelte Blätter, eine Blumenpresse (siehe S. 64)

Die Blätter werden in der Blumenpresse gepresst. Wenn sie richtig trocken sind, können die Kinder Blätterbilder kleben oder Blätterdrucke machen.

kiw, viw

TURNSTUNDE IM WALD

Verstecken

Ein gewisser Raum wird mit den Kindern zusammen festgelegt (z. B. bis zur Hecke, Abgrenzung ist der Waldweg ...). Ein großer Baum oder ein Hochsitz wird als Freizone, in der man nicht abgeschlagen oder gefangen werden darf, festgelegt.
1 oder 2 Kinder sind Sucher, stehen an der Freizone und zählen bis fünfzig (wenn sie noch nicht soweit können zwei- oder dreimal bis 20 oder 30). Alle anderen verstecken sich im abgesteckten Raum. Die Sucher beginnen nun mit der Suche. Jeden, den sie sehen, rufen sie mit Namen und klatschen ihn an der Freizone ab. Die versteckten Kinder müssen versuchen, zur Freizone zu kommen ohne gesehen zu werden und sich frei klatschen.
Das Spiel ist aus, wenn alle Kinder gefangen sind.

taw, auw

Barfuß gehen

Alle Kinder ziehen ihre Schuhe und Socken aus. Jetzt dürfen die Kinder barfuß gehen. Nach einer Weile dürfen die Kinder erzählen, was sie dabei empfunden haben.

taw, viw

Blätter greifen mit Händen und Füßen

Die Kinder sitzen auf dem Waldboden und greifen sich mit den Händen Blätter, die sie dort finden. Die Kinder halten die Blätter, werfen sie hoch und fangen sie wieder, sie geben sie anderen Kindern weiter ... .
Nun wird die Aufgabe schwerer.
Die Blätter werden mit den Füßen gegriffen und festgehalten. Kinder, die es nicht schaffen die Blätter vom Boden zu greifen, dürfen sich mit der Hand welche unter die Zehen stecken.

viw, kiw, taw

Blätterlauf

Jedes Kind hat ein Blatt auf der flachen Hand und geht damit eine vorher besprochene Strecke entlang. Wichtig ist, dass es die Kinder schaffen und nicht, wer am schnellsten ankommt. Die Aufgabe kann erschwert werden, indem alle beiden Hände ein Blatt balancieren oder verschiedene Hindernisse zu überwinden sind.

kiw, viw, taw

Tasten mit den Händen und Füßen

Immer ein Kind schließt die Augen oder bekommt sie mit einem Tuch verschlossen. Jetzt muss es zuerst mit den Händen und später mit den Füßen etwas ertasten, was ein anderes Kind aussucht (z. B. Äste, Steine, Gras, Moos ...). Hat ein Kind Schwierigkeiten, dürfen die anderen mit kleinen Hinweisen helfen.

kiw, taw, viw

Stöckchen weitergeben im Kreis

Die Kinder sitzen im Kreis und geben sich mit den Füßen kleine Stöckchen weiter.

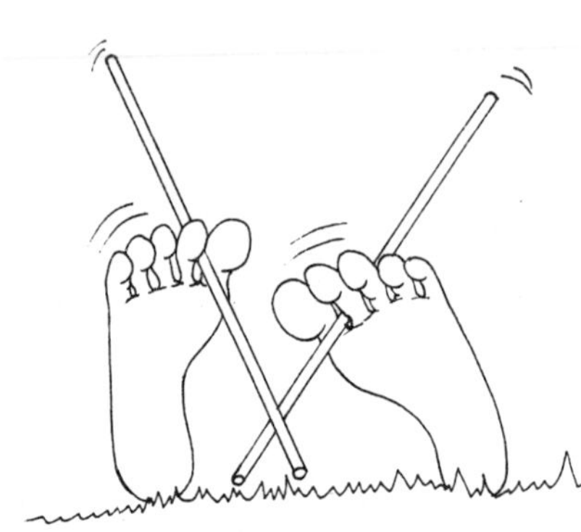

Nach dieser Turnstunde dürfen sich die Kinder im Kindergarten die Füße waschen.

taw, viw, kiw

ABFALLSUCHE IM WALD

Im Wald liegen viele Dinge, die da nicht hingehören. Während der Waldspaziergänge fällt das auch den Kindern auf. Gehen Sie mit den Kindern einmal in den Wald mit dieser Aufgabenstellung: Wir suchen alle Dinge, die nicht in den Wald gehören. Am besten nehmen Sie einen Leiterwagen oder einen kleinen Anhänger mit, in dem die gefundenen Sachen transportiert werden können. Im Kindergarten wird dann eine Ausstellung mit den ganzen Sachen zusammengestellt.
Natürlich werden auch Gespräche über das Wegwerfverhalten der Menschen geführt. Solch eine Aktion macht den Kindern dieses Verhalten viel deutlicher als Gespräche allein.

viw, taw

FERNGLÄSER SELBST GEMACHT

Material:
Farben, Scheren, Kleber, leere Küchen- und Toilettenrollen, Plastikfolien in verschiedenen Farben

Wir sehen uns mit den Kindern zusammen die Welt durch ein Fernglas an, beobachten einen Vogel, eine Spinne, einen Schmetterling und vieles mehr. Nach solch einer Anregung kommen die Kinder ganz von selbst auf die Idee ein eigenes Fernglas zu basteln. Zwei Klorollen eignen sich sehr gut ein Fernglas zu basteln, eine Küchenrolle ergibt ein exzellentes Fernrohr.

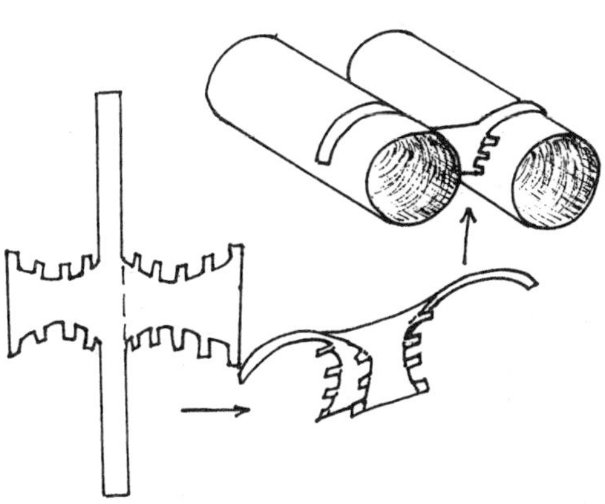

Lassen Sie die Kinder ruhig selbst ihre Ferngläser entwerfen. Wenn man vorne am Rohr farbige Plastikfolie anbringt, kann man schöne Lichteffekte erzielen.

Lesen Sie zu diesem Thema auch in Kapitel 1.9 In der Nacht gibt es viele Schatten. (Tastkartons)

auw

TOM, DER KLEINE WALDWICHTEL

Habe ich euch schon die Geschichte von Tom erzählt? Dann muss ich das jetzt aber schnell nachholen.
Tom, das ist ein kleiner Wicht. Er ist etwa so groß wie eine Maus, sieht aber aus wie ein Mensch. Bei genauerem Hinsehen bemerkt man aber, dass es doch einige Unterschiede zum Menschen gibt. Zum einen ist er natürlich viel kleiner und zum anderen hat er für seine Größe riesiggroße Ohren. Sie sind fast doppelt so groß wie sein Kopf. Ja, es ist richtig auffallend wie groß seine Ohren sind. Tom sagt immer: Das kommt, weil ich im Wald lebe und immer gut aufpassen muss, dass mich niemand frisst.

Ach, ich hatte euch ja fast vergessen zu erzählen, wo Tom lebt. Tom lebt im Wichtelwald. In den Wurzeln der Uralt-Eiche hat er eine kleine Höhle. In diesem Wichtelwald, der übrigens überall sein kann, lebt Tom als einziger Wichtel. Denn ihr müsst wissen, dass alle Wichtel einen Wald für sich alleine haben. Das ist seit langer, langer Zeit so. Wichtel sind nämlich sehr streitbar. Zwei Wichtel zusammen bedeutet: Viel Lärm, Gebrüll und Streit. Und weil das selbst Wichtel nicht aushalten, leben keine zwei Wichtel im gleichen Wald. Nun ist es so, dass jeder Wald seinen eigenen Wichtel hat. Was? Ihr habt noch keinen Wichtel gesehen? Nun, das ist verständlich, weil die Wichtel halt so klein sind und auch noch gut getarnt.
Jeder Wichtel, so auch Tom, hat ein Eichenblatt halbiert und sich daraus ein Wichtelröckchen mit Mäusehaaren zusammengenäht. Dadurch sind die Wichtel schlecht vom Laub, das am Boden liegt, zu unterscheiden. Außerdem sind sie ja, wie ihr schon wisst, sehr klein. Da müsstet ihr schon ganz genau hinsehen, wenn ihr einen entdecken wolltet.

Nun aber wieder zu Tom. Ich wollte euch doch von Tom erzählen. In den Wurzeln seiner Uralt-Eiche hat er sich eine schöne Wohnung gebaut. Als Tom in den

Wichtelwald kam, musste er ganz schnell eine Wohnung finden, die ihm Sicherheit bietet. Als er sich so suchend im Wichtelwald umgesehen hatte, war er über die Wurzeln der Uralt-Eiche gestolpert und hatte eine kleine Höhle darin entdeckt.
Vorsichtig spähte er in die Höhle hinein um zu sehen, ob schon jemand darin wohnte. Aber er hatte Glück. Die Höhle war leer. Sogleich fing er an die Höhle zu säubern. Es hatte sich im Lauf der Zeit eine Menge Unrat darin angesammelt. Da waren eine Menge Nuss-Schalen, die wahrscheinlich ein Eichhörnchen mal hineingetan hatte, viele Blätter, die der Wind hineingeblasen hatte, glitzernde Papierchen, in denen einmal Bonbons verpackt gewesen waren und noch vieles mehr. Er musste schwer arbeiten, bis er die Höhle ganz sauber hatte. Sogleich richtete sich ein Bett aus Moos, suchte sich Laub zusammen und machte sich ein Sofa. Aus abgebrochenen Ästchen baute er sich eine Eingangstür. Jetzt hatte er für sich eine schöne gemütliche Wohnung.
Als das geschafft war, ging er erst mal seine Umgebung anschauen. Dabei musste er natürlich sehr vorsichtig sein. Denn ihr könnt euch vorstellen, dass solch ein kleiner Kerl viele Feinde hat. Er nahm immer einen am Ende zugespitzten Stock mit, den er notfalls zu seiner Verteidigung einsetzen konnte. Er sammelte einige Beeren und brachte sie in seine Wohnung. Danach machte er es sich gemütlich und aß genüsslich seine Beeren.
So lebt nun Tom schon seit vielen, vielen Jahren im Wichtelwald. Vielleicht seht ihr ihn ja einmal, wenn ihr im Wald seid.

t a w , v i w , k i w

WIR BAUEN WICHTELHÄUSER

Während eines Waldspazierganges dürfen sich die Kinder, innerhalb eines begrenzten Gebietes, Wichtelwohnungen bauen. Die Kinder stellen sich vor, dass sie Wichtel sind. Sie suchen sich ihr Material zum Bauen selbst. Bei Bau- und Statikproblemen helfen die Erzieher/innen Lösungen zu finden. Meistens können die Kinder sehr lange bei dieser Tätigkeit verweilen. Planen Sie deshalb viel Zeit dafür ein.

Bilderbücher zum Thema:
Wolfgang de Haen: Wie ist es im Wald? Ravensburger.
Die Kastanie, „Wir erleben die Natur“. Peters-Kinderbuch.
Irmgard Lucht: Die Baum-Uhr. Ellermann.

Weiterführende Literatur:
Edelgard Moers, Elke Kohlwey: Mit offenen Sinnen durch den Wald, AOL-Verlag Best.-Nr. A364

2.3 WASSER IST EIN TOLLES ELEMENT

Wasser ist für Kinder schon ganz früh eines der schönsten Elemente. Die ersten Erfahrungen mit Wasser sammeln die Babys schon im Mutterleib. Bis zu ihrer Geburt fühlen sie sich im Fruchtwasser der Mutter geborgen. Nach der Geburt werden sie gefüttert und gebadet. Wasser bietet den Kindern vielfältige Möglichkeiten des Probierens, Erforschens und Planschens.
Leider werden diese Möglichkeiten, wie so vieles, heute sehr eingeschränkt. Man findet selten noch einen Bach, an dem man spielen kann. Viele Bäche sind kanalisiert oder so angelegt, dass Kinder nicht ran können.
Auch zu Hause und im Kindergarten heißt es: Mach dich nicht nass. Deshalb hier einige Anregungen, den Kindern den spielerischen Umgang mit Wasser im Kindergarten zu ermöglichen.

Weitere Informationen zu diesem Thema erhalten Sie in Kapitel 3.10 Wir spielen im Freien (Wasserbereich mit Schwengelpumpe).

taw, viw

WASSERMALEREI IM KINDERGARTENHOF

Material:
Spritzflaschen (leere Ketchup-, Putzmittel-, oder Plastikmilchflaschen eignen sich ganz gut), Wasser

Wir spritzen mit Wasser Bilder auf die Steinplatten im Kindergartenhof. Es entstehen herrliche Gemälde die man immer wieder Nachmalen muss, denn die Sonne trocknet einzelne Konturen sehr schnell.
Siehe hierzu auch auf Seite 107 Flaschen füllen und umfüllen.

taw, viw

SEIFENBLASEN BUNT UND SCHÖN

Material:
Schmierseife, Tapetenkleister, Zucker, Draht, Pfeifenputzer, Holzstäbe

Seifenblasenrezept:

3/4 l	Schmierseife
25 g	Tapetenkleister
500 g	Zucker
1 l	kaltes Wasser

Zutaten ohne Wasser aufkochen, Wasser hinzugeben, 2 Tage vor Gebrauch herstellen.

Wenn Sie recht feste Schmierseife haben, müssen Sie diese mit etwas Wasser verdünnen, sonst besteht die Gefahr, dass Ihnen die Masse anbrennt und die Seifenblasenlauge am Schluss zu dick ist.
Die Seifenblasenringe können Sie zusammen mit den Kindern ganz einfach selbst herstellen. Nehmen Sie ein Holzstäbchen und befestigen Sie daran einen Ring, der entweder aus mit Wolle umwickelten Draht oder aus Pfeifenputzern besteht.
Je größer die Ringe, desto größer werden die Seifenblasen. Allerdings wird es bei zunehmender Größe auch schwieriger für die Kinder Seifenblasen zustande zu bekommen.

auw

SEIFENBLASENGEDICHT

Seifenblasen groß und klein,
schon nach kurzem Wandern
platzt im goldnen Sonnenschein
eine nach der andern.

kiw, taw

WASSERBOMBEN WERFEN

Material:
kleine Luftballons (sind in Spielwarengeschäften unter dem Namen Wasserbomben erhältlich)

Die Luftballons, auch Wasserbomben genannt, werden mit Wasser gefüllt und sich gegenseitig zugeworfen.

taw, olw, viw

WIR VERÄNDERN UNSEREN WASCHRAUM

Material:
Verschiedene Wasserhähne, Seifen, Duftöle, Schälchen, einen großen Wandspiegel, Schwämme, Cremes

Es gibt viele verschiedene Arten von Wasserhähnen. Jeder wird ein wenig anders bedient. Es gibt welche mit 2 Drehknöpfen (und diese in verschiedenen Varia-

tionen), Einhebelmischer (1 Hebel zum Hochziehen und Temperatur verändern), Wasserhähne mit Lichtschranke usw.
Verschiedene Wasserhähne im Kindergarten geben den Kindern die Möglichkeit, verschiedene Erfahrungen zu sammeln und auch die Sicherheit zu wissen, wie man damit umgehen muss, wenn man irgendwo anders ist.
Immer öfter verdrängen Seifenspender und Duschgels die gute alte Seife. Dabei ist die glitschige Seife gut um die taktile Wahrnehmung zu schulen. Deshalb stellen Sie doch Seifenspender **und** Seifen zur Verfügung. Wem die Seifen allzuoft im Waschbecken liegen, weil sie abrutschen, der kann einfach unten einen Kronkorken in die Seife drücken.
In vielen Kindergärten werden heute aus hygienischen Gründen Papierhandtücher zum Abtrocknen der Hände angeboten. Da diese aber schlecht aus dem Spender herausgehen oder viel zu leicht herausfallen, brauchen die Kinder eine ganz schöne Menge davon. Sinnvoll ist es für jedes Kind ein kleines Handtuch zu haben, wobei sich die Handtücher der einzelnen Kinder, wenn sie nebeneinander hängen, nicht berühren sollten. Die Handtücher können ruhig schön rauh sein, das regt die Durchblutung an (keinen Weichspüler beim Waschen benützen).
Legen Sie Schwämme ans Waschbecken. Sie sind gute Objekte zum Experimentieren und Erfahrungen sammeln mit Wasser.

In vielen Waschräumen riecht es nicht sehr gut. Entweder riecht es nach Putzmitteln, Chemischen Duftstoffen, Urin oder Kot. Dabei ist es (abgesehen vom Lüften) ganz einfach Abhilfe zu schaffen: Sie stellen ein paar Wasserschälchen auf und geben ein paar Tröpfchen ätherisches Duftöl dazu. Ganz gut geeignet sind: Orangenöl, Zitronenöl, Lavendelöl, Rosenholzöl und Eukalyptusöl, weil sie frisch riechen und nicht allzu teuer sind.

Hängen Sie einen großen Ganzkörperspiegel im Waschraum auf. Für Kinder ist es sehr wichtig, dass sie sich anschauen können. Sie merken oft nicht, dass nach dem Toilettengang noch das Unterhemd aus der Hose hängt oder der Rock in der Unterhose steckt.
Stellen Sie einige Cremedöschen in den Waschraum damit sich die Kinder die Hände und das Gesicht eincremen können.

Ich muss zugeben, dass die Ideen in diesem Kapitel nicht ganz billig sind. Wobei man sagen muss, dass z. B. die Wasserhähne, sind sie einmal installiert, doch eine ganz schöne Zeit an ihrem Platz bleiben. Eine gute Möglichkeit etwas zu ändern, ist eine Renovierung oder ein Umbau im Kindergarten. Natürlich wäre es ganz gut, wenn Sie an einem Elternabend auf diese Veränderungen hinweisen und den Eltern erklären, dass das Experimentieren im Waschraum genauso wichtig ist wie Basteln oder Singen. Außerdem wundern sich die Eltern sonst über nasse Ärmel, die es sicher öfter gibt.

taw, kiw

SCHWIMMBADBESUCH (HALLEN- ODER FREIBAD)

Auf einen Schwimmbadbesuch mit Ihrer Kindergartengruppe sollten Sie sich gut vorbereiten. Sie brauchen je nach Alter der Kinder für 5 bis 6 Kinder je einen Betreuer bzw. eine Betreuerin. Deshalb ist es ratsam die Eltern anzusprechen, ob nicht einige Lust hätten mitzugehen.
Bei der Auswahl eines geeigneten Schwimmbades müssen Sie darauf achten, dass auch ein Nichtschwimmerbecken vorhanden und dieses vom tieferen Becken abzutrennen ist. Ein Babyschwimmbecken ist nicht geeignet, da das Wasser hier zu niedrig ist. Fragen Sie im Schwimmbad nach, wann gewöhnlich nicht allzuviel Betrieb ist. Vielleicht wäre es möglich, während der Schulferien zu gehen, wenn kein Schulschwimmen stattfindet.
Erkundigen Sie sich auch, welche Schwimmhilfen und Spielsachen zur Verfügung stehen. Oftmals sind diese Dinge ausschließlich für die Schulen reserviert. Wenn die Kinder noch nicht schwimmen können und es gewohnt sind Schwimmflügel zu tragen, so sollten diese mitgenommen werden.

Außerdem sollten Sie Wasserbälle, Schwimmreifen, Schwimmbretter und Ringe zum Tauchen mitnehmen. Einige wichtige Verhaltensregeln sollten Sie vorher mit den Kindern besprechen:

1. nicht rennen (wegen Rutschgefahr)!
2. immer rückwärts ins Becken gehen!
3. niemanden unter Wasser drücken, der es nicht will !

WICHTIG:
Zwingen oder fordern Sie kein Kind zu etwas auf, wovor es Angst hat. Alles, was die Kinder schaffen, ist richtig.

SPIELE IM SCHWIMMBECKEN

taw, kiw
Waschtag
Die Kinder stehen um Reifen oder Schwimmbretter herum und reiben sich Gesicht, Ohren, Hals, Arme, Beine, u.s.w. mit Wasser sauber.

auw, viw, kiw, taw
Alle meine Entchen
Die Kinder stehen im Kreis im Wasser und singen: *Alle meine Entchen, schwimmen auf dem See, Köpfchen in das Wasser, Schwänzchen in die Höh.* Wenn es heißt *Köpfchen in das Wasser* dürfen die Kinder den Kopf ins Wasser tauchen. Bei *Schwänzchen in die Höh* versuchen die Kinder die Beine aus dem Wasser zu strecken.

viw, kiw
Katz und Maus
Die Kinder stehen im Kreis. Ein Kind ist die Katze und eines die Maus. Die Maus ist in ihrem Haus innerhalb des Kreises. Die Katze steht draußen und fragt: Ist die Maus zu Haus?
Nun versucht die Katze die Maus zu fangen. Die Kinder im Kreis öffnen die Tür, indem sie die Hände hochhalten. Sie öffnen aber nur für die Maus.
Das Spiel ist zu Ende, wenn die Katze die Maus gefangen hat. Nun gibt es eine neue Maus und eine neue Katze.

Dieses Spiel ist für die Kinder recht anstrengend, da sie sich gegen den Wasserwiderstand bewegen müssen.

viw, vew, taw, kiw
Wasserzauberei
Die Kinder sind im Wasser. Die Erzieherin ist eine Zauberin und verzaubert die Kinder in Tiere, die im Wasser leben. Nun können die Kinder die Bewegungen der Tiere nachahmen. Nach einer Weile wird gewechselt und verschiedene Kinder dürfen Zauberer sein.
Beispiele: Fisch, Seepferdchen, Robbe, Nilpferd, Krokodil, Wal, Delphin, Wasserschlange, Seestern, Wasserschnecke, Krebs ...

kiw, vew, viw, taw
Fischer, wie tief ist das Wasser?
Ein Kind (der Fischer) steht auf einer Beckenseite. Die anderen stehen diesem Kind gegenüber und rufen: Fischer, wie tief ist das Wasser? Der Fischer antwortet: tausend, hundert, ein ... Meter. Nun fragen die Kinder: Wie kommen wir hinüber? Der Fischer gibt ihnen jetzt an, wie sie sich hinüberbewegen sollen (kraulen, tauchen, mit einem Fuß hüpfen ...). Nun versucht der Fischer einige von den Kindern zu fangen. Wer gefangen ist, wird Fischer. Das Spiel dauert so lange, bis alle außer einem gefangen sind. Nun ist dieser der Fischer.

kiw
Motorboot fahren
Jedes Kind erhält ein Schwimmbrett. Dies ist ihr Motorboot. Nun halten sie ihr Motorboot mit beiden Händen fest und fahren los.

taw, kiw

AUCH TIERE BRAUCHEN WASSER

Bau einer Vogeltränke

Material: Ton

Ein Klumpen Ton wird gut durchgeknetet. Mit einem alten Nudelholz wir der Ton zu einer etwa 1/2 cm dicken Platte ausgerollt. Danach schneiden wir eine etwa suppentellergroße Scheibe aus. Der Rand dieser Scheibe wird vorsichtig hochgezogen, so dass es eine Schale wird. Nun können die Kinder die Vogeltränke mit dem

übriggebliebenen Ton (Blüten, Vögel u.s.w.) verzieren. Die fertigen Tränken müssen nun einige Tage stehen, bis sie ganz getrocknet sind. Danach werden sie im Brennofen gebrannt.
Wenn Sie keinen Brennofen im Kindergarten haben, wenden Sie sich doch an eine örtliche Schule. Meistens ist dort ein Brennofen für den Werkunterricht vorhanden, den Sie benutzen dürfen. Wenn die Tränken gebrannt sind, stellt man sie in den Garten und füllt sie immer, wenn sie leer sind, mit Wasser. Nun kann man Vögel, Bienen und Wespen beim Wasserholen beobachten. Diese Vogeltränken sind auch ein sehr schönes Geschenk für Eltern oder Großeltern.

taw, viw, auw

REGENSPAZIERGANG

Informieren Sie die Eltern, dass Sie in den nächsten Tagen Regenspaziergänge mit den Kindern machen wollen (natürlich an Regentagen). Die Kinder sollen Gummistiefel und Regenbekleidung mitbringen, wenn es regnet.
Auf diesem Spaziergang geht es durch Pfützen, es wird beobachtet, wie die Welt im Regen aussieht, Regentropfen werden mit der Zunge gefangen, es wird geschaut, welche Tiere im Regen unterwegs sind.

Sie werden sehen, Kindern macht es meist gar nichts aus im Regen unterwegs zu sein. Meist sind es die Erwachsenen, die meinen, wenn es regnet könne man nicht rausgehen.

taw, viw, kiw

SPIELEN AM BACH

Haben Sie einen Bach, der in der Nähe fließt, nicht zu tief ist und nicht zubetoniert wurde? Dann gehen Sie doch mit den Kindern an einem schönen Sommertag dorthin und lassen sie dort spielen. Wenn Sie Angst haben wegen Glasscherben, können die Kinder Gummistiefel oder Badesandalen anziehen. Am Bach angekommen, können die Kinder Dämme bauen, Brücken errichten, verschiedene Dinge schwimmen lassen und wieder abfangen, Löcher graben ... .Nehmen Sie einige Dinge mit, wie z. B. Styropor; aus denen die Kinder an Ort und Stelle ein Schiffchen bauen können.

Bilderbücher zu diesem Thema:
Scheffler, Wensell: Spatzen brauchen keinen Schirm. O. Maier Verlag.
Ali Mitgutsch: Komm ans Wasser. O. Maier Verlag.
Otmar Grissemann: Die Wassertropfenreise. J&V.

2.4 IN UNSEREM GARTEN GIBT ES VIEL ZU TUN

Das Thema Garten bietet im Kindergarten eine gute Möglichkeit gemeinsam mit den Kindern Zusammenhänge in der Natur zu erleben. Der Lebensraum der Kinder wird zunehmend technisiert, selbst auf dem Land haben nicht mehr alle Kinder zu Hause einen Garten, der bearbeitet wird. Den Kindern soll deshalb im Kindergarten Gelegenheit gegeben werden, praktische Erfahrungen in der Natur zu sammeln.
Als Einstieg einige kleine Tips, die gar nicht viel Aufwand erfordern und doch sehr effektiv sind:

- Schaffen Sie im Kindergarten einige Rechen und Schubkarren an. Den Kindern macht es viel Spaß Laub, Gras und Unrat zusammenzurechen und auf Schubkarren zu laden. Das Laub und Gras wird unter Hecken und Sträuchern verteilt.

- Besorgen Sie einen alten oder, wenn Sie keinen auftreiben können, auch einen neuen Handrasenmäher (versuchen Sie es einmal auf dem Flohmarkt oder durch einen Artikel im örtlichen Anzeigenblatt). Die Kinder sind ganz begeistert mit solch einem Gerät zu arbeiten. Sie brauchen zwar viel Kraft um den Mäher vorwärts zu bringen, aber oft helfen sie sich gegenseitig und schieben halt zu zweit oder dritt.

Vielleicht denken jetzt einige von Ihnen, das sei doch viel zu gefährlich, die Kinder könnten sich gegenseitig verletzen.
Ich würde Ihnen zu bedenken geben: Die Kinder könnten sich an vielen Dingen verletzen, auch Scheren, Messer u.s.w. sind nicht ungefährlich und doch zeigen wir den Kinder, wie man damit umgeht. Und genauso ist es mit Rechen, Hacken und Handrasenmäher.
Die Kinder sollen den Umgang damit lernen. Dazu gehört auch, dass man diese Dinge nach Gebrauch wieder aufräumt und nicht mit den Zinken nach oben liegen lässt.

Gummistiefel
In den meisten Kindergärten haben die Kinder für den Herbst und Winter Hausschuhe oder Überziehschuhe dabei.
Eine tolle Einrichtung finde ich ist es, wenn auch jedes Kind seine Gummistiefel im Kindergarten hat um bei jedem Wetter raus zu können. Jede Erzieherin könnte sich mit solch einer Einrichtung einigen Ärger mit Eltern ersparen.

Sie werden jetzt vielleicht sagen: „Wer soll denn das bezahlen? Unsere Eltern werden nicht erfreut sein, wenn sie noch mal etwas bezahlen sollen."
Wie wäre es, Gummistiefel für alle zu Weihnachten zu schenken? Verhandeln Sie mit einem örtlichen Schuhgeschäft oder einem Schuhmarkt, ob Sie Rabatt erhalten, wenn Sie viele Gummistiefel bestellen. Vielleicht finden sich auch 1 bis 2 Mütter oder Väter, die später einen Tauschmarkt zwischen den Eltern leiten, damit die Kinder immer die richtige Größe von Gummistiefeln anhaben.

taw, kiw, viw

DAS ANLEGEN EINES GARTENS

Material:
Rechen und Hacke für Kinder, Samen und Pflanzen, evtl. Humuserde, große Steine oder alte Dachziegel

In jedem Kindergarten gibt es ein Plätzchen, auf dem man mit den Kindern einen kleinen Garten anlegen kann. Dies können Sie ohne weiteres selbst auch, wenn Sie nur wenig oder gar nichts von Gartenarbeit verstehen.
Zuerst suchen Sie mit den Kindern einen geeigneten Platz aus. Dabei sollten Sie beachten, dass der Platz möglichst sonnig ist. Falls dies nicht möglich ist, müssen Sie Dinge pflanzen, die nicht allzuviel Sonne brauchen.
Nun zur Größe des Gartens: Natürlich wäre es schön, wenn der Garten nicht allzu klein wäre. Aber machen Sie ihn auch nicht zu groß, denn die Pflege erfordert schon einige Arbeit und die Kinder sollten den Garten zum großen Teil selbst bearbeiten. Ich denke eine Größe von 1 m x 2 m für eine Gruppe ist groß genug.

So, jetzt kann es losgehen. Zuerst muss der Boden bearbeitet werden, damit man etwas pflanzen oder säen kann. Ist der Boden mit Rasen bedeckt, muss die oberste Grasschicht abgetragen und die Erde daruntergehackt werden. Sind Steinplatten auf der Erde, so entfernen Sie diese und lockern die Erde gut auf. Hier empfiehlt es sich etwas Humuserde zu kaufen und unterzuhacken. Als Begrenzung des Gartengrundstückes eignen sich große Steine oder alte Dachziegel, die senkrecht in die Erde gedrückt werden. Meistens wissen die Kinder, wo man solche Dinge finden kann.
Nun, was kann man alles säen und pflanzen und was sollte man beachten. Es sollten Pflanzen sein, die auch im Sommer nicht allzuoft gegossen werden müssen. Sie sollten auch nicht gerade in den Sommerferien reif sein.

Ganz gut geeignet sind Radieschen (im zeitigen Frühjahr),
Erdbeeren (im Herbst pflanzen, in der Blüte mit Stroh oder Sägespänen unterlegen),
gelbe Rüben/Möhren (ab März, siehe auch Packungsaufschrift),
Tomaten (nach den Eisheiligen, 13.-15. Mai),
Kartoffeln (März/April).

Am Anfang lassen Sie alles wachsen und gedeihen, auch das sogenannte Unkraut und die Schädlinge. Mit der Zeit werden die Kinder merken, dass man das Unkraut jäten und die Schnecken entfernen muss, wenn man etwas ernten will.
Meine Bitte an Sie: Betreiben Sie die Gartenarbeit intensiv mit den Kindern. Lassen Sie die Kinder so viel als möglich selbst tun (auch auf die Gefahr hin, dass etwas schiefgeht). Am besten wäre es, wenn so viel Platz wäre, dass immer 2 bis 4 Kinder ein Beet zusammen bearbeiten könnten.

Beobachten Sie das ganze Jahr hindurch gemeinsam, wie alles wächst und seien Sie offen für Anregungen und Ideen der Kinder.

taw, kiw, viw

BOHNENTIPI

Material:
mindestens 5 lange Bohnenstangen, Samen von Feuerbohnen oder Setzlinge von Knöterich, Efeu oder Geißblatt

Stecken Sie zu Beginn den ungefähren Umfang des Tipis (Indianerzelt) ab. Nun wird für jede Bohnenstange ein Loch gegraben, vergessen Sie dabei nicht, auf einer Seite eine etwas größere Lücke als Einstieg zu lassen. Nun werden alle Bohnenstangen in die Löcher gesteckt und oben zu einer Spitze zusammengebunden. Um jede Stange werden etwa 6 bis 10 Bohnensamen gelegt. Am schnellsten keimen die Bohnen, wenn sie vorher über Nacht in Wasser eingeweicht wurden.

Feuerbohnen sind gut geeignet, weil sie erstens schön rot blühen und außerdem noch geerntet werden können. Aber Vorsicht! Grüne Bohnen sollten nicht roh gegessen werden, da sie leicht giftig sind.

Bohnen wachsen am schnellsten, zeigen also am schnellsten einen Erfolg. Wem Bohnen zu gefährlich erscheinen oder wer ein haltbareres Tipi will, könnte Knöterich (der wächst sehr schnell), Efeu (der ist auch im Winter grün) oder Geißblatt (das blüht sehr schön) um die Stangen pflanzen. Wenn Sie mehrere solcher Tipis anlegen, haben Sie ein ganzes Indianerdorf.

viw, taw, kiw

AUTOREIFENGARTEN

Material:
ein oder mehrere Auto- oder LKW-Reifen, Gartenerde

Diese Art von Garten ist eine gute Idee, wenn beim Kindergarten kein Platz ist für einen anderen Garten. Die Reifen werden auf einen befestigten Untergrund gelegt und mit Blumenerde gefüllt. Bevor man etwas hineinsät oder pflanzt, muss man die Erde gut wässern. Zum Einpflanzen eignen sich vor allem Pflanzen, die recht flach wurzeln (z. B. Tomaten, Salat, verschiedene Blumenarten).
Nicht vergessen: Viel Gießen!

viw, taw, kiw

KRÄUTERSPIRALE

Material:
größere Natursteine (die Menge richtet sich nach der Größe der Kräuterspirale), verschiedene Kräutersetzlinge (Pfefferminze, Thymian, Rosmarin, Salbei, Estragon, Petersilie, Lavendel, Schnittlauch, Kapuzinerkresse, Zitronenmelisse, Ringelblume u.v.m.)

Für die Kräuterspirale häufen Sie einen kleinen Berg Erde auf. Unten sollte der Berg etwa einen Durchmesser von 1 bis 2 m haben. Die Höhe richtet sich nach der Grundfläche (0,5 bis 1 m). Nun legen Sie die Steine spiralförmig von unten nach oben um den Berg (wie eine Gebirgsstraße). Die Kräuter werden nun in die Spirale gepflanzt. Da beim Gießen das Wasser logischerweise nach unten läuft, sollen die Kräuter, die am mei sten Wasser brauchen, die Pfefferminze zum Beispiel, unten wachsen, die „Südländer“ dürfen weiter oben siedeln. Nun hat man das ganze Jahr über frische, duftende Kräuter. Eine Kräuterspirale eignet sich auch wunderbar zum Beobachten von verschiedenen Insekten, da die Kräuter viele Blüten haben, die gerne von Insekten besucht werden.

guw, olw, viw

KRÄUTERTEES

Zutaten:
selbstangebaute oder gekaufte Kräuter: Pfefferminze, Zitronenmelisse, Salbei, Eisenkraut, Spitzwegerich (von diesen die Blätter), Kamille, Königskerze (die Blüten) ...

Jede Kräuterpflanze hat ihre ganz spezielle Wirkung und einen unverwechselbaren Duft. Probieren Sie mit den Kindern verschiedene Kräutertees aus. Sie können auch verschiedene Kräuter mischen.

Rezept:

1-2 El. Kräuter
1/4 l. Wasser kochend über die Kräuter gießen und 10 Minuten ziehenlassen. Danach abseihen.

Die bekanntesten Kräuter und ihre Wirkung:

Pfefferminzblätter - anregend
Zitronenmelissenblätter - beruhigend
Kamillenblüten - beruhigend
Salbeiblätter - schmerzstillend (hilft bei Halsbeschwerden)

olw, guw, taw

KRÄUTERQUARK UND PELL-KARTOFFELN

Zutaten: (reicht für ca. 10 Kinder)
500 g Magerquark
1 Becher Sahne
verschiedene frische Kräuter zerkleinert: (Petersilie, Schnittlauch, Liebstöckel)
Salz nach Geschmack

Alles zusammen verrühren und in einer Schüssel anrichten. Pro Kind etwa eine mittelgroße Kartoffel (kann auch etwas mehr oder weniger sein) weichkochen. Fertig. Übrigens: Im Badischen heißt das Gericht „Bibeliskäs und geschwellte Grumbeere“.

olw, viw

LAVENDELSÄCKCHEN

Material:
Stoffreste, Geschenkband, dünne Gummiringe, Lavendelblüten

Die Blütenrispen werden abgeschnitten, wenn sie in voller Blüte stehen. Danach zupft man die einzelnen Blüten ab und legt sie zum Trocknen in die Sonne. Aus den Stoffresten schneiden die Kinder Quadrate in der Größe 20 x 20 cm. Sehr schön sieht es aus, wenn der Rand mit einer Zackenschere geschnitten wird. Nun werden die getrockneten Blüten in die Mitte gelegt und die vier Ecken nach oben gefaltet. Mit einem Gummiring wird das Säckchen geschlossen.
Zum Verzieren bindet man noch ein Stückchen Geschenkband darum. Lavendelsäckchen sind ein sehr guter Mottenschutz im Kleiderschrank.
Übrigens: Lavendelpflanzen sehen auch als Zierpflanzen wunderschön aus.

taw, viw

BLÄTTERHAUFEN FÜR DEN IGEL

Schichten Sie im Herbst einen großen Blätterhaufen in einer Ecke des Gartens auf. Vielleicht findet sich ja ein Igel, der ihn als Schlafplatz brauchen kann.

kiw, taw, viw

STEINHAUFEN

Material:
viele größere und kleinere Steine

In einer sonnigen Ecke des Gartens schichten die Kinder einen Steinhaufen auf. Er dient Eidechsen, Blindschleichen und Salamandern als Heimat.

taw, viw

OHRWURMZUCHT

Material:
Tonblumentöpfe ca. 12 cm Durchmesser, Holzwolle, Drahtgeflecht, Holzstäbe

Bekanntlich fressen Ohrwürmer Blattläuse und schlüpfen nicht in Kinderohren. Um unsere angebauten Pflanzen vor Läusen zu schützen, richten wir eine Ohrwurmzucht ein: Die Tontöpfe werden mit Holzwolle gefüllt und unten mit Drahtgeflecht verschlossen. Der Topf wird dann kopfüber auf einen stabilen Holzstab gestülpt und in der Nähe des Gartens in den Boden gesteckt.

taw, viw, kiw

SO LASST UNS DENN EIN APFELBÄUMCHEN PFLANZEN...

In vielen Kindergartengärten sind verschiedene Ziergehölze gepflanzt. Viel sinnvoller wäre es z. B. einen Apfelbaum zu pflanzen.
1. spendet er schönen Schatten im Sommer,
2. können die Kinder den Werdegang des Apfels von der Blüte bis zur Reife genau beobachten.
Und 3. gibt's etwas zu Ernten an Erntedank.

Lassen Sie sich von einer Baumschule in Ihrer Nähe beraten, welche Apfelsorten sich für Ihren Kindergarten eignen.
Die Fachleute in der Baumschule können Ihnen dann auch ganz genau sagen, was beim Anpflanzen zu beachten ist.

Lesen Sie zu diesem Thema auch im Kapitel 2.5 Vom Essen und Trinken (Herstellung von Apfelsaft und Apfelwasser).

auw

DIE GESCHICHTE VON DER SPINNE SUSI

In einem entlegenen Teil unseres Gartens hat die Spinne Susi ihr Netz. Susi ist eine schöne, große Spinne mit einem weißen Kreuz auf dem Rücken. Ihr Netz hat sie zwischen einem Fliederbaum und einem Holunderbusch gesponnen. Den ganzen Tag lang ist Susi damit beschäftigt an ihrem Netz zu bauen und zu warten bis sich andere Insekten darin verfangen und nicht mehr weg können. Meistens fängt sie Stechmücken oder Fliegen, aber ab und zu hat sich auch eine Wespe oder eine Biene darin verfangen. Wenn sie etwas gefangen hat, wird dies schön in einen Kokon verpackt und dann aufgefressen, wenn Susi Hunger hat.
Susis beste Freundin heißt Monika und wohnt nebenan in Nachbars Garten. Monika ist auch eine Kreuzspinne und die beiden kennen sich schon von Kindesbeinen an. Ab und an, wenn Susi nicht allzuviel zu tun hat, besucht sie Monika. Monikas Netz ist zwischen zwei Johannisbeersträuchern neben einem großen Apfelbaum.

Einmal, es war ein wunderschöner sonniger Tag dachte Susi: „Ich könnte eigentlich Monika wieder einmal besuchen". Und da Susi eine Spinne ist, die nicht lange fackelt, ist sie auch sogleich losgegangen. Der Weg ist nicht lange. Sie muss nur über den Gartenzaun, über den Rosenstock am Froschteich vorbei. Hierbei muss sie natürlich höllisch aufpassen, dass kein Frosch sie erwischt. Puh geschafft, der Froschteich liegt hinter ihr. Nun nur noch über das Erdbeerfeld und schon ist sie da. Aber, wo ist denn Monika? Sie ist nicht da, auch ihr Netz ist verschwunden. Susi bekommt einen riesengroßen Schreck und beginnt ganz verzweifelt mit der Suche nach Monika.
Da hört sie plötzlich ein sehr leises Wimmern. Ganz hinten im Johannisbeerstrauch auf einem Blatt sitzt

Monika und weint. Susi setzt sich zu ihr und versucht sie zu trösten. Als Monika sich etwas beruhigt hat, erzählt sie was geschehen ist:
„Heute morgen in aller Frühe, die Sonne war gerade aufgegangen und der Tau hatte sich auf das Spinnennetz gelegt, da kam das Trampeltier und hat mein Netz kaputt gemacht. Das war schon das dritte Mal in dieser Woche und immer muss ich wieder von vorne beginnen und das Netz wieder aufbauen. Ich bin schon ganz hungrig, weil ich nicht dazu komme Fliegen zu fangen".
Kaum hatte sie fertig erzählt, fing sie wieder an zu schluchzen. Susi nahm sie in den Arm und sagte: „Hör doch auf zu weinen, wir überlegen gemeinsam, was wir dagegen tun können. Du sagst, es kommt morgens ein Trampeltier?" „Ja", sagt Monika. „Aber bei uns gibt es doch gar keine Trampeltiere, höchstens im Zoo oder im Zirkus", gibt Susi zu bedenken. „Doch, meine Mutter hat immer gesagt, nur Trampeltiere sind so trampelig und machen Spinnennetze kaputt" erwidert Monika daraufhin trotzig. Susi lässt sich nicht beirren und fragt; „Wie sieht denn dein Trampeltier aus?" Monika überlegt kurz und meint: „Es hat blaue Hosen an, einen roten Pullover, schwarze Schuhe und ab und zu ruft jemand nach ihm: Timo, beeile dich, du musst in den Kindergarten". „Ich glaube dein Trampeltier ist ein kleiner Junge, der vielleicht noch nicht weiß, wie sehr er uns Spinnen schadet, wenn er unser Netz kaputt macht" meint Susi. „Aber was kann ich denn jetzt nur tun, damit das nicht wieder passiert?" fragt Monika und macht ein ganz ratloses Gesicht.

Und da sitzen nun die zwei Spinnen auf ihrem Blatt und überlegen, was sie tun können. Könnt ihr ihnen helfen?

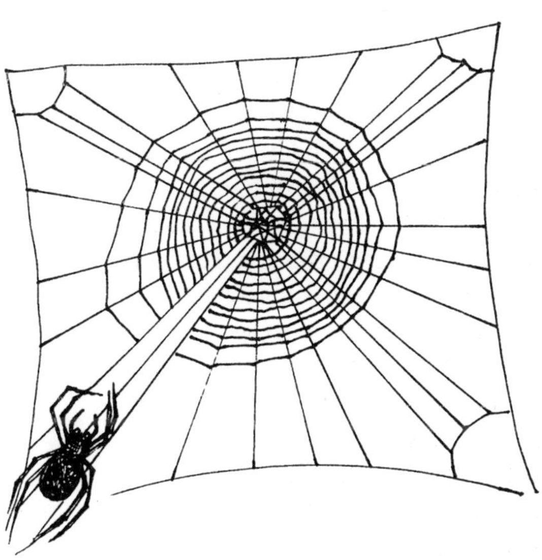

taw, viw, kiw

WIR LEGEN EINEN KOMPOSTHAUFEN AN

Material:
Holzbalken zum Aufbauen eines Kompostsilos (gibt es in jedem Heimwerker- oder Gartenmarkt schon fertig)

Am besten beginnt man mit dem Anlegen des Komposthaufens im Frühjahr. Die untere Schicht im Komposthaufen sollten Reisig und kleinere Äste sein, wegen der Belüftung von unten. Danach kann man alle organischen Abfälle daraufwerfen (Kaffeefilter, Apfelschalen, Blätter, Rasenschnitt, Teesatz u.s.w. Orangen, Bananen-, Mandarinenschalen würde ich wegen des hohen Spritzmittelgehalts nicht nehmen.)
Es ist ganz einfach, doch einige Dinge sollten Sie dennoch beachten:
Der Komposthaufen sollte im Halbschatten liegen und darf nicht ganz austrocknen. Gegebenenfalls können ihn die Kinder ja begießen.Sie müssen darauf achten, dass der Komposthaufen gut belüftet ist, dass Sie also immer wieder gröberes Material wie Blumensträuße, kleine Zweige etc. dazwischenwerfen, sonst fängt er an zu stinken. Machen Sie, wenn nötig, mit einem Stab Löcher hinein.
Ab und zu sollte der Kompost umgesetzt werden. Spätestens nach einem halben Jahr setzen Sie den Kompost zusammen mit den Kindern um, also einfach die Schichten von oben nach unten herunternehmen und neben Ihrer Kompostlege neu aufsetzen. Dann beginnen Sie einen neuen. Der Kompost ist nach etwa einem Jahr fertig. Nun können Sie ihn als Dünger unter Sträuchern um Baumscheiben u.s.w. verteilen.
Für die Kinder bietet ein Komposthaufen eine gute Möglichkeit den Kreislauf der Natur zu beobachten. In einem Komposthaufen steckt viel Leben. Was man besonders dann sieht, wenn man ihn umsetzt. Deshalb die Kinder an allem beteiligen.

viw

SCHNECKEN BEOBACHTEN

Suchen Sie eine Nacktschnecke und setzen Sie diese auf eine leicht feuchte Glasplatte. Die Kinder können

dann von unten beobachten, wie sich die Schnecke fortbewegt. Natürlich soll das für die Schnecke keine Quälerei werden.
Also aufpassen und die Schnecke nach kurzer Zeit wieder aussetzen (nur nicht gerade auf den Salat).

taw, viw

SCHNECKEN LOCKEN

Wie oft standen die Kinder und man selbst schon vor einer Schnecke mit Häuschen und wollten sehen, wie die aussieht, wenn sie rauskommt. Aber wie schafft man das ohne das Häuschen kaputt zu machen?
Ganz einfach: man feuchtet einfach das Häuschen und die Umgebung mit Wasser gut an und schon kommt die Schnecke raus. Jetzt kann man der Schnecke auch Straßen bauen, indem man die Stellen, auf denen sie gehen soll, nass macht. Hier gilt das Gleiche wie schon vorher erwähnt: Das Tier nicht quälen!

auw, taw

S'KRIECHT EIN SCHNECKLEIN

Lied nach der Melodie von Bruder Jakob

S'kriecht ein Schnecklein,
auf dem Bauch
und dann wieder runter
auf dem Bauch.

Jede Zeile des Liedes wird wiederholt. Während des Singens kann man mit den Händen den Bauch hoch und runter krabbeln.

Das gleiche Lied in badischem Dialekt:

s'kriecht ä Schnäckli
uf'm Buch
un dann widder nunder
uf'm Buch

Auch hier wird jede Zeile wiederholt.

Bilderbücher zum Thema:
Else Schwenk-Anger, Steffi Schwenk: Stolperspinnlein. ESA.
Else Schwenk-Anger: Lilli. ESA.
Bernadette Scheidl: Der kleine Gärtner. Nord-Süd.
Wolfgang de Haen: Bei uns im Garten. Ravensburger.
Christine Adrian: Was lebt in unserem Garten. Ravensburger.
Eric Carle: Die Spinne spinnt und schweigt. Gerstenberg.

2.5 VOM ESSEN UND TRINKEN

Viele Kinder wissen nicht, wo ihr Essen herkommt. Das meiste wird im Supermarkt gekauft und dann zubereitet. Viele Gerichte werden als Fertigessen gekauft und in der Mikrowelle erwärmt. In diesen Fertigessen ist alles nach dem gleichen Prinzip gewürzt und hat nur wenig Nährwert. Fast in jedem ist Glutamat, eine Gewürzmischung, die dem Menschen gut schmeckt aber bewirkt, dass alles den gleichen Geschmack hat. Den Kindern fehlen Geruchs- und Geschmackserlebnisse.
In diesem Kapitel soll es deshalb hauptsächlich darum gehen, den Kindern zu zeigen:
Wo kommt das Essen überhaupt her?
Was ist gesund für mich?
Wo kann ich was kaufen?
Wie bereitet man das Essen zu? Hier gilt auch: Kinder lernen am besten durch Erleben. Also viel probieren, einkaufen und kochen.

viw, kiw, taw

EINKAUFEN MIT KINDERN

Es gibt verschiedene Möglichkeiten wo man einkauft. Sie können entweder in den Supermarkt gehen oder auf dem Wochenmarkt, beim Bauern, in der Metzgerei, in der Bäckerei ...
Um den Kindern zu zeigen, wo das Essen herkommt, ist es am geschicktesten nicht im Supermarkt einzukaufen. Falls aber keine andere Möglichkeit besteht, ist es immer noch besser dort mit den Kindern einzukaufen, als alles selbst mitzubringen.
Besprechen Sie mit den Kindern, was alles für das Essen gebraucht wird. Fragen Sie, wo man das am besten einkaufen kann. Nehmen Sie sich Zeit dafür und kaufen Sie lieber am Tag vor dem Kochen ein, damit Sie nicht in Zeitdruck kommen. Teilen Sie vorher ein, welches Kind was einkauft und wer bezahlt. Lassen Sie die Kinder Einkaufszettel malen. Vergessen Sie nicht Einkaufstaschen mitzunehmen, die die Kinder dann selbst zum Kindergarten tragen.

Hierzu gehört natürlich auch das Kapitel 3.5 Müll, Müll, Dinge, die keiner will.

olw, guw, taw, viw,

FRÜHSTÜCKSWOCHE IM KINDERGARTEN

Wir wollen eine Woche lang gemeinsam das 2. Frühstück zubereiten. Sprechen Sie mit den Eltern ab, dass die Kinder eine Woche lang kein Vesper brauchen, dass sie dafür den Kindern 3-4 DM Frühstücksgeld mitgeben sollen. Ich habe die Erfahrung gemacht, dass das die Eltern in aller Regel gerne tun und froh sind eine Woche lang kein Frühstück richten zu müssen.
Zu Beginn dieser Woche muss die Frage gestellt werden: Was wollen wir frühstücken?
Es sollte gesund sein, nicht allzu viel kosten und vom Arbeitsaufwand her nicht allzu hoch sein. Die Rezepte sind für eine Kindergartengruppe von 20 bis 25 Kindern gedacht. Allerdings sind die Kinder ja sehr unterschiedlich. Wenn Sie meinen, die Kinder in Ihrer Gruppe essen immer relativ wenig, dann kochen Sie etwas weniger und umgekehrt.

Rezeptvorschläge für die Frühstückswoche:
Die Rezepte reichen für eine Kindergartengruppe von 20-25 Kindern.

Vollkornbrötchen
1500 g Weizenvollkornmehl
1 Würfel Hefe
4 Tl. Salz
2 Tl. Honig
1/4 bis 1/2 l Wasser

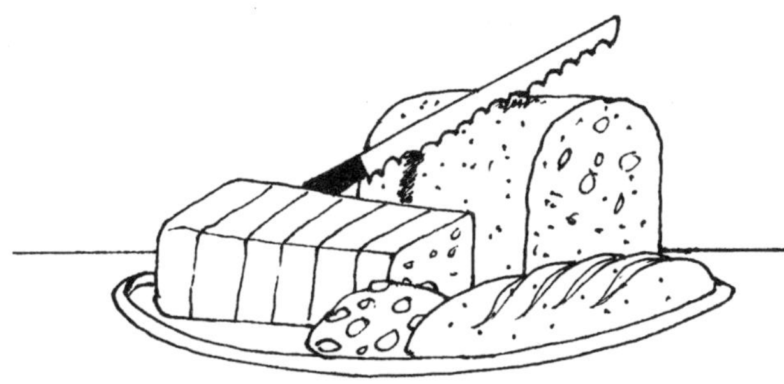

Das Mehl in eine große Schüssel geben und in die Mitte eine Kuhle drücken. Da hinein die Hefe zerbröseln. Mit etwas Mehl, Honig und etwas lauwarmem Wasser anrühren. Mit einem Tuch bedecken, 5 Minuten stehen lassen. Danach das Salz und vorsichtig das Wasser nach und nach zugeben (je nachdem, wie fest der Teig werden soll, brauchen Sie mehr oder weniger Wasser, der Teig sollte geschmeidig sein, aber nicht kleben). Tüchtig durchkneten und ca. 1/2 Stunde in einem warmen Raum gehen (hochsteigen) lassen.
Nun können die Kinder Brötchen formen, ganz nach Belieben. Allerdings sollten die Brötchen nicht zu dünn sein, da sie sonst hart werden. Die fertigen Brötchen auf ein gefettetes Blech legen und mit etwas Wasser bestreichen. Noch einmal 10 Minuten bei Zimmertemperatur gehenlassen.
Gebacken werden die Brötchen bei 225° ca. 20 Minuten im vorgeheizten Backofen.
Ganz toll schmecken die Brötchen noch halb warm mit Butter bestrichen.

Ein Tip: Besonders gut schmecken die Brötchen, wenn Sie eine Handvoll Sonnenblumenkerne in den Teig mischen.

Hirsebrei mit Apfelmus
1 kg Hirse
In einen Topf geben und gut mit Wasser bedecken, aufkochen und auf kleinster Stufe ca. 20 Minuten quellen lassen (nach Bedarf noch einmal etwas Wasser zugeben).

1 1/2 l Milch
zugeben auf kleiner Stufe 1/2 Stunde weiterquellen lassen. Zum Schluss mit 3 Esslöffeln Honig süßen oder mit Zimtzucker bestreuen.
Am allerbesten schmeckt Hirsebrei mit Apfelmus.

Und so wird Apfelmus gemacht:
1 bis 2 kg Äpfel
werden gewaschen, kleingeschnitten (Kerngehäuse entfernen) und in einem Topf mit etwas Wasser gedünstet. Wenn die Äpfel weich sind, werden sie durch eine „Flotte Lotte" gedreht (sollte jeder Kindergarten haben, damit umzugehen macht den Kindern sehr viel Spaß) oder mit dem Pürierstab zerkleinert.

Obstmüsli

1 kg	Vollkorn(hafer)flocken
6	Äpfel
5	Bananen
2	Birnen

Insgesamt sollten es ca. 2 Kilo Obst sein, am besten natürlich je nach Jahreszeit unterschiedlich. Im Sommer gibt es z. B. Erdbeeren, Himbeeren, Kirschen ..., im Winter eher Äpfel, Birnen ...

2 l	Milch
2 El.	Honig (Honigmenge kommt auf das Obst an, welches Sie nehmen).
4 El.	Sonnenblumenkerne
4 El.	Rosinen oder Nüsse

Das Obst wird kleingeschnitten (je feiner je besser). Man vermengt es mit den anderen Zutaten und lässt das Ganze in einer Schüssel ca. 1 Stunde ziehen.

Sesam-Waffeln
(Rezept ergibt ca. 24 Waffeln)

Sie brauchen natürlich ein Waffeleisen und

500g	Weizenvollkornmehl
1 l	Milch
8 El.	Ahornsirup oder Honig
4	Eier
4 Becher	saure Sahne
8 El.	Butter
24 El.	Sesam

So wird's gemacht:
Alle Zutaten bis auf die Butter in eine Schüssel geben und gut mit einem Schneebesen verrühren. Den Teig eine halbe Stunde quellen lassen. Die Butter in einen Topf geben und schmelzen lassen, unter den Waffelteig rühren. Das Waffeleisen heiß werden lassen. Jeweils eine Schöpfkelle Teig einfüllen und schön braun backen.
Wer will, kann eingemachtes Obst dazu essen.

Vollkornbrot mit Nougat-Creme
3 x 500 g Vollkornbrot
aus der Bäckerei oder selbstgebacken. Selbstgebackenes Brot sollte wegen der langen Zubereitungszeit am Vortag gebacken werden.

Vollkornbrot:

1200 g	Dinkelvollkornmehl oder Weizenvollkornmehl
2 Würfel	Hefe
3 Tl.	Salz
2 Tl.	Brotgewürz

(muss aber nicht unbedingt sein)

2 Tl.	Honig
ca.1 l	lauwarmes Wasser

Die Hefe mit etwas Wasser und dem Honig zu einem Brei verrühren, kurz gehen lassen. Den Hefebrei zum Mehl geben, mit Brotgewürz und Salz würzen. Nun soviel Wasser hinzugeben, dass ein dickflüssiger Brei entsteht. 2 Kastenformen (verwendet man auch zum Kuchen backen) mit etwas Öl einfetten.
Nun den Teig hineingeben und in den kalten Backofen stellen (wenn Sie Backformen in einen schon heißen Ofen stellen, müssen Sie den Teig vorher gehen lassen). Bei 225°C etwa 1 bis 1 1/4 Stunden backen.

Nougat-Creme
(Brotaufstrich)

12 El.	Honig
20 El.	Wasser
16 Tl.	Kakao
4 Tl.	gemahlene Vanille, ersatzweise Vanillezucker
2 Tl.	Zimtpulver
800 g	Haselnüsse

So wird's gemacht:
Honig, Wasser, Kakao, Vanille und Zimtpulver in eine Schüssel geben und gut verrühren. Die Nüsse in einer Mandelmühle fein mahlen (gegebenenfalls 2mal durchdrehen). Die Nüsse zu den anderen Zutaten geben und gut durchrühren. Übrig gebliebene Nougat-Creme in ein Schraubglas geben und im Kühlschrank aufbewahren.

(Alle Rezepte aus den Freiarbeit-Kochkisten, Freiarbeit Verlag, Lichtenau, Bestell-Nr. F573)

taw, kiw, viw

EINRICHTEN EINES KAUFLADENS

Material:
einige Obstkisten oder alte Weinkisten, kleine Regalbrettchen, ein großes Brett für eine Verkaufstheke, Verpackungen zum Verkaufen, Kastanien, Steine, Eicheln, Muscheln ..., eine Waage zum Abwiegen ...

Jeweils 2 Obstkisten werden aufeinander gestellt und mit einem Brett verbunden, das ist die Ladentheke. Die Obstkisten so stellen, dass die Öffnung nach außen geht. In die Kisten können Sie kleine Brettchen als Regale legen. Neben die Ladentheke können noch 1 oder 2 Kisten gestellt werden. Ganz geschickt ist es, den Laden vor einer Wand aufzubauen damit man an der Wand Einkaufstüten ... aufhängen kann.

taw, viw
Tüten zum Verpacken

Material:
Butterbrotpapier (nicht auf einer Rolle sondern blattweise), Kleber, Locher

Das Butterbrotpapier zu einer Tüte falten und das obere Stück abschneiden. Die Tüte an der Seite zusammenkleben. Mit dem Locher an der offenen Spitze ein Loch machen und alle Tüten mit einem Wollfaden zusammen aufhängen. Nun können die Tüten bei Gebrauch abgerissen werden.

Spielgeld: Gibt es in den meisten Banken. Können die Kinder aber auch selbst basteln, wenn sie Lust haben.

taw, kiw, viw
Obst, Gemüse aus Salzteig

Salzteig:
500 g Mehl
200 g Salz
1/4 l Wasser
2 El. Öl

Alles zu einem festen Teig zusammenrühren. Jetzt können die Kinder Obst, Gemüse, Brezeln Brötchen, Wurst ... formen. Trocknen lassen und danach mit Wasser- oder Fingerfarben anmalen. Wer will, kann am Schluss noch mit Klarlack lackieren.

Geben Sie Linsen und Reis in leere Verpackungen. Es macht viel mehr Spaß damit zu spielen, wenn die Verpackungen gefüllt sind.

kiw, taw, viw

APFELERNTE

Viele Äpfel auf Streuobstwiesen werden nicht mehr aufgesammelt, weil niemand Zeit dafür hat und der Apfelsaft im Supermarkt sehr viel billiger ist.
Versuchen Sie im Herbst durch eine Annonce oder durch Nachfragen bei der Stadt/Gemeinde eine Streuobstwiese oder auch nur einen Apfelbaum zu finden, wo Sie die Äpfel mit den Kindern auflesen dürfen.

Denken Sie daran, einen Leiterwagen und Kisten mitzunehmen.

olw, guw, taw, viw
Herstellung von Apfelsaft

Material:
Entsafter (Wenn Sie selbst keinen haben, fragen Sie bei den Eltern oder Kolleginnen nach.)

Die Äpfel werden gewaschen und geviertelt. Das Kerngehäuse entfernen und die Äpfel in den Siebeinsatz des Entsafters geben. Unten in die Pfanne des Entsafters Wasser einfüllen. Nicht vergessen den Hahn an den Entsafter anzubringen und zu verschließen. Nun das Ganze auf die Herdplatte stellen und so lange kochen bis die Äpfel weich sind.
Nach einiger Zeit kann man unten den Hahn öffnen und den Apfelsaft direkt in (gut gespülte) Flaschen füllen. Vorsicht! Heiß!
Dieser Saft ist im Kühlschrank etwa 3 Tage haltbar. Wem der Saft zu sauer sein sollte, kann ihn etwas süßen.
Einfacher als die Herstellung von Apfelsaft ist die Herstellung von Apfelwasser. Allerdings schmeckt Apfelwasser nicht ganz so gut.

olw, guw, taw, viw

Herstellung von Apfelwasser

Material:
großes Tuch

3 große Äpfel waschen, kleinschneiden und Kerngehäuse entfernen. Mit einem 1/2 Liter Wasser langsam kochen. Nach einer 1/2 Stunde das Wasser durch ein Tuch abfiltern. Ganz gut ist es das Tuch in ein großes Sieb zu legen und dann das Wasser mit den Äpfeln hineinzuschütten. Dabei kann man auch etwas umrühren, damit mehr Wasser ausgepresst wird. Wer mehr als 3 Äpfel nehmen will, muss die Menge des Wassers entsprechend erhöhen.
Hier gilt auch: Wer den Saft süßer will, gibt etwas Zucker oder Honig hinein. Aber lassen Sie die Kinder ruhig auch den Unterschied zwischen gesüßtem und ungesüßtem Saft probieren.

olw, guw

OBST ERRATEN

Verschiedene Früchte (Äpfel, Birnen, Kiwi, Bananen, Erdbeeren ... auch hier wieder: Nehmen Sie Obst der Jahreszeit entsprechend) werden mit verbundenen Augen ertastet.
Dann werden sie kleingeschnitten und auf Tellern angerichtet. Nun dürfen die Kinder wieder mit verbundenen Augen versuchen und erraten, welche Frucht sie probiert haben.

olw, guw, taw, viw

ZAUBERAPFEL

Schneiden oder stechen Sie einen Apfel mit einem kleinen Messer rundherum im Zick-Zack ein. Beachten Sie bitte, dass Sie tief, bis ins Kerngehäuse, einschneiden müssen. Nun heißt es „Hokus, Pokus, Fidibus" und schon kann man den Apfel auseinandernehmen und hat 2 Kronen.

olw, guw

TEEPROBE

Material:
frische oder getrocknete Pfefferminze, Zitronenmelisse, Kamille und Wermut

Zubereitung:
Jeweils ca. 2 Esslöffel Pfefferminze, Zitronenmelisse, Kamille und Wermut mit je einem 1/2 Liter kochendes Wasser überbrühen und 10 Minuten ziehen lassen. Danach abseihen und zum Trinken anbieten.

Die Kinder können nun von jedem Tee ein wenig probieren und sagen, welcher ihnen am besten schmeckt. Vorsicht! Der Wermuttee schmeckt furchtbar! Den zu probieren ist für die Kinder schon fast eine Mutprobe.
Lesen Sie hierzu auch das Kapitel 3.2 Das Leben auf dem Bauernhof (Kartoffelfeuer, Kartoffelernte)

Bilderbücher zum Thema:
Irmgard Eberhard, Ursel Scheffler: Auf dem Markt. Ravensburger.
Schau mal Zucker, Sachbilderbuchreihe „Schau mal". Kinderbuchverlag Luzern.
Schau mal unsere Milch, Sachbilderbuchreihe „Schau mal". Kinderbuchverlag Luzern.

3. WO ICH WOHNE, GIBT ES VIEL ZU SEHEN

3.1 ICH KENNE MEINE STRASSE

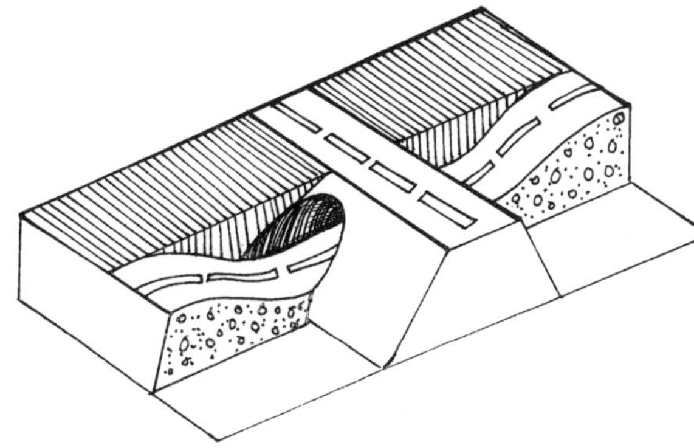

Die Wohnsituation der Kinder hat sich auf vielfältige Weise verändert. Die Städte werden immer größer, dadurch wohnen die Kinder immer weiter vom Kindergarten und von Freunden entfernt. Viele Kinder wissen nicht, wo die anderen Kinder in der Gruppe wohnen. Durch den immer stärker werdenden Verkehr können viele Kinder den Weg in den Kindergarten nicht mehr alleine gehen, auch alleine Freunde besuchen oder auf einen Spielplatz gehen, wird immer gefährlicher.

Die Ziele dieses Themas sind:
- das Kennenlernen der verschiedenen Wohnsituationen und Kindergartenwege der verschieden Kinder
- Erfahrungen sammeln im Straßenverkehr
- Benutzung verschiedener Verkehrsmittel
- Erkundung der eigenen Stadt

vew, kiw, taw, viw, auw

WIR ERKUNDEN UNSERE STADT

Dies ist ein Projekt über längere Zeit. Wir wollen die verschiedenen Wege zum Kindergarten nachgehen. Jedes Kind darf zeigen, wo es wohnt.

Zeichnen Sie einen Stadtplan, auf dem die verschiedenen Straßen, in denen die Kinder wohnen, eingezeichnet sind. Der Plan enthält aber keine Straßennamen und sonstigen Anhaltspunkte außer dem Standort des Kindergartens. Dieser Plan wird im Kindergarten an eine Wand gepinnt.
Nun machen Sie sich mit den Kindern daran diesen Stadtplan zu füllen. Überlegen Sie mit den Kindern, wo diese wohnen und wie sie zum Kindergarten kommen.

Beginnen Sie mit den Erkundungen bei den Kindern, die in der Nähe wohnen. Gehen Sie die Strecke mit den Kindern ab. Schauen Sie gemeinsam das Haus des Kindes an, klingeln Sie, vielleicht ist ja jemand zu Hause und die Kindern können kurz hereinkommen, die Wohnung ansehen. Jedes Kind versucht gemeinsam mit den anderen sein Zuhause zu finden. Es kann erklären, wo es vorbei muss, welche Straßen es überqueren muss und was ihm am besten auf dem Weg gefällt. Natürlich können Sie an einem Tag mehrere Kinder, die in der Nähe wohnen, besuchen.
Ein ganz wichtiger Punkt bei dieser Sache ist das Erleben, Begreifen, Erkennen. Es bringt den Kindern nicht viel, Hand in Hand in Zweierreihen durch die Stadt zu gehen. Die Kinder sollen so frei als möglich gehen dürfen. Lassen Sie ihnen die Möglichkeit an einem Brunnen stehen zu bleiben und mit dem Wasser zu spielen, ein Denkmal zu erforschen, über eine Mauer zu balancieren, auf einem Rasen zu rasten und zu spielen ... Das heißt vor allem, nehmen Sie Zeit mit und hetzen Sie nicht durch die Straßen. Einige Regeln sollten Sie natürlich vorher mit den Kindern erarbeiten. Siehe hierzu Seite 88 über das Verhalten im Straßenverkehr.

Nach jeder Tour wird die erkundete Strecke im Stadtplan eingezeichnet auch Denkmäler, Brunnen oder sonstige Plätze, die den Kindern wichtig sind und an die sie sich erinnern können, werden eingezeichnet. Wer eine Polaroidkamera hat, kann diese mitnehmen und von den Häusern, in denen die Kinder wohnen, Bilder machen, die dann in den Stadtplan eingeklebt werden. Sie können aber auch eine normale Kamera mitnehmen, fotografieren und die Bilder nach der Entwicklung einkleben. Bei Kindern, die einen weiten Weg haben, können Sie öffentliche Verkehrsmittel nehmen. Informieren Sie die Eltern im Vorfeld über dieses Projekt und über die eventuellen Besuche.

Um dieses Projekt durchführen zu können, sollte die Kindergartengruppe schon etwas länger zusammen sein. Ich würde es nicht durchführen, wenn ich erst vor kurzer Zeit viele 3-Jährige aufgenommen hätte.
Natürlich können Sie auch nicht alleine mit 28 Kindern gehen. Entweder Sie gehen in Kleingruppen oder Sie nehmen 1 bis 2 Begleitpersonen mit.

taw, viw

STADT AUS ALTMATERIAL

Material:
leere Klo-Haushaltsrollen, Joghurtbecher, Eierkartons, Pappschachteln, Käseschachteln ... Klebstoff, Scheren, Finger-, Wasserfarben, eine große Kartonplatte als Unterlage ...

Auf einem Tisch wird die Kartonplatte ausgelegt. Nun können die Kinder aus dem vorhandenen Material Häuser, Brücken, Brunnen, Kirchen, Straßen, Menschen und Tiere ... bauen, anmalen und dann auf der Unterlage befestigen.
Dies ist ein Projekt, an dem über mehrere Wochen gearbeitet wird. Die Kinder können immer wieder an ihrer Stadt arbeiten und sie vervollständigen. Helfen Sie bei Schwierigkeiten mit den Materialien und bei der Lösung von Problemen.

auw

TONBANDAUFNAHME VERKEHRSGERÄUSCHE

Material:
Kassettenrecorder, Kassette

Während einer Stadttour werden verschiedene Verkehrsgeräusche aufgenommen (Straßenbahn, Bus, Autos, Motorrad, Krankenwagen, Tauben, ...). Im Kindergarten versuchen die Kinder die Geräusche den Verursachern zu zuordnen.

Wenn Sie es sich einfach machen wollen: Im AOL-Verlag gibt es zwei sogenannte Geräuschekoffer: Kleine Köfferchen, die eine Kassette mit eindeutigen Geräuschen und passenden Bildkarten enthalten. Dazu gibt es Spiel- und Verwendungsvorschläge:
Alltagsgeräusche, Bestell-Nr. V098
Tiergeräusche, Bestell-Nr. V097

WIE VERHALTE ICH MICH IM STRAßENVERKEHR?

Die Kinder sollen anhand von realen Situationen lernen. Es ist immer sinnvoller mit den Kindern einen Zebrastreifen zu überqueren, als nur darüber zu sprechen, wie man ihn überquert. Gerade dieses Thema gibt Ihnen die Möglichkeit mit den Kindern verschiedene Verkehrssituationen zu erleben und zu lernen, wie man sich richtig verhält. Doch sollten mit den Kindern, bevor sie losgehen, einige Verhaltensregeln abgesprochen sein.

Beispiele:

- nicht auf die Straße rennen
- keine Fangspiele auf dem Gehweg, neben einer belebten Straße
- am Gehwegrand wird nicht gestoßen ...

Besprechen Sie diese Verhaltensregeln mit den Kindern. Sicher fallen Ihnen noch andere für sie wichtige Regeln ein. Auch die Kinder wissen dazu einiges zu sagen.
Da Kinder sehr verschieden sind, wird es während der Exkursionen Kinder geben, die immer vorneweg rennen, andere bilden immer die Nachhut. Deshalb sollte immer eine Erzieherin vorne mit dabei sein und eine hinten. An bestimmten Plätzen kann ja aufeinander gewartet werden.

Eine Situation, auf die Sie die Kinder auch vorbereiten sollten, ist das Verhalten, wenn ein Kind verloren geht. Am besten ist es, wenn jedes Kind ein Namensschild dabei hat, auf dem der Name des Kindes und die

Adresse des Kindergartens stehen (siehe unten: Wir basteln uns Namensbuttons).
Wenn ein Kind merkt, dass es die anderen nicht mehr findet, sollte es sich an Passanten wenden und um Hilfe bitten können.

viw, kiw

BESUCH DER VERKEHRSPOLIZEI ODER VERKEHRSWACHT

Bei der Verkehrswacht oder Verkehrspolizei gibt es meist speziell geschulte Polizisten, die Vorschulkindern das Verhalten im Straßenverkehr zeigen können. Oft gibt es auch einen Verkehrsübungsplatz, auf dem die Kinder mit Fahrrädern, Kettcars, Dreirädern ... fahren können. Den Kindern macht es meist sehr viel Spaß, einmal mit der Verkehrspolizei durch die Straßen zu gehen.
Ein Besuch auf dem Verkehrsübungsplatz ist eine Aktion, die am besten mit Schulanfängern durchgeführt werden sollte, da diese anfangen sich mit Fahrzeugen am Straßenverkehr zu beteiligen.

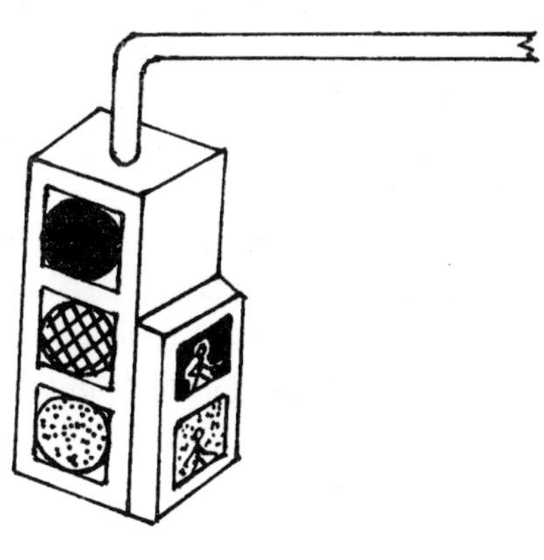

taw, viw

WIR BASTELN UNS NAMENSBUTTONS

Unsere Überlegung für die Namensschilder war: sie sollten mehrmals verwendbar sein, von den Kindern angefertigt werden können und beim Tragen die Kinder nicht stören.

Material:
Joghurtbecher oder Deckel von Dosen aus Weichplastik, Kleber, Papier, Messer, Scheren, Farbstifte, Anstecknadeln oder Wollfäden

Von den Joghurtbechern oder Deckeln wird der runde Boden mit einem Messer ausgeschnitten (Am besten sind Joghurtbecher, bei denen der Boden unten gerade und nicht gewölbt ist). Nun wird der Boden beidseitig mit Papier beklebt. Wenn dies getrocknet ist, kann das Papier, das um den Boden herum absteht, abgeschnitten werden. Nun kann der Name und die Adresse des Kindergartens auf den Button geschrieben werden. Wer einen Kindergartenstempel hat, kann die Adresse auch darauf stempeln. Jetzt wird der Button noch angemalt. Danach wird der Button entweder mit einem Wollfaden als Anhänger getragen oder mit einer Ansteck- oder Sicherheitsnadel an der Kleidung befestigt.

Es gibt auch Firmen, die wiederverwertbare Buttons zum Selbermachen anbieten. Die Adressen können Sie dem SCHUBRA (siehe dazu Literaturverzeichnis Seite 129) entnehmen.

taw, viw

EINE TASTREISE MIT DEN FÜßEN

Material:
verschiedene Materialien: Filz, Wolle, Wachstuch, Kunstrasen, Fußabtreter, Fell, Sandpapier, Kronkorken, Kiesel usw., Kleister, Pappdeckel und Pinsel

Wir bekleben Pappdeckel (Größe ca. DIN A3/DIN A4) mit den verschiedenen Materialien. Je unterschiedlicher die Materialien sind, desto besser.
Wenn alle Pappdeckel beklebt sind, legen wir eine Taststraße. Nun können die Kinder barfuß, auf allen Vieren oder nur mit den Händen entlang gehen und tasten. Dabei kann man bemerken, dass manche Kinder bestimmten Materialien ausweichen.
Vielleicht gelingt es durch Variationen des Spieles doch diese Kinder zum Berühren und Spüren zu motivieren.
Lassen Sie die fertigen Tastkarten im Gruppenzimmer oder Flur, damit die Kinder immer wieder damit in Berührung kommen.

viw, kiw, taw

ROLLBRETTER

Material:
Holzbretter (ca. 35 x 55 cm), für jedes Brett 4 Rollen, Raspel, Feile, Schrauben und Schraubenzieher

Holzbretter und Rollen bekommt man in jedem Baumarkt. Sie müssen nur darauf achten, dass die Bretter stark genug und die Rollen in alle Richtungen beweglich sind. An den Brettern wird in den Ecken jeweils eine Rolle befestigt. Vorher müssen jedoch die Ecken abgerundet werden. Vielleicht haben Sie ja einige Väter, die so etwas gerne erledigen. Diese Rollbretter bieten im Kindergarten ganz verschiedene Verwendungsmöglichkeiten. Man kann darauf liegen und fahren. Schwieriger wird das Fahren in einem Hindernisparcours oder auf verschiedenen Böden. Auch im Freien sind die Rollbretter eine tolle Sache.
Die Kinder spielen Straßenverkehr. Im Turnraum oder draußen wird ein Verkehrsparcours aufgebaut, der mit den Rollbrettern befahren wird.

- Ampelzeichen geben, mit roten und grünen Tüchern.
- Zebrastreifen aufbauen, indem Sie aus alten Leintüchern oder weißem Papier Streifen schneiden und mit doppelseitigem Klebeband befestigen.
- Eine schiefe Ebene einbauen. An einer Sprossenwand werden nebeneinander 2 Bänke eingehängt. Die Kinder sollen hochfahren und wieder herunterrollen.
- Tunnel bauen. Eine Bodenmatte wird über 2 kleine Kästen oder Stühle gelegt.
- Von den Kinder gebastelte Verkehrszeichen werden aufgestellt.

taw, viw

WIR BASTELN VERKEHRSZEICHEN

Material:
festes Papier, Scheren, Wasser- oder Fingerfarben

Die Kinder basteln Verkehrszeichen, die sie kennen oder Phantasiezeichen. Aus festem Papier werden die Zeichen ausgeschnitten und dann mit Wasser- oder Fingerfarben angemalt.Sie können mit Schnüren aufgehängt werden oder an Holzstecken befestigt und aufgestellt werden.

Lesen Sie hierzu auch in diesem Kapitel: Eine Gemeinschaft braucht Regeln (siehe Seite 93).

taw, viw

REISE AUF HÄNDEN UND FÜßEN

Material:
dünner Schaumstoff, Wasserfarben

Jedes Kind fertigt sich aus Schaumstoff eine Abbildung seiner Hände und Füße an. Dann werden jeweils der linke Fuß und die linke Hand sowie der rechte Fuß und die rechte Hand mit der gleichen Wasserfarbe angemalt (also links die eine, rechts die andere Farbe).
Wenn alle fertig sind, legen wir eine Straße, auf der wir gehen können.
Zuerst nur mit den Füßen. Später Füße und Hände abwechselnd, die Straße soll also so sein, dass die Kinder auf allen Vieren darauf gehen können. Sie werden sehen, dass es den Kindern ganz schön schwerfällt, die Hände und Füße so zu legen, dass sie auf allen Vieren darauf gehen können.
Wenn die Kinder diese Straße ein paarmal gebaut haben, geht es aber ganz flott.
Die Kinder werden noch viele andere Möglichkeiten finden, was sie alles mit ihren Händen und Füßen spielen können.

auw

JOSEFINE HEIßT DIE AMPEL

Text: Lore Kleikamp
Musik: Anke und Detlef Jöcker
aus: Mile, male, mule, ich gehe in die Schule.
Menschenkinderverlag

Text und Noten siehe Seite 91.

Josefine heißt die Ampel

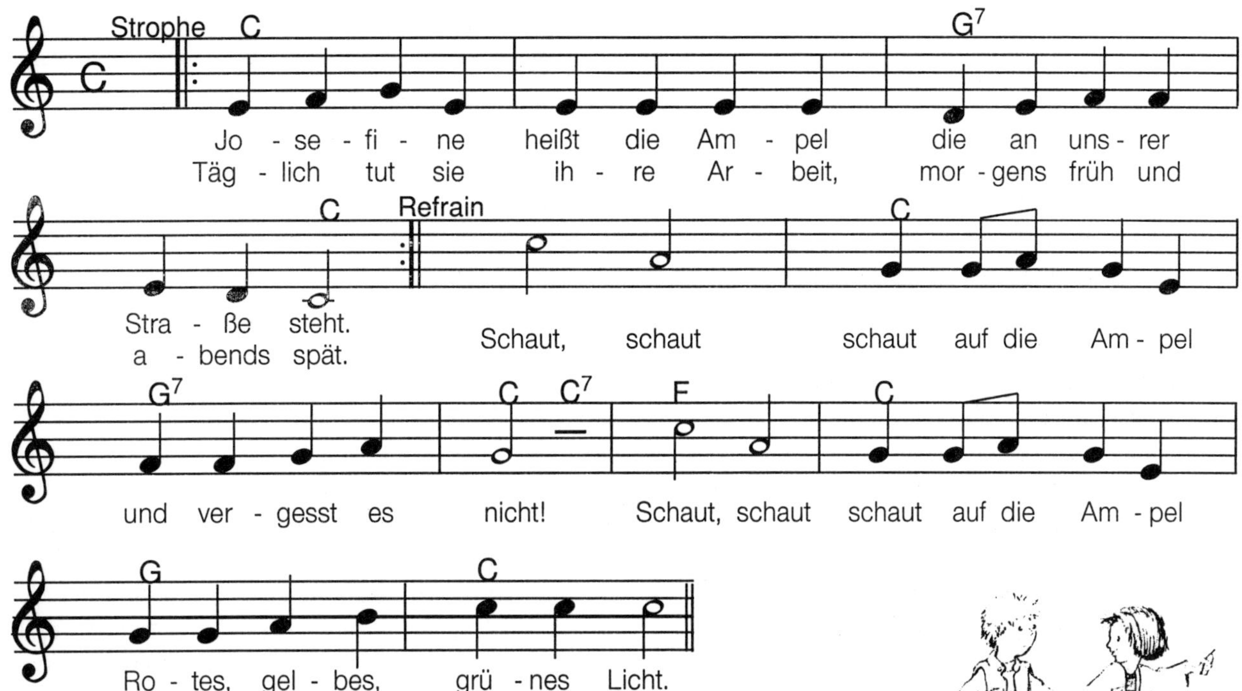

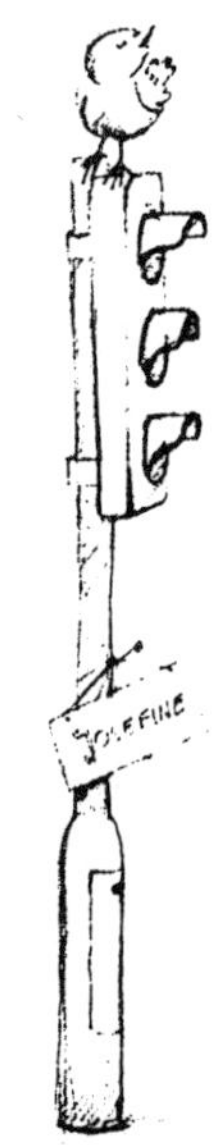

2. Josefine liebt die Kinder,
ob sie groß sind oder klein.
Um besonders sie zu schützen
fiel ihr kürzlich etwas ein.

Refrain: Schaut, schaut, schaut auf die Ampel
und vergesst es nicht!
Schaut, schaut, schaut auf die Ampel.
Rotes, gelbes, grünes Licht.

3. Kinder hüpfen, springen, zappeln,
manchmal gehn sie wie im Traum,
sehen Autos, Räder, Menschen,
doch die Ampel seh'n sie kaum.
Refrain: Schaut, schaut, schaut auf die Ampel ...

4. Josefine hat geduldig
viel geübt und es geschafft:
Stehen Kinder an der Kreuzung,
hat ihr Rotlicht viel mehr Kraft.
Refrain: Schaut, schaut, schaut auf die Ampel ...

5. Rotes Licht von Josefine
funkelt hell die Kinder an.
Strahlt und leuchtet, glänzt und schimmert.
Keins es übersehen kann.
Refrain: Schaut, schaut, schaut auf die Ampel ...

6. Kinder steh'n am Straßenrande
rennen nicht mehr unbedacht.
Josefine ist zufrieden,
weil ihr das viel Freude macht.
Refrain: Schaut, schaut, schaut auf die Ampel ...

7. Wenn ihr nun auf eurem Wege
eine rote Ampel seht,
schaut gut hin. Es wäre möglich,
Josefine vor euch steht.
Refrain: Schaut, schaut, schaut auf die Ampel ...

auw

KARLI IST UMGEZOGEN

Seit einer Woche wohnt Karli nicht mehr in der Goethestraße sondern in der Neuen-Scheiben-Straße. Er ist zusammen mit seinen Eltern und seinem kleinen Bruder Jens umgezogen. Die alte Wohnung in der Goethestraße war einfach zu klein, als Jens auf die Welt gekommen war. Karli hat gern in dieser Straße gewohnt. Sein bester Freund Harry wohnte nur 2 Häuser weiter und zum Kindergarten hatte er es auch nicht weit. In der Neuen-Scheiben-Straße ist die Wohnung viel größer und hat auch einen Balkon. Außerdem hat Karli sein eigenes Zimmer.
Am Anfang als ihm die Mama erzählte, dass sie umziehen werden, war er sehr traurig. Aber die Mama hat ihm erklärt, dass er in der neuen Wohnung ein eigenes Zimmer hat und dass er in seinem alten Kindergarten bleiben kann bis er in die Schule kommt. Harry kann er immer noch im Kindergarten sehen und die Mama hat versprochen ab und zu mit ihm zu Harry in die Goethestraße zu fahren, so dass er ihn besuchen kann.
In der Woche seit er hier wohnt, hat Karli schon einige Ausflüge gemacht. Am ersten Tag hat er zusammen mit der Mama einen Spielplatz gesucht, der in der Nähe liegt. Dabei hat er Marie getroffen. Sie ist genau so alt wie Karli und wohnt im Haus nebenan. Zusammen sind sie dann auf den Spielplatz gegangen. Dort kann er auch alleine hin. Er muss nur eine Straße weiter über einen Zebrastreifen gehen.
Wie man das macht, hat ihm die Mama schon gezeigt. Zuerst stellt sich Karli an den Bordstein, er schaut ob sich ein Fahrzeug nähert, wenn er eines sieht, gibt er dem Fahrer mit der Hand ein Zeichen, dass er den Zebrastreifen überqueren will. Wenn der Autofahrer dann hält, geht Karli langsam über den Zebrastreifen. In der Mitte schaut er noch einmal und vergewissert sich, dass aus der anderen Richtung kein Fahrzeug kommt oder wenn doch eines kommt, dass dieses auch anhält. Vom Zebrastreifen aus geht er noch ein paar Meter auf dem Gehweg entlang und schon ist er am Spielplatz. Dort ist eine Rutschbahn, ein Klettergerüst, ein Tunnel, ein Sandkasten und eine Schaukel. Der Spielplatz gefällt Karli ganz gut.

Am zweiten Tag ist er mit Marie in eine Bäckerei gegangen, die um die Ecke liegt. Sie haben Brot eingekauft und jeder von ihnen durfte sich noch einen Kaugummi kaufen. Als er wieder zu Hause war, hat er zur Mama gesagt: „In der Bäckerei kann ich immer für dich einkaufen gehen. Das ist ganz leicht dorthin zu kommen."
Am dritten Tag hat es geregnet. Da ist Karli in der Wohnung geblieben und hat sich gelangweilt. Am Nachmittag ist Marie rübergekommen und hat gefragt, ob er nicht eine Weile mit zu ihr gehen will um in ihrem Zimmer zu spielen. Das hat Karli gefreut und er ist gleich mitgegangen.
Marie hat ein schönes Zimmer. Sie haben Lego gespielt und Bilder gemalt. Am Abend ist er dann nach Hause gegangen. Dort hat er im Flur Frau Schacht und Tobi, ihren Hund, getroffen. Sie wohnt eine Treppe über Karli. Frau Schacht hat Karli begrüßt und ihn eingeladen sie und Tobi einmal zu besuchen. Er hat gesagt, dass er gerne kommt, wenn er einmal Zeit hat.
Am vierten Tag war wieder Kindergarten. Die Mama ist mit ihm zur Straßenbahnhaltestelle gegangen. Mit der Straßenbahn sind sie dann in den Kindergarten gefahren. Auf dem Heimweg sind sie noch in ein Kaufhaus gegangen. Die Mama hat eingekauft und er durfte in der Spielwarenabteilung im Kugelbad spielen.
Am fünften Tag hat er wieder in den Kindergarten besucht. Dort hat die Frau Müller, seine Erzieherin, gesagt: „Heute machen wir einen Ausflug. Wir wollen doch mal sehen, wo der Karli jetzt wohnt."
Sie haben ein Vesper eingepackt und sind den ganzen Weg zu seiner neuen Wohnung marschiert. Unterwegs haben sie an einem Brunnen Rast gemacht. Als sie bei Karli zu Hause waren, hat er allen Kindern sein Zimmer gezeigt und die Mama hat ihnen Apfelsaft zum Trinken gegeben. Auf dem Rückweg zum Kindergarten sind sie alle gemeinsam auf den Spielplatz gegangen und haben eine Weile gespielt.
Als alle wieder im Kindergarten waren, haben die Kinder ihm gesagt, dass sie seine neue Wohnung sehr schön finden. Karli hat sich mächtig gefreut.
Am sechsten Tag haben sie im Kindergarten Umzug gespielt. Den ganzen Tag über haben sie das Zimmer umgeräumt, haben ihre Sachen gepackt und wieder neu eingeräumt. Das war vielleicht lustig.

Als Karli am Abend im Bett lag und der Vater im Gute Nacht sagte, hat Karli alles dem Vater erzählt. Er hat ihm auch gesagt, dass er die neue Wohnung und die neue Straße toll findet. Da hat der Vater zu ihm gesagt: „Weißt du was, Karli, ich glaube, ich muss mir auch einmal die Zeit nehmen und alles erkunden. Ich habe bisher immer nur unsere Wohnung gesehen. Ich weiß überhaupt nicht, was es in unserer Straße alles gibt und wer alles hier wohnt."

Karli und sein Vater haben beschlossen, am Samstag, wenn der Vater nicht zur Arbeit muss, gemeinsam loszugehen und Karli zeigt dem Vater, was er schon alles gesehen hat.

EINE GEMEINSCHAFT BRAUCHT REGELN

Druck erzeugt Gegendruck, auch in der Erziehung. Die moderne Pädagogik verlangt daher keinen blinden Gehorsam.
Es ist aber auch nicht zweckmäßig jede Erziehungsmaßnahme endlos mit dem Kind auszudiskutieren. Vielmehr sollte das Ziel sein, Einsicht in die Notwendigkeit bestimmter Verhaltensweisen zu fördern, die dann zu freiwilliger Selbstkontrolle führt.
Bereits in den ersten Tagen gibt es Anlässe, den Kindern deutlich zu machen, dass das Leben in einer Gemeinschaft Regeln erfordert: Einzelne Kinder fühlen sich durch andere gekränkt oder verletzt. Sie empfinden die Reaktion der anderen als unangemessen.

Die angestrebten Ziele der Vorklasse
- sinnvoll angewandte Aktivität statt Aggression und Zerstörungswut
- sprachliche Kompetenz statt körperlicher Auseinandersetzungen
- konzentrierte Beschäftigung statt planlosen Herumtobens

liegen noch in weiter Ferne!

So brauchen die Kinder zunächst praktische Orientierungshilfen, die ihnen ihre Möglichkeiten und Grenzen aufzeigen. Am besten werden diese Regeln gemeinsam aufgestellt, nachdem die ersten negativen Vorfälle im Beisein aller Kinder erörtert wurden, also ein Situationsanlass gegeben ist (siehe Problemkreis).
Im kleinen Buch zum Schulanfang „Das fängt ja gut an“ gibt es dazu ein Kapitel mit dem bekannten Spruch: Was du nicht willst, dass man dir tu, das füg auch keinem andern zu!
Für viele Kinder bedeutet es eine Hilfe, wenn die Regeln hinterher bildlich fixiert werden.
In einem Schuljahr mit vielen Problemkindern entwickelten wir als Hilfe für unsere Gemeinschaft und zur Unfallverhütung im Rahmen der Verkehrserziehung auch „Verkehrsschilder“ für den Umgang miteinander.
Dieses Material hat sich so gut bewährt, dass wir es seitdem in jedem Jahr verwenden, um die erarbeiteten Regeln sichtbar zu machen und damit einen Schritt weg von der Theorie, hin zur praktischen Anschauung zu tun.
Wir benutzen die den Kindern aus dem Straßenverkehr bekannten Symbole:
Rundes Schild mit rotem Rand für nicht zu akzeptierende Verhaltensweisen („Rund und rot ist immer ein Verbot“).
Dreieckiges Schild mit rotem Rand als Achtungsschild für Übermut, der zu Unfällen führen kann.
Viereckiges blaues Schild als Gebotsschild für erwünschtes Verhalten (in der Sprache der Kinder „Darf-Schild“).
Unsere Regelwand nach Einführung aller Symbole:

Aus: Vorschularbeit von A-Z. AOL, Bestell-Nr. A525.

Bilderbücher:
Friederun Reichenstetter, Chrisse Schafferhans: Die neue Betonstraße. Jungbrunnen.
Sabine Damke: Die Polizei. Schwann.

3.2 DAS LEBEN AUF DEM BAUERNHOF

Das Bild der Landwirtschaft, das noch in vielen Bilderbüchern gezeigt wird, stimmt heute größtenteils nicht mehr.
Der Bauernhof mit seinen verschiedenen Tieren, den zwei oder drei Generationen Menschen, die ihn bewirtschaften, und den vielen verschiedenen Pflanzen, die angebaut werden, hat sich gewandelt in eine Art Agrarfabrik. Monokulturen und Massentierhaltung sind das heutige Bild der Landwirtschaft. Es gibt riesige Höfe, auf denen nur eine Tierart in Massen gehalten wird. Das Feld wird mit riesigen Maschinen bestellt. Es ist für viele Betriebe einfach nicht rentabel viele verschiedene Tiere zu halten. Um Überleben zu können müssen sie sich immer mehr spezialisieren. Es ist allerdings gerade in der alternativen Landwirtschaft die Bestrebung, zurückzugehen zur artgerechten Tierhaltung und zum biologischen Anbau.
Für Kinder bietet dieses Thema eine Fülle von Anregungen und Eindrücken. Auf dem Land gibt es Platz zum Spielen, Tiere die man beobachten und anfassen kann, viele verschiedene Gerüche, viele Dinge, die man selbst tun kann ...

taw, auw, viw, kiw

BESUCH AUF DEM BAUERNHOF

Wie oben beschrieben, gibt es verschiedene Arten von Bauernhöfen. Welchen Bauernhof wollen Sie nun mit den Kindern besuchen?
Ich würde vorschlagen, bei einen Biobauern oder auf einen kleinen Hof zu fragen. Das Ziel dieses Besuches sollte es sein, dass die Kinder so viel als möglich sehen, helfen, erfahren können. Dies ist einfach auf solch einem Hof viel mehr gegeben. Wer die Möglichkeit hat verschiedene Höfe anzusehen, der sollte ruhig auch in einen Betrieb mit Massentierhaltung gehen.
Sprechen Sie vor dem Besuch mit der Bäuerin/dem Bauern über den Besuch. Erklären Sie ihr/ihm, was Sie wollen: Die Kinder sollten sich so viel als möglich anschauen können. Wichtig wäre auch, dass die Kinder mithelfen können, beim Füttern der Tiere oder beim Ernten. Kinder stellen Fragen, deshalb sollten die Bauern Auskunft geben können. Vielleicht können die Kinder nacheinander auch einmal auf dem Traktor mitfahren.

taw, kiw

WIR SPIELEN IM HEU ODER STROH

In einem Heuhaufen kann man wunderbar spielen (Vorsicht bei Kindern mit Heuschnupfen und Stauballergie). Man kann sich aus Heu oder Stroh ein Bett bauen, eine Höhle graben oder eine Heuschlacht machen. In manchen Teilen Deutschlands wird das Heu noch zum Trocknen auf Ständer gehängt. Unter diesen kann man wunderbare Hütten bauen, in denen keiner gesehen wird.

taw

TIERE STREICHELN

Viele Kinder wachsen heute ohne Tiere auf. Ihnen fehlen die Erfahrungen: Wie fühlt sich ein Tier an, wie geht man mit einem Tier um, welche Bedürfnisse hat ein Tier, welche Verhaltensweisen hat es?
Wichtig wäre bei einem Besuch auf dem Bauernhof, ob es dort Tiere gibt, die man streicheln kann. Meist ist dies der Fall, wenn auf dem Hof selbst Kinder leben. Sprechen Sie mit den Kinder darüber, wie sie sich dem Tier gegenüber verhalten müssen. (Katzen und Hunde, Hasen ... streichelt man immer mit den Haaren in Richtung Schwanz, Tiere haben es nicht gerne, wenn sie am Schwanz gezogen werden ...).
Alle Kinder dürfen streicheln aber nacheinander und ohne Gedränge. Deshalb ist es am geschicktesten,

nicht mit allen Kindern auf einmal auf ein Tier loszugehen. Auf dem Bauernhof gibt es so viel zu sehen, dass sich die Kinder in Gruppen aufteilen können.
Apropos Tiere streicheln.
Sind Sie schon einmal von einer Kuh an der Hand geschleckt worden? Das ist eine Erfahrung, die man sich nicht entgehen lassen sollte. Vorsicht: viele Kinder haben Angst vor so großen Tieren, nur Kinder probieren lassen, die auch wirklich wollen.

auw

TONBANDAUFNAHME TIERSTIMMEN

Material:
Kassettenrecorder, Kassette

Wir nehmen verschiedene Tierstimmen und andere Geräusche (Traktor, Melkmaschine, Bauer/Bäuerin) mit dem Kassettenrecorder auf. Im Kindergarten können sich die Kinder die Kassette immer wieder anhören und die einzelnen Stimmen und Geräusche zuordnen. Schön wäre es, wenn die Kinder auch die Tiere spielen.

Zu Tier- und Alltagsgeräuschen auf Band lesen Sie in Kapitel 3.1 Ich kenne meine Straße (Tonbandaufnahme Verkehrsgeräusche).

viw, taw, kiw

KARTOFFELERNTE

Versuchen Sie einen Bauern zu finden, der bereit ist Sie bei der Kartoffelernte mithelfen zu lassen. Die Kartoffelernte findet meist im August/September statt. Am besten fragen Sie bei einem Biobauern oder bei einem kleinen Hof nach, ob sie helfen können, da bei großen Betrieben meist maschinell geerntet wird.

Was müssen Sie mit dem Bauern/Bäuerin absprechen?

- Es wäre gut, wenn der Bauer/die Bäuerin den Kindern erklärt und zeigt, wie die Kartoffelernte vor sich geht.
- Bevor die Kartoffeln geerntet werden, müssen die Kartoffelstöcke gezupft werden. Dies tun die Bauern meist einige Tage vorher. Fragen Sie, ob der Bauer diese Stöcke stehen lässt, damit die Kinder diese zupfen können, weil diese später auch zum Kartoffelfeuer gebraucht werden.
- Klären Sie mit ihm/ihr, welche Behälter (Körbe) am geeignetsten wären für die Kinder zum Aufheben und ob er solche hat oder ob Sie welche mitbringen müssen.

olw, guw, taw, viw

KARTOFFELFEUER

Das Kartoffelfeuer war früher der Abschluss jeder Kartoffelernte und wahrscheinlich auch das schönste daran. Die gerupften Kartoffelstöcke wurden alle zu einem Haufen aufgeschüttet.
Dieser Haufen wird am Ende der Ernte angezündet. In das Feuer werden Kartoffeln gelegt. Wenn das Feuer erloschen ist, können die Kartoffeln vorsichtig herausgeholt werden, sie sind sehr heiß! Jetzt werden sie geschält und gegessen. Dazu schmeckt ein Glas Apfelsaft prima.

olw, guw, taw, viw

WIR BAUEN MAIS AN

Mais ist relativ einfach anzubauen. Er kann z. B. an einem Zaun entlang als Sicht- und Lichtschutz oder auf einem separaten Beet angepflanzt werden: Die Maiskörner werden Anfang Mai etwa 5 cm tief im Abstand von 10 cm in die Erde gelegt. Später kann man den Mais dann auf 30 bis 40 cm vereinzeln und auch verpflanzen. Geerntet wird im August bis September, wenn die aus den Kolben heraushängenden Haarbüschel braun und dürr geworden sind.

Wer Maiskolben essen will, soll Zuckermais anbauen. Dieser wird genau wie der Futtermais angebaut, nur etwas früher geerntet (wenn die heraushängenden Haare an den Spitzen braun werden).
Dann kann man ihn roh, gekocht oder auch gegrillt essen. Lecker schmeckt der gekochte oder gegrillte Zuckermais, wenn etwas Butter darüber zerlassen wird.

Wenn Sie darauf achten, dass der Mais in Ihrem Samentütchen kein Hybridmais ist, können Sie ab jetzt jedes Jahr Ihr eigenes Saatgut verwenden. Einfach einen oder zwei Kolben ganz ausreifen lassen und trocken aufbewahren.

taw, viw, kiw

BAU EINER VOGELSCHEUCHE

Wer etwas ernten will von dem, was er gesät hat, muss seine Felder oft mit Vogelscheuchen gegen Vögel schützen. Das geht bei Großbetrieben leider nicht mehr. Deshalb sind dort oft Schreckschussanlagen aufgestellt.
Im Kindergarten oder für einen kleineren Bauernhof kann man Vogelscheuchen bauen.

Material:
1 Holzstange 2 m lang, 1 Holzstange 1 m lang, Nägel, Hammer (eventuell Schnur), alte Kleider (Hut, Mantel, Hosen ...)

Die 2 Holzstangen werden zu einem Kreuz zusammengenagelt oder über Kreuz mit der Schnur mehrfach umwickelt (wie ein x). Nun wird über die Querstange der Mantel oder eine Jacke gezogen. Oben auf die Spitze kommt ein Hut, der mit einem Nagel befestigt wird. Die Hosen werden durch ein Bein angezogen und an der Stange befestigt.
Jetzt wir die Vogelscheuche im Garten eingegraben. Dies ist nur eine ganz einfache Form der Vogelscheuche, die Kinder haben sicher noch viele Ideen, wie sie ihre Vogelscheuche schmücken können.

kiw, taw, viw

MAISERNTE

Heute wird der Mais meist maschinell geerntet. Früher musste man die Kolben ernten, die Blätter ablösen, nach oben binden und den Mais aufhängen. Im Winter wurden dann die Körner von den Kolben „abgepult".
Versuchen Sie einen Bauern zu finden, bei dem Sie mit den Kindern etwas Mais ernten können.
Aber Vorsicht, je nachdem wie groß der Maisacker ist, kann es schon passieren, dass sich die Kinder darin verirren. Ansonsten macht es viel Spaß auf einem Maisfeld Verstecken zu spielen.
Zur Ernte nehmen Sie einen Leiterwagen oder Körbe mit, in die der Mais gelegt werden kann. Die Kolben müssen mit viel Kraft vom Maisstock gerissen werden. Die Kinder müssen sich schon anstrengen um dies zu schaffen.
Um an die Körner zu kommen, müssen dann alle Blätter nacheinander vom Maiskolben geschält werden. Mit den Blättern und Haaren, die oben aus dem Maiskolben herausschauen, können die Kinder spielen. Man kann sie trocknen und zum Verkaufen, zum Kochen im Sand und zum Flechten gut gebrauchen.
Wenn die Blätter vom Kolben entfernt sind, können die Körner abgepult werden. Dies geht am besten, wenn Sie den Kolben in der Mitte auseinanderbrechen.

taw, viw, kiw

MAISBAD

Die abgepulten Maiskörner können in einer Wanne gesammelt werden. Darin können die Kinder dann einfach nur mit Händen oder Füßen wühlen, Dinge verstecken und mit verbundenen Augen wieder suchen.

olw, guw

MAISBREI

Für Maisbrei brauchen Sie Maismehl. Dieses können Sie frisch mahlen, aber das ist nicht ganz einfach. Der Mais, der nur schlecht trocknet, muss dazu ganz trocken sein. Sie können aber überall in Reformhäusern oder Bio-Läden Maismehl kaufen.

Rezept: (für eine Kindergartengruppe)
2 l Wasser
2 Brühwürfel
250 g Maismehl
1 Zwiebel
1 kg Gemüse (Möhren, Lauch, Sellerie, Kohlrabi ...)
Sahne und Gewürze zum Verfeinern

Das Wasser wir mit den Brühwürfeln zum Kochen gebracht. Das Maismehl unter Rühren einstreuen, kurz aufkochen lassen und dann 20 Minuten auf kleiner Flamme quellen lassen. Das Gemüse in Öl mit einer Zwiebel andünsten und weich kochen. Gemüse und Maisbrei vermischen und mit Salz, Pfeffer, Kräutern und Sahne verfeinern.

olw, taw, viw

SAMMELECKE EINRICHTEN

Während des Besuches auf dem Bauernhof sammeln die Kinder verschiedene Dinge wie Ähren vom Getreide, Maiskolben, Heu Stroh, Sonnenblumen ... Diese Dinge werden im Kindergarten in einer Sammelecke gesammelt zum Anschauen und Anfassen. Wer viel hat, kann die Körner ernten und im Spiel verwenden (im Kaufladen oder in der Puppenecke). Auch ein Traktor, der Heu und Stroh lädt, ist viel interessanter als einer, der nur Bausteine oder Lego laden kann.

Bilderbücher zum Thema:
Sabine Damke: Unser Bauernhof. Schwann.
Wolfgang de Haen: Wie ist es auf dem Bauernhof? Ravensburger.
Ina und Walter Etschmann: Besuch auf dem Bauernhof. Lappan.
Schau mal hier: Tiere auf dem Bauernhof. Tessloff.

3.3 MEIN VATER IST BÄCKER, MEINE MUTTER BRIEFTRÄGERIN

Kinder wissen oft genau, was sie später einmal werden wollen. Viele stellen sich genau das vor, was ihre Eltern sind. Andere kennen aus dem Fernsehen verschiedene Berufe, die ihnen gefallen. Wie die Arbeit der Eltern oder der Leute in den verschiedenen Berufen aussieht, wissen sie häufig nicht. Welches Kind kann schon mit der Mutter oder dem Vater zu dessen Arbeitsplatz gehen und sich alles ansehen.

Es ist unmöglich hier alle verschiedenen Berufe aufzugreifen. Ich habe deshalb einige Berufe ausgewählt, die es fast an jedem Ort gibt. Grundsätzlich gilt hier das gleiche wie bei allen Themen. Die Kinder sollen erfahren mit allen Sinnen. Gehen Sie aus dem Kindergarten hinaus, lassen Sie die Kinder anschauen, berühren, riechen, arbeiten und nicht nur im Kindergarten sitzen und Lieder singen, Bilder malen und Bilderbücher ansehen.

viw, auw, olw, guw, taw

BESUCH EINER BÄCKEREI

In den meisten Orten gibt eine Bäckerei. Sprechen Sie Bäcker oder Bäckerin an, ob Sie mit den Kindern eine Besichtigung machen können.
Hierbei sind einige Dinge zu beachten. Eine ganze Gruppe mit 28 Kindern ist zuviel in einer Backstube. Gehen Sie lieber zwei- oder dreimal. Wenn das nicht geht, weil es den Bäcker nervt, versuchen Sie es in verschiedenen Bäckereien.
Gehen Sie vor der Besichtigung zum Bäcker und sprechen Sie mit ihm. Oft weiß dieser nämlich gar nicht, was er mit einer Horde Kinder anfangen soll.
Toll wäre es, wenn die Kinder einen Teig rühren könn-

ten aus den verschiedenen Zutaten. Aus dem Teig formen die Kinder dann selbst einige Backwerke und backen diese. Der Bäcker kann erklären, warum man die verschiedenen Zutaten in den Teig geben muss. Lassen Sie die Kinder die verschiedenen Zutaten probieren, dann den Teig und zum Schluss die fertigen Backwaren.

Vergessen Sie nicht, dem Bäcker eine Flasche Wein oder eine andere Aufmerksamkeit mitzubringen!

viw, taw

BACKSCHÜRZEN WERDEN GENÄHT

Material:
einige Geschirrtücher (ganz einfache, billige genügen), pro Schürze ca. 1,5 m Nahtband, Nadeln, Faden, Schere und Bügeleisen

Oben am Geschirrtuch werden beidseitig die Ecken 15 cm breit schräg nach innen gefaltet und in Form gebügelt. Schneiden Sie ca. 50 cm Nahtband ab. Jetzt werden die beiden Enden des Nahtbandes oben an der Umschlagkante festgenäht.
Lassen Sie das ruhig ältere Kinder (5 bis 6-Jährige) nähen. Das klappt am Anfang wahrscheinlich nicht besonders gut, aber mit einiger Übung fällt es den Kindern leichter und sie haben auch Spaß am Nähen. Unten wird das Geschirrtuch 10 cm auf der ganzen Breite nach außen gefaltet. Dieser Umschlag wird jeweils außen und in der Mitte festgenäht. Das ergibt die zwei Taschen der Schürze. Jetzt werden noch einmal zwei 50 cm lange Bänder geschnitten. Diese werden jeweils seitlich am Ende des oberen Umschlags angenäht. Fertig!

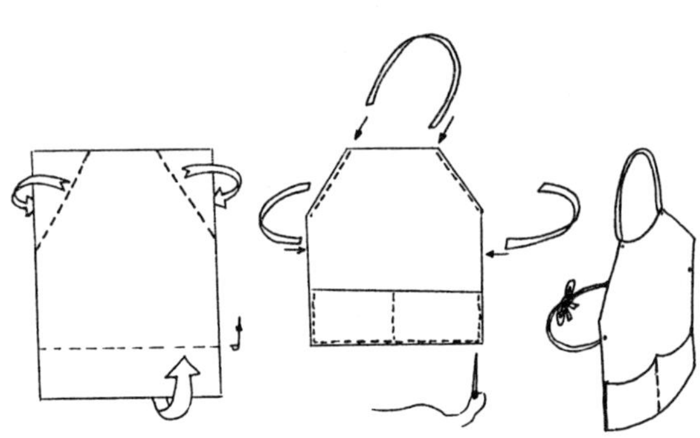

olw, guw, taw

WIR BACKEN IM KINDERGARTEN

Vor dem Backen Hände waschen, Schürzen anziehen. Kinder mit langen Haaren sollten eine Kopfbedeckung anziehen oder die Haare zusammenbinden.

Sehen Sie hierzu das Rezept für Quarkölteig auf Seite 61. Dieser Teig eignet sich sehr gut zum Kneten und Formen. Er klebt nicht an den Händen und bröselt auch nicht. Drängen Sie die Kinder nicht, das Ergebnis schnell fertig zu haben, sondern lassen Sie ihnen Zeit zum Kneten. Gerade dieses Kneten mit Teig ist für die Förderung der Wahrnehmung sehr wichtig.
Die Zutaten für den Teig sind billig und die fertigen Stückchen schmecken sehr gut.

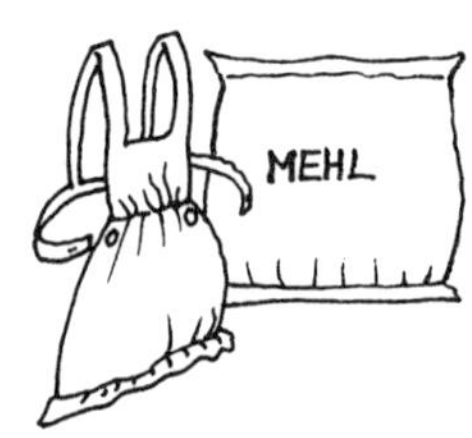

taw

DIE BÄCKEREI IM KINDERGARTEN

Material:
Ausstechförmchen, Nudelholz, Schürzen, Ladenverkaufstheke, Geld, Einkaufstaschen ...

Ich verweise hier auf Kapitel 1.1 Die Neuen sind da (Knete selbst hergestellt und auf Kapitel 2.5 Vom Essen und Trinken (Einrichten eines Kaufladens).

viw

POST – WIR SCHREIBEN UNS EINEN BRIEF

Die Kindergartengruppe malt einen Brief für sich und will ihn verschicken.
Überlegen Sie mit den Kindern, was alles gebraucht wird um diesen Brief zu verschicken (Briefumschlag, Briefmarken). Die nächste Überlegung ist: Wo bekommen wir diese Dinge? (Schreibwarengeschäft, Post-

stelle). Gehen Sie mit den Kindern einkaufen um diese Dinge zu besorgen. Nun wird der Brief in den Umschlag gesteckt, mit der Adresse versehen und in den Briefkasten gesteckt.
Spannend ist nun, wie lange es dauert, bis der Briefträger unsern Brief wiederbringt.

taw, viw

WIR RICHTEN EINE POSTSTELLE IM KINDERGARTEN EIN

Material:
Telefon, Stempel, Stempelkissen, Briefmarken, Briefumschläge, Geld ...

Sie brauchen wieder eine Ladentheke. Briefmarken erhalten die Kinder indem sie Postkarten oder Briefumschläge in Wasser legen. Nach kurzer Zeit lösen sich die Briefmarken. Nun werden sie flach ausgelegt und getrocknet. Danach ist der Klebstoff auf der Rückseite der Briemarke nicht mehr wirksam, aber mit einem Klebestift kann man sich behelfen.

In den meisten Kindergartengruppen gibt es ein Spieltelefon. Falls Sie keines haben, fragen Sie doch bei der Telekom nach. Dort gibt es eine Stelle, die gebrauchte Telefone zurücknimmt. Meist ist man dort gerne bereit dem Kindergarten gebrauchte Telefone zu schenken. Wenn Sie die Auswahl zwischen verschieden Telefonen haben, nehmen Sie doch eines mit Wählscheibe, auch wenn die meisten zu Hause ein Tastentelefon haben.
Warum? Weil die Kinder an der Wählscheibe den Unterschied der Zahlen durch den längeren Weg der Wählscheibe beim Wählen merken.

viw

BESUCH EINER POSTSTELLE

Auf einer Poststelle waren die Kinder schon um eine Briefmarke zu kaufen. Es ist für die Kinder aber auch sehr interessant hinter die Kulissen zu schauen.
Was wird auf einer Poststelle alles gemacht? Briefe werden sortiert, Päckchen ausgegeben usw.

viw, kiw

UNSER EIGENER STEMPEL

Material:
Korken, dicke Pappe, Stempelkissen

Auf die dicke Pappe wird das Motiv für den Stempel aufgemalt (die Motive dürfen nicht zu schwierig sein, da die Kinder sie sonst nicht ausschneiden können). Nun wird es mit einem Messer ausgeschnitten. Das fertige Motiv wird auf einen Korken (am schönsten ist ein Sektkorken) geklebt. Nun kann gestempelt werden.

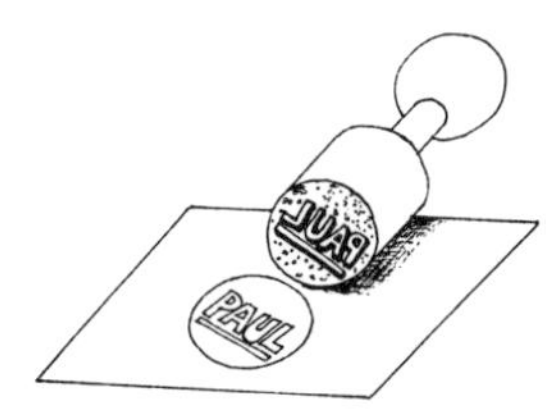

viw

WIR BEGLEITEN DEN BRIEFTRÄGER

Wir warten, bis der Briefträger in den Kindergarten kommt und fragen ihn, ob wir ein Stückchen mit ihm gehen können. Schwierig wird dies, wenn der Briefträger mit dem Auto kommt. Meist ist er aber auch mit dem Auto nicht sehr schnell, so dass die Kinder trotzdem hinterherkommen.
Über das Verhalten im Straßenverkehr lesen Sie bitte auf Seite 88 im Kapitel 3.1 Ich kenne meine Straße.

viw

WIR SCHICKEN EINE FLASCHENPOST

Material:
1 Flasche, die gut verschließbar ist, ein Brief

Die Kinder schreiben und malen gemeinsam mit der Erzieherin einen Brief, auf diesem nicht die Adresse

des Kindergartens vergessen! Der Brief wird dann in eine Flasche gesteckt. Die Flasche sollte mit einem Korken wasserdicht verschließbar sein. Diese Flaschenpost wird dann in einen nahe gelegenen Fluss oder Bach gelegt.
Es ist sehr spannend abzuwarten, ob eine Reaktion auf die Flaschenpost kommt (neulich kam ein Antwortbrief nach 5 Jahren! Zu spät, aber trotzdem eine tolle Überraschung!).

Bilderbücher zum Thema Post:
Brigitte Henkel-Waidhofer, Cira Moro: Guck mal! Die Post. Franckh-Kosmos.

viw, taw, kiw

FEUERWEHR

Viele Feurerwehren sind gerne bereit einen Besuchstag für den Kindergarten zu veranstalten. Es liegt auch im Sinne der Feuerwehren schon früh Nachwuchs zu gewinnen. Sprechen Sie mit der örtlichen Feuerwehr. Schauen Sie mit den Kindern das Feuerwehrgerätehaus an.
Interessant ist für die Kinder: Wie wird die Feuerwehr benachrichtigt? Was braucht sie alles (Uniform, Helm Atemschutzgerät)?
Die Kinder werden unzählige Fragen haben. Ganz besonders interessieren sie sich für das Feuerwehrauto. Toll wäre eine Fahrt damit. Meist wird noch gezeigt, wie man mit einem Feuerlöscher umgeht und es wird damit ein echter kleiner Brand gelöscht.
Hier gilt das gleiche wie bei jeder Besichtigung. Die Kinder sollen die Möglichkeit haben nicht nur mit den Augen und über die Ohren zu erfahren. Ganz wichtig ist es, dass sie etwas anfassen und untersuchen können.

Bilderbücher zum Thema Feuerwehr:
Wolfgang Metzger: Unsere Feuerwehr. Ravensburger.
Brigitte Henkel-Waidhofer: Guck mal! Die Feuerwehr. Franckh-Kosmos.

viw, kiw

UNSER BÜRO IM KINDERGARTEN

Besuchen Sie eine Mutter/einen Vater am Arbeitsplatz im Büro (wenn keine Eltern Ihrer Gruppe in einem Büro arbeiten, nehmen Sie bitte einen anderen Beruf, der in Ihrer Gruppe vertreten ist). Klären Sie vorher mit der Mutter/dem Vater ab, dass er den Besuch mit dem Arbeitgeber abgespricht.
Nach diesem Besuch richten wir ein Büro im Kindergarten ein. Sprechen Sie mit den Kindern darüber, welche Dinge sie dazu brauchen. Vielleicht können Ihnen die Eltern – im Zeitalter der Computer – mit einer alten Schreibmaschine aushelfen und nicht mehr gebrauchten Stempel. Ansonsten versuchen Sie es einmal auf der Stadtverwaltung oder bei einer Firma. Diese sind oft sehr hilfsbereit. Natürlich braucht man in einem Büro auch Schreibmaschinenpapier, Locher, Hefter, Stempelkissen, Büroklammern, Stifte ...
Briefumschläge können Sie mit den Kindern sammeln. Viele Briefe können heute zu Postprüfungszwecken seitlich geöffnet werden und diese können die Kinder sehr gut weiterverwenden.

taw, kiw

TIPP, TIPP, TIPP, DIE SCHREIBMASCHINE

Ein Kind steht hinter dem Rücken eines anderen. Es tippt mit den Fingern auf dessen Rücken und sagt:
Tipp, tipp, tipp die Schreibmaschine.Wer hat diesen Brief geschrieben?Am Ende des Reimes wird ein Fragezeichen auf den Rücken gemalt. Nun muss das Kind raten, wer auf seinen Rücken gemalt hat.

kiw, viw

BERUFE RATEN

Ein Kind stellt den anderen pantomimisch eine Tätigkeit vor (Schreibmaschine schreiben, Bohren, Puls fühlen, Feuer löschen, Briefe austragen ...).

Die anderen Kinder müssen raten, welche Tätigkeit dargestellt wurde und wer diesen Beruf ausübt.

kiw, taw

FÜR WELCHEN BERUF BRAUCHT MAN WELCHES WERKZEUG?

Einem Kind werden die Augen verbunden. Nun bekommt es einen Gegenstand in die Hand, der für einen Beruf charakteristisch ist (Stempel, Thermometer, Brief, Nudelholz, Zahnarztspiegel ...).
Das Kind soll jetzt durch Abtasten erraten um welchen Gegenstand es sich handelt und wer diesen braucht.

auw

BEI WELCHEM BERUF GIBT ES WELCHE GERÄUSCHE

Material:
Kassettenrecorder, Leerkassette

Auf einer Kassette werden verschiedene, für Berufe charakteristische Geräusche aufgenommen (fegen, hämmern, Martinshorn, Briefkastenschlitz öffnen ...). Die Kinder hören ein Geräusch und überlegen gemeinsam, zu welchem Beruf dieses Geräusch gehören könnte.
Variante: Die Kinder ahmen die Bewegungen nach, die zu den Geräuschen gehören.

auw

WER WILL FLEIßIGE HANDWERKER SEHEN?

Passend zum Text der jeweiligen Strophe machen die Kinder die Bewegungen. Dieses Lied eignet sich auch besonders gut neue Strophen selbst auszudenken und zu spielen.

2. |: O, wie fein!:
Der Glaser setzt die Scheiben ein.
3. |: Tauchet ein!:
Der Maler streicht die Wände fein.
4. |: Zisch, zisch, zisch!:
Der Schreiner hobelt glatt den Tisch.
5. |: Poch, poch, poch!:
Der Schuster schustert zu das Loch.
6. |: Stich, stich, stich!:
Der Schneider näht ein Kleid für mich.
7. |: Rühre ein!:
Der Kuchen wird bald fertig sein.
8. |: Tripp, trapp, drein!:
Jetzt gehn wir von der Arbeit heim.
9. |: Hopp, hopp, hopp!:
Jetzt tanzen alle im Galopp.

3.4 FERNSEHEN EINMAL ANDERS

In vielen Kindergärten ist es bestens bekannt, das Montagssyndrom. Nach einem verregneten Wochenende besonders schlimm.
Die Kinder sind wie aufgedreht, die Gewaltbereitschaft untereinander ist erheblich höher als sonst. Die Fernsehhelden sind aktiv im Gruppenzimmer. Wem bekannt ist, dass Kinder genausoviel Zeit zum Verarbeiten einer Fernsehsendung brauchen wie diese lang war, wird sich am Montag nicht wundern.

Schon 3 bis 5-Jährige Kinder sitzen täglich durchschnittlich 50 Minuten vor „der Glotze". Wobei gerade am Wochenende und bei schlechtem Wetter mehr als sonst der Fernseher läuft.

Wie kann nun die Erzieherin/der Erzieher damit umgehen?

Hören Sie den Kindern zu ohne zu bewerten (Was, das hast du angeschaut, das ist doch gar nichts für dich!), denn dadurch erreichen Sie nur, dass die Kinder nichts mehr erzählen.
Geben Sie den Kindern im Freispiel die Möglichkeit das Gesehene zu verarbeiten. Geben Sie im Kindergarten Anregungen zum kreativen Umgang mit Medien.
Greifen Sie dieses Thema nur auf, wenn es ein Problem in ihrer Gruppe ist.
Achten Sie darauf, dass durch Ihre Angebote nicht Kinder zum Fernsehen schauen animiert werden. Deshalb sind hier auch keine Angebote enthalten, wie z. B. Kinderfilme im Kindergarten ansehen oder aus Programmzeitschriften Bilder von Kindersendungen ausschneiden.

Ein Elternabend zu diesem Thema wird von den Eltern oft sehr gerne angenommen. Denn viele Eltern fühlen sich gerade in der Medienerziehung überfordert.
Auch hier gilt:
Keine Vorwürfe machen, sondern Hilfestellung zu einem verantwortungsbewussten Umgang mit Medien geben.

viw, taw

WIR BAUEN UNSER EIGENES FERNSEHGERÄT

Material:
ein großer Karton, Scheren, Farben, Kleber, 2 leere Küchenrollen, Papier

Aus dem Karton wird ein Loch herausgeschnitten, etwa so groß wie ein DIN A4-Blatt und in der Form eines Bildschirms. Nun malen die Kinder Bilder auf DIN A4-Papier. Diese Bilder werden im Querformat aneinandergeklebt. An den Anfang und das Ende werden 2 leere Blätter geklebt. Jeweils seitlich in den Karton wird ein Schlitz geschnitten. Durch die Schlitze wird die Bilderreihe durchgezogen. Am Anfang und am Ende wird die Bilderreihe an einer leeren Küchenrolle festgeklebt. Der Fernseher ist fertig! Die Bilder können nun immer wieder hin und her auf eine der Küchenrollen aufgerollt werden.
Wenn die Kinder schon einige Erfahrungen mit dem selbstgebauten Fernseher gemacht haben, kann man auch daran gehen eine Geschichte zu malen. Jedes Kind malt einen Teil der Geschichte. Ein Erzähler kommentiert dann die Bilder.

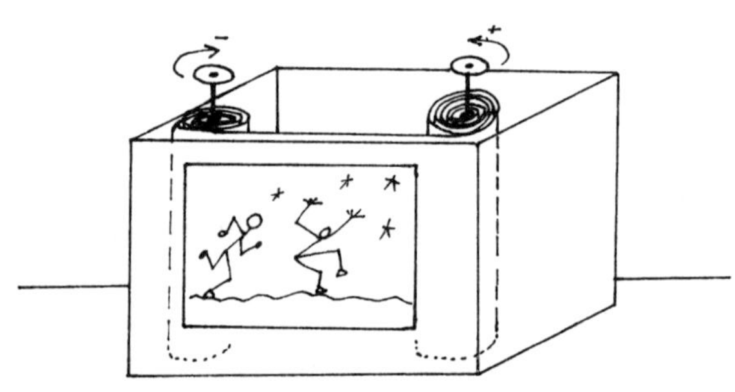

taw, viw

DAUMENKINO

Material:
1 Notizklotz, Farbstifte

Von vielen Firmen gibt es als Werbegeschenk sogenannte Notizklötze. Diese sind hinten zusammenge-

leimt. Die Kinder können einen Teil des Klotzes mit etwa 10 bis 20 Blättern so abreißen, dass die Zettel hinten zusammengeklebt bleiben. Nun wird auf jede Seite ein Bild gemalt, dass sich auf jeder Seite etwas verändert. Blättert man die Seiten nun ganz schnell durch, entsteht eine bewegte Geschichte.
Bei der Auswahl der Motive müssen Sie vielleicht helfen. Am besten eignen sich ganz einfache Motive, ein Strichmännchen, das die Arme auf- und niederschwenkt, ein Strichmännchen, das läuft, ein Apfel mit einem Anbiss ...
Natürlich brauchen die Kinder beim Herstellen des Daumenkinos Hilfestellung. Ganz geschickt ist es, wenn Sie als Beispiel vorher selbst ein Daumenkino herstellen.

viw, auw

VIDEOAUFNAHMEN

Material:
Videokamera, Videokassette, Fernsehgerät, Videorecorder

Viele Einrichtungen haben eine Videoausstattung. Die, welche keine haben, können bei den Eltern nachfragen ob ein Vater, eine Mutter helfen kann oder in einem Elektrogeschäft eine leihen. Die meisten Kinder werden Videokameras kennen. Für einige ist es aber doch neu selbst im Fernsehen zu erscheinen. Es gibt verschiedene Möglichkeiten, was aufgenommen werden kann.
Sie können die Kamera im Zimmer auf ein Stativ stellen und eine ganze Zeit lang aufnehmen. Zuerst interessieren sich die Kinder sehr dafür und gehen immer wieder vorbei und winken. Mit der Zeit vergessen sie jedoch die Kamera und spielen einfach weiter. Beim späteren Ansehen sind die Kinder oft sehr überrascht, was sie alles gesagt und gespielt haben.
Sie können im Kindergarten mit einem Interviewpartner herumgehen und verschiedene Kinder interviewen und aufnehmen.Sie können eine Theatervorstellung der Kinder aufzeichnen.
Auf diese Art sind die Kinder richtige Schauspieler wie im Fernsehen.

Lesen Sie hierzu auch Kapitel 1.9 In der Nacht gibt es viele Schatten (Schattenspiele).

kiw, viw

FERNSEHHELDEN IM GRUPPENZIMMER

Oft gibt es Zeiten im Kindergarten, in denen viele Kinder eine bestimmte Fernsehsendung zu Hause immer wieder ansehen. Diese wird dann im Kindergarten jeden Tag nachgespielt, bis sie im Fernsehen durch eine neue abgelöst wird. Die Erzieherinnen oder Erzieher werden fast verrückt, wenn immer nur Kapitän Kirk, Batman, He-man ... im Kindergarten herumtoben.
Versuchen Sie einmal diese Helden ins normale Leben zu holen. Bauen Sie mit den Kindern ein Raumschiff für Kapitän Kirk oder ein Haus für Batman mit ganz einfachen Mitteln. Die Kinder werden ganz schnell davon wegkommen nur die Aktionszenen zu spielen. Sobald diese Helden irgendwo zu Hause sind, bekommen sie auch normale Verhaltensweisen. Denn auch in einem Raumschiff muss man essen, kochen, schlafen ...

auw

DIE REPORTER SIND UNTERWEGS

Material:
Kassettenrecorder mit Mikrofon, Kassette

Einige Kinder gehen mit einem Kassettenrecorder und Mikrofon im Kindergarten herum und interviewen Kinder, Erzieherinnen und Erzieher. Dies kann so aussehen, dass zu einem bestimmten Thema Fragen gestellt werden, dass die Kinder Tierstimmen imitieren, Witze erzählen. Beim Hören können die Kinder raten, wer der jeweilige Gesprächspartner sein könnte.

viw

FARBIGE WELT

Material:
Transparentpapier, Pappe, Kleber, Scheren

In ein Stück Pappe ca. DIN A4-Format werden verschieden große Löcher geschnitten und mit verschiedenfarbigem Transparentpapier hinterklebt. Jetzt können die Kinder die Welt in verschiedenen Farben sehen.

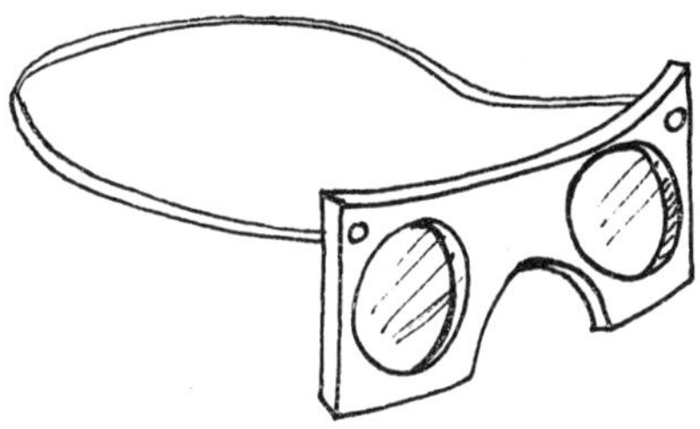

viw, kiw

WIR SPIELEN PUPPENTHEATER

Material:
1 großer Karton, Messer, Kasperlefiguren oder Puppen

Aus dem Karton wird der Bildschirm ausgeschnitten. Auf beiden Seiten wird der Karton etwas umgeknickt, so dass er auf dem Tisch stehen bleibt. Dahinter können die Kinder jetzt mit Kasperlefiguren oder Puppen spielen.

Das Sprechen über Puppen oder Kasperlefiguren fällt den Kindern meist viel leichter als selbst dahinterzustehen und etwas zu sagen.

Bilderbuch:
David McPhail: Emma und der kaputte Fernseher. Annette Betz.

3.5 MÜLL, MÜLL, DINGE, DIE KEINER MEHR WILL

In den meisten Gemeinden muss der Müll getrennt werden, bevor er eingesammelt wird. Da überall die Müllberge wachsen und die Deponiestandorte weniger werden ist es notwendig die Müllmenge zu reduzieren.
Viele Kinder haben schon etwas über das Müllproblem gehört. Doch so ganz genau wissen sie meistens nicht, was sie selbst und ihre Eltern zur Müllreduzierung tun können. Das Sortieren des Mülls in recyclingfähige Materialien und in nicht verwertbaren Müll fällt den Kindern nach kurzer Zeit schon sehr leicht. Oft sind die Kinder beim Sortieren sehr viel konsequenter als die Erwachsenen.
Allerdings sollte das Thema nicht zu einem Wettbewerb darüber führen, wer den meisten Müll mitbringt und daraus etwas bastelt. Den Kindern sollte klar sein, dass auch die Rassel, die aus einem Joghurtbecher gebastelt wurde, irgendwann auf dem Müll landet.

Informieren Sie die Eltern über dieses Thema und bitten Sie sie, verschiedene Dinge zu sammeln (Kronkorken, leere Klorollen, Korken, Plastikflaschen ...).

viw, taw

MÜLL SORTIEREN

Material:
verschiedene Behälter zum Sortieren der Abfälle, Farben zum Anmalen oder Papier zum Bekleben

In allen Städten und Gemeinden wird der Abfall inzwischen getrennt eingesammelt. Meist geschieht dies in verschiedenfarbigen Mülltonnen oder Beuteln. Achten Sie bei Ihren Müllsammelbehältern darauf, dass sie die gleiche Farbe haben, wie sie die Müllabfuhr hat. Besprechen Sie mit den Kindern, welcher Müll in welche Tonne gehört (einige Kinder werden dies schon von den Eltern wissen).

Sammeln Sie über einige Zeit den Müll, der im Kindergarten anfällt (natürlich außer dem Kompost, der soll gleich in Ihre hauseigene Kompostlege), damit die Kinder etwas zum Sortieren haben.
Stellen Sie den Kindern die Aufgabe, den Müll in die verschiedenen Behälter zu sortieren. Lassen Sie die Kinder ruhig zuerst selbst diskutieren, was sie wohin tun würden. Mischen Sie sich nur ein, wenn es zwischen den Kindern Unstimmigkeiten gibt. Überlegen Sie mit den Kindern, wohin der Müll dann gebracht werden muss (Mülltonne, Glascontainer, Bauhof, Sperrmüllsammelstelle, Komposthaufen ...). Die Müllbehälter stehen danach an einem bestimmten Ort, damit die Kinder ihren Abfall gleich trennen können.

viw, taw

BASTELN MIT MÜLL

Material:
Verschiedener Müll (Klorollen, Plastikflaschen, Fadenröllchen, Korken, Dosen ...), Kleber (oft genügt Kleister, ab und zu brauchen die Kinder aber wegen der besseren Klebekraft einen Alleskleber), gute Scheren, evtl. Messer, Farbstifte, Wasserfarben ...

Richten Sie einen Tisch im Gruppenraum, an dem die Kinder mit diesen Materialien basteln können. Am besten ist es, den verschiedenen Müll sortiert in Kisten zu sammeln.

Für die Kinder haben diese Materialien einen hohen Aufforderungscharakter, sie basteln und experimentieren sehr gerne damit. Lassen Sie die Kinder ruhig alleine damit werken, seien Sie aber zur Stelle, wenn Probleme auftauchen, bei deren Lösung Sie helfen sollen (z. B.: wie könnte ich das befestigen, ich habe nicht genug Kraft um das durchzuschneiden ...).
Achten Sie darauf, dass die Kisten immer wieder aufgeräumt und sortiert werden. Sonst verlieren die Kinder sehr schnell die Lust. Immer wieder sollten die alten Materialien aufgefüllt und neue hinzugefügt werden (z. B. Fellreste, Kronenkorken...).

Lesen Sie zu diesem Thema auch in Kapitel 2.2 Das Leben im Wald (Ferngläser selbst gemacht).

viw, auw, taw

INSTRUMENTE AUS MÜLL

Kronkorkenschelle
Material:
Kronkorken, 2 Nägel (ein dicker kurzer und ein etwas dünnerer langer), 1 Rundholz von 2 cm Durchmesser (wer abgeschnittene Zweige eines Baumes hat, kann auch diese nehmen)

Das Rundholz wird auf 10 cm Länge zugesägt, dann glatt geschmirgelt. Die frisch geschnittenen Zweige eines Baumes müssen geschält werden.
Durch die Kronkorken wird in der Mitte ein Loch mit einem Hammer und dem dicken Nagel gehauen. Auf den langen dünnen Nagel werden die Kronkorken dann aufgefädelt, so dass sie jeweils entgegengesetzt sitzen, also einmal zueinander dann wieder gegeneinander (das ist wichtig für den Klang). Nun wird der Nagel mit den Kronkorken auf das Rundholz gesetzt und mit einem Hammer festgeklopft.

Glühbirnenrassel
Material:
alte Glühbirnen, Kleister, Zeitungspapier, Fingerfarben, Klarlack (Achten Sie darauf, dass er ungiftig ist)

Das Zeitungspapier wird in kleine Stücke gerissen und schichtweise mit dem Kleister um die Glühbirne geklebt. Danach wird die Glühbirne zum Trocknen gelegt (sie muss vollständig getrocknet sein).
Nun wird vorsichtig mit einem Hammer die Glühbirne in ihrem Mantel kaputt geschlagen. Die Splitterchen in der Papphülle rasseln jetzt. Anmalen und lackieren – fertig.

Klorollen-Kasu
Material:
leere Klorollen, Gummibänder, Butterbrotpapier, Material zum Bekleben, z. B. Buntpapier oder D-C-fix-Reste, oder Farbstifte zum Bemalen

Die Klorolle wird zuerst angemalt und beklebt. In die Rolle wird noch mit Hilfe eines Nagels ein Loch gestoßen. Ist das geschehen, wird an einem Ende der Rolle das Butterbrotpapier mit Hilfe eines Gummis straff gespannt. In das offene Ende der Rolle wird hineingesprochen, gesummt oder auch gerufen. Wenn die Kinder nun blasen, fliegt das Butterbrotpapier vorne weg.

Keksdosentrommel
Material:
runde Keksdose, Hammer, Nagel, dicke Schnur, Material zum Bekleben oder Bemalen

Der Deckel wird von der Dose genommen, mit Hammer und Nagel werden in den Deckel 2 Löcher geschlagen, die sich gegenüberliegen müssen (also um 180° versetzt). In den Dosenboden werden ebenfalls 2 Löcher geschlagen. In die Trommel können nach Bedarf auch Steine oder andere klingende Gegenstände gelegt werden. Jetzt wird die Dose geschlossen und die Schnur mit einem Ende durch alle Löcher gezogen, dann verknotet. Die Trommel kann noch verziert werden. Zum Trommeln können selbstgesuchte Stöcke oder die Hände benutzt werden.

(Klorollen-Kasu und Keksdosentrommel aus: Umwelt-Spielekartei, Spielewerkstatt Rhinozeros. Ökotopia-Verlag)

Lesen Sie hierzu in Kapitel 1.1 Die Neuen sind da. (Geräuschmemory)

viw

BESUCH EINES ABFALLBERATERS

Viele Landkreise haben sogenannte Abfallberater. Diese sind meist gerne bereit in den Kindergarten zu kommen um mit den Kindern über die Abfallproblematik zu sprechen. Es gibt vom Bundesumweltministerium einige Materialien für Kinder, mit denen die Abfallberater arbeiten.

Vielleicht gibt es in Ihrer Nähe eine Abfallsortieranlage die Sie und der Abfallberater mit den Kindern besuchen können. Hier kann man den Kindern sehr gut zeigen, welche Mühe es macht die verschiedenen Abfälle zu sortieren.

viw, kiw

EINKAUFEN MIT MÖGLICHST WENIG VERPACKUNG

Wir sehen uns im Kindergarten zusammen unser Pausen-Frühstück an und überlegen, welches sehr verpackungsintensiv ist und wie man diese Verpackung vermeiden könnte. Das Ganze sollte nicht so sein, dass einzelne Kinder ein schlechtes Gewissen bekommen. Nehmen Sie auch etwas zu Essen mit, das sehr verpackungsintensiv ist, damit die Kinder sehen, dass auch Erwachsene Fehler machen und lernen müssen. Wenn Sie das nächste Mal mit den Kindern im Supermarkt einkaufen gehen, stellen Sie die Aufgabe: Heute wollen wir versuchen ohne überflüssige Verpackung einzukaufen. Wir möchten Obstquark zubereiten und brauchen Quark, Milch, Sahne, Honig und verschiedenes Obst.
Das Rezept für Obstquark finden Sie auf Seite 21.

Die Kinder überlegen: Kaufen wir Milch im Tetrapack, in der Plastikflasche oder in der Glasflasche? Quark gibt es nur im Plastikbecher, hier kann man der Verpackung nicht ausweichen. Sahne gibt es im Becher, in der Glasflasche, im Beutel. Honig wird meist im Glas verkauft. Obst gibt es meistens an einer Obsttheke, manchmal bereits verpackt, manchmal lose. Die meisten Supermärkte haben Plastiktüten zum Einpacken des Obstes, manche bieten als Alternative auch Papiertüten an.
Wenn man einen Stoffbeutel dabei hat, kann man das Obst lose abwiegen und den Aufkleber auf den Beutel kleben. Lassen Sie die Kinder ruhig selbst überlegen, wie sie das Obst auch ohne überflüssige Verpackung kaufen können.

viw, kiw

EINKAUFSTASCHEN BEMALEN

Material:
Einkaufstaschen aus Leinen (gibt es unbedruckt in vielen Bastelgeschäften zu kaufen. Sie können aber auch Taschen mit Werbeaufdruck nehmen und darüber malen), Stoffmalfarben, Pinsel, evtl. Fön, Bügeleisen

Bevor die Kinder beginnen die Taschen anzumalen, legen sie eine Plastiktüte in die Stofftasche, damit die Farbe nicht durchdrückt. Nun können die Kinder malen, was ihnen einfällt.
Die Kinder werden merken, dass dies nicht ganz einfach ist, weil der Pinsel auf Stoff nicht so leicht zu führen ist wie auf Papier. Ist eine Seite der Tasche bemalt, so muss diese erst trocknen, bevor die nächste Seite bemalt wird (wenn dies schnell gehen soll, nehmen Sie einfach einen Fön). Ist auch die zweite Seite bemalt und getrocknet, wird die Tasche gebügelt, damit die Farbe waschecht wird.
Eine andere Variante besteht darin die Taschen zu bedrucken. Aus Kartoffeln werden Druckplatten gemacht indem man diese halbiert und dann mit dem Messer Formen ausschneidet. Die größeren Kinder können das schon alleine, die Kleineren brauchen dabei Ihre Hilfe. Sind die Stempel fertig, wird Farbe aufgetragen und auf den Stoff gedruckt. Weiter geht's wie vorher beschrieben.

viw, vew, kiw, taw

MÜLLTURNSTUNDE

Mit verschiedenen Materialien wie z. B. Flaschen (gefüllt mit Wasser), Schachteln, leeren Klorollen wird ein Parcours aufgebaut. Die Kinder liegen auf einem Rollbrett und fahren um die verschiedenen Dinge herum, indem sie sich mit den Armen am Boden abstoßen. Als nächstes sitzen die Kinder auf dem Rollbrett und bewegen sich mit den Füßen fort. Anschließend dürfen die Kinder wählen, wie sie sich mit dem Rollbrett fortbewegen wollen.
Ein Kind sitzt auf dem Rollbrett mit verschlossenen Augen. Ein anderes Kind schiebt das Rollbrett vorsichtig um die Hindernisse und umgekehrt.
Die Kinder bauen selbst einen neuen Parcours auf und umfahren diesen. Das ist gar nicht so einfach, da die Kinder auf verschiedene Abstände achten müssen.
Ein Kind gibt eine Anweisung wie: Bring mir etwas mit, was in den gelben Behälter gehört ... Ein anderes Kind fährt mit dem Rollbrett und holt etwas.
Richten Sie eine Kiste mit vielen Kronkorken, die irgendwo in den Parcours gestellt wird. Verstecken Sie einen kleinen Ball in der Kiste. Stellen Sie den Kindern die Aufgabe den Parcours zu umfahren und den Ball aus der Kiste mitzubringen. Diese Kiste können Sie danach auch ins Gruppenzimmer stellen und die Kinder damit spielen lassen.
Zum Schluss dürfen die Kinder nacheinander den Parcours abbauen und den Müll in die dafür vorgesehenen Behälter räumen.
Diese Stunde können Sie natürlich auch ohne Rollbretter durchführen, indem die Kinder auf verschiedene Weise gehen, krabbeln, kriechen.

taw

FÜHLE, WAS DAS IST

Material:
ein großer Behälter (Wäschekorb, Spielzeugkiste ...), verschiedener Müll, 2 Tücher

Der Müll wird in den Behälter gegeben. Danach wird der Behälter mit den Tüchern so zugedeckt, dass in der Mitte ein Schlitz bleibt. Jetzt können die Kinder nacheinander hineingreifen, etwas in die Hand nehmen, fühlen was es ist und dann herausnehmen.
Wer falsch rät, darf noch einmal.

kiw, viw

FLASCHEN FÜLLEN UND UMFÜLLEN

Material:
verschiedene Flaschen (wichtig sind verschieden große Öffnungen und verschiedene Verschlüsse)

Die Kinder füllen die Flaschen mit Wasser und verschließen sie wieder mit deren Deckel. Danach überlegen die Kinder, welche wohl die schwerste bzw. leichteste ist. Durch Hochhalten werden die Vermutungen überprüft. Nun dürfen die Kinder die Flaschen öffnen und ihren Inhalt in eine Schüssel oder in ein Wasch- oder Spülbecken schütten.
Dabei sollen sie beobachten, aus welchen Öffnungen das schneller bzw. langsamer geht. Sie sollen hören, wie es klingt, wenn Wasser aus einer bestimmten Öffnung herausläuft. Bei größeren Kindern kann man später die Augen verbinden und sie raten lassen, welche Flasche es war.

Eine weitere Spielmöglichkeit ist das Umfüllen in eine Tasse, Becher, Glas, andere Flasche ... Lassen Sie die Kinder das Abfüllen mit einem Trichter probieren, wenn es schwierig ist, weil die Öffnung zu klein ist.

kiw, taw

WOHIN MIT DEM GESAMMELTEN MÜLL?

Ein Teil des Müills kommt in verschiedene Tonnen im Kindergarten. Flaschen, Korken, Papier, Batterien usw. müssen aber in manchen Gemeinden zu einem Container gebracht werden. Die Kinder überlegen, wohin dieser verschiedene Müll gebracht werden muss. Alle Dinge, die weggebracht werden müssen, werden auf einen Leiterwagen oder Anhänger geladen und zum Container gebracht. Dort wird dann alles sortiert hineingeworfen.

Lesen Sie hierzu auch in Kapitel 2.4 In unserem Garten gibt es viel zu tun (Wir legen einen Komposthaufen an) und in Kapitel 2.2 Das Leben im Wald (Abfallsuche im Wald).

auw

EIN UNFREIWILLIGER AUSFLUG

Ich will euch heute die Geschichte von Lore erzählen. Lore ist eine kleine Waldmaus, die mit ihren Eltern und Geschwistern zusammen im Wald nahe der großen Stadt lebt. Lore ist recht neugierig, deshalb kennt sie sich in ihrem Wald sehr gut aus. Sie hat viele Freunde unter den Waldbewohnern. Meistens spielt sie aber mit Marlies, dem Eichhörnchen, und Ralf. Ralf ist ein Buntspecht, der genauso alt ist wie Lore. Sie kennen sich schon so lange sie zurückdenken können. Marlies lernten sie erst kennen, als sie mit ihren Eltern umgezogen ist, weil der Baum, im dem ihre Wohnung vorher war, gefällt wurde. Die drei sind ganz dicke Freunde, die fast jeden Tag zusammen etwas unternehmen.

An dem Tag, von dem ich euch heute erzählen will, sind sie zusammen an den Waldweg gegangen und haben die Menschen beobachtet. Es war Sonntag, deshalb gingen viele Menschen aus der nahe gelegenen Stadt auf diesem Weg spazieren. Aus einem sicheren Versteck heraus beobachteten die drei Frauen, Männer und Kinder. Sie belauschten ihre Gespräche und amüsierten sich über ihre Kleidung.
Als sie schon wieder nach Hause wollten, passierte etwas, was wahrscheinlich sehr oft im Wald passiert, für unsre drei Freunde jedoch sehr aufregend war. Ein Mann ging auf dem Weg an ihnen vorbei und warf eine leere Dose einfach in das Gebüsch, in dem sie saßen. Fast wäre Lore getroffen worden. Nur ein schneller Sprung auf die Seite bewahrte sie davor. Als die Dose aufgehört hatte zu rollen, näherten sich die Freunde vorsichtig der Dose. Sie hatten in ihrem Leben noch kein so komisches Ding gesehen wie dieses. Es war bunt und glitzernd.
Lore, die Neugierige, wagte sich ganz nahe heran um das Ding zu untersuchen. Marlies und Ralf waren etwas vorsichtiger und sagten: „Lore warte, mach langsam, du weißt ja nicht was das ist. Vielleicht ist es gefährlich dem Ding zu nahe zu kommen." Aber Lore ließ sich nicht beirren. Sie näherte sich der Dose und sah sie sich genau an. Als nichts passierte, kamen auch Ralf und Marlies und untersuchten das Ding. Sie spielten Fangen um die Dose und klopften an die Wände.

Auf einmal hatte Lore die Idee: „Ich klettere mal in dieses Ding hinein. Da werden Ralf und Marlies ganz schön suchen müssen um mich zu finden." Und schon schlüpfte sie durch die schmale Öffnung in die Dose hinein. Als Ralf und Marlies merkten, dass Lore verschwunden war, fingen sie an überall nach ihr zu suchen. Sie riefen: „Lore, wo bist du?" Da hörten Sie Lore rufen: „Hier bin ich, sucht mich doch." Das hörte sich ganz dumpf an und kam aus der Richtung des Dings.
Nach einer Weile merkten sie, dass Lore wohl in dem Ding drinnen sein musste. Sie riefen: „Lore komm heraus. Wir haben dich gefunden. Du bist in dem Ding." Da streckte Lore den Kopf aus der Dose und lachte. Durch ihre Bewegungen aber setzte sich die Dose auf einmal in Bewegung und rollte in Richtung Weg. Marlies und Ralf hielten den Atem an. Lore wurde ganz wild in der Dose herumgewirbelt, so dass es ihr fast schlecht wurde.
Als die Dose endlich zum Stillstand kam, war Lore ganz benommen. Sie brauchte eine Weile bis sie wusste, wo sie war. Ihr einziger Gedanke war: „Nichts wie

raus hier.“ Aber gerade als sie herausklettern wollte, bekam die Dose einen Tritt und flog in einem hohen Bogen in den Wald zurück, wo sie erst nach einer Weile an einer Wurzel zum Stillstand kam.
Was Lore nicht gesehen hatte, war, dass wieder Menschen den Weg entlanggekommen waren und ein kleiner Junge die Dose in den Wald gekickt hatte. Marlies und Ralf sahen das, konnten aber nichts dagegen tun. Als die Dose zum Stillstand gekommen war, beeilten sie sich schnell zu Lore zu kommen um ihr zu helfen. Sie hatten große Angst Lore wäre vielleicht verletzt. Als sie bei der Dose ankamen, rührte sich nichts darin. Vorsichtig spähten sie hinein und sahen Lore unten am Boden liegen. Der Schreck fuhr ihnen in alle Glieder. Sie riefen: „Lore bist du verletzt? Lore was ist mit dir?“ Da bewegte sich Lore etwas. Ihr war ganz schwindlig von der Rollerei. Außerdem taten ihr alle Knochen weh vom Aufprall auf den Boden. Sie rief: „Mir ist nichts passiert. Ich komme gleich heraus!“
Und da kam sie auch schon. Da fiel Marlies und Ralf aber ein Stein vom Herzen!
Lore meinte: „Das war ein Ding: Mann oh Mann war das eine Fahrt.“

Sie machten sich auf den Weg nach Hause, weil es schon ganz schön spät war. So schnell werden die drei ihr Abenteuer mit der leeren Dose wohl nicht vergessen.

Bilderbücher zum Thema:
Ali Mitgutsch: Warum macht Herr Kringel nicht mit? Ravensburger.
Mischa Damjan & Frank Ruprecht:, Der Ruf des Silbervogels. Thienemann (geeignet für ältere Kinder ab 5).
Wolfgang Metzger: Ene mene ... Müll. Ravensburger.
Friedrich Kohlsaat, Walther Hohenester: Knille, knalle knüll - wohin mit dem Müll? Ellermann.
Brigitte Johanna Henkel-Waidhofer: Guck mal! Unser Müll. Franckh-Kosmos.
Zu Ihrer Information sollten Sie sich diese Broschüren anschaffen, die vom Naturschutzbund herausgegeben sind. Sie sind beide gut und sehr billig (zwischen 1 und 5 DM):
Viel Müll, wenig Abfälle. Bestell-Nr. V027, AOL-Verlag und Umwelttips für Grundschüler Bestell-Nr. V029, ebenfalls AOL-Verlag.

3.6 DER ZIRKUS KOMMT IN UNSERE STADT

Zirkus übt auf Kinder einen ganz besonderen Reiz aus. Es ist sehr interessant die Ankunft eines Zirkus' zu beobachten. Die vielen Wagen, das Aufstellen des Zirkuszeltes, die Tiere ...
Versuchen Sie so viel als möglich mit den Kindern zu beobachten und zu erleben, wenn ein Zirkus in ihre Stadt kommt.

viw, olw

BESUCH IM ZIRKUS

Die meisten Zirkusse verteilen in Kindergärten und Schulen zu Werbezwecken Ermäßigungskarten.
Wenn Sie mit den Kindern eine Zirkusvorstellung besuchen wollen, verhandeln Sie mit dem Zirkus, ob Sie vorher auch einen Einblick ins Zirkusleben nehmen können. Es ist interessant, wie Zirkusleute leben, ob ihre Kinder in die Schule gehen, wo die Tiere untergebracht sind ...

Zur Vorstellung:
- Erinnern Sie die Kinder, vorher auf die Toilette zu gehen. Denn hat die Vorstellung erst einmal angefangen und ein Kind muss zur Toilette, müssen viele andere auch und es ist eine dauernde Unruhe, bis alle wieder an ihren Plätzen sind.
- Im Zirkus wird Essen und Trinken verkauft, was allerdings nicht gerade billig ist. Sorgen Sie dafür, dass alle etwas zu Essen und zu Trinken dabei haben. Viele Zirkusse verkaufen Popkorn im Zelt. Popkorn ist ganz einfach selbst herzustellen und mitzunehmen (Popkorn Rezept auf Seite 40).
- Wenn Sie viele kleine Kinder in der Gruppe haben, sollten Sie versuchen noch einige Väter oder Mütter zu finden, die mitgehen. Gerade diese Kinder brauchen oft noch jemanden, der neben ihnen sitzt, weil sie Angst haben, etwas essen, trinken wollen oder Fragen haben, die einfach nicht warten können.

- Kaufen Sie ein Programmheft. Kinder sehen sich später noch sehr gerne die Bilder an, um sich an den Zirkus und die einzelnen Nummern zu erinnern.

ZIRKUS SPIELEN

Geben Sie den Kindern im Kindergarten die Möglichkeit das Gesehene nachspielen zu können.
Dies ist meist ganz einfach, einige Requisiten, Raum und Vorschläge und die Kindern sind kaum noch zu bremsen.

Was braucht welcher Artist und was macht er?

taw, viw
Clown
Der Clown ist ein Spaßmacher, der die Leute zum Lachen bringt. Er stolpert über seine eigenen Beine, fällt auf die Nase ...
Was brauchen wir?
Natürlich ein Clownkostüm (viele Kinder haben von Fasching noch eines zu Hause), es reicht aber auch ein Hemd, eine weite Hose und große Schuhe.
Ganz wichtig: Schminkfarben (gut sind wasserlösliche Farben, weil sie hinterher wieder besser abgehen)

viw, taw
Zauberer
Sein Gebiet ist das Vorführen von Zauberkunststücken. Sehr wichtig dabei ist der Zauberspruch.
Was brauchen wir?
Requisiten wie: Schwarzer Umhang, Zylinder und natürlich jede Menge Zaubertricks und Zaubersprüche.

Luftballontrick:
Auf einen aufgeblasenen Luftballon wird ein Stück durchsichtiger Klebestreifen geklebt.
Der Zauberer erklärt nun, dass er mit einer Nadel in den Luftballon stechen kann, ohne dass dieser platzt, indem er vorher einen Zauberspruch sagt. Das klappt, wenn der Zauberer mit der Nadel in die Stelle des Luftballons sticht, auf welcher der Klebestreifen klebt (die Luft entweicht so langsam, dass es keiner bemerkt). Sticht nun ein anderer in den Luftballon an einer anderen Stelle, platzt dieser natürlich.

Bananentrick:
Sie brauchen 2 Bananen. Eine Banane wird präpariert, indem mit einer Nadel mehrmals vorsichtig in die Banane gestochen wird (am besten an kleinen schwarzen Flecken, die die Banane hat). Bei jedem Stich, bewegt man die Nadel vorsichtig hin und her, so dass die Banane innen wie durchgeschnitten ist.
Der Zauber nimmt die nun zuerst die normale Banane und zeigt, wie diese aussieht, wenn man sie öffnet. Er erklärt, dass er mit einem Zauberspruch eine Banane noch in der Schale in Stücke schneiden könne. Hierzu nimmt er die präparierte Banane, spricht seinen Zauberspruch und schält die Banane.

Zaubersprüche:
Abrakadabra Simsalabim,
dreimal schwarzer Kater,
sei, wie ich es bestimm!

Hokus, pokus, fidibus,
Hexenfett und Spinnenmus,
verzaubern ich dich muss!

kiw, viw, vew
Dompteur
Einige Kinder sind Tiere. Diese gehorchen dem Dompteur. Sie klettern über Hindernisse, springen durch einen Reifen, gehen auf allen Vieren durch die Manege ...
Was brauchen wir?
Der Dompteur braucht eine Peitsche. Das ist ganz einfach herzustellen. An einen Stock wird ein Stück Bindfaden gebunden

viw, vew
Seiltänzer
Für den Seiltänzer gibt es verschiedene Möglichkeiten zu balancieren. Er kann auf einem Seil, welches am Boden liegt, balancieren oder auf einer Bank. Mit ei-

nem Schirm in der Hand kann er nun über das Seil vorwärts-, rückwärtsgehen, hüpfen, seitwärtsgehen ...

Was brauchen wir?

Aus Tüll wird ein kleines Röckchen zusammengebunden; außerdem braucht die Seiltänzerin/ der Seiltänzer einen Regenschirm zum Ausbalancieren.

viw, taw

Jongleur

Ein Jongleur jongliert mit verschiedenen Gegenständen. Das ist für Kinder sehr schwierig nachzumachen.

Gut eignen sich für Kindergartenkinder Chiffontücher, die man sich gegenseitig zuwerfen kann oder in die Luft wirft und wieder auffängt. Auch mit Luftballons kann man jonglieren. Diese bleiben einfach länger in der Luft als Bälle.

Was brauchen wir?

Mit farbigen Tüchern und bunten Stoffresten können sich die Kinder ein Kostüm umbinden.

kiw, viw, vew

Artist

Artisten führen Kunststücke vor, die Mut und Können erfordern.

Für die Artisten kann man im Turnraum oder im Freien verschiedene Stationen aufbauen, die Mut und Können erfordern. Eine Bank wird als schiefe Ebene an einer Sprossenwand oder an einer Turnstange festgemacht. Nun können die Kinder nach oben gehen, krabbeln, im Entengang gehen. Oben angekommen folgt ein Sprung in die Tiefe (legen Sie unten eine dicke Bodenmatte aus).

Wer keine Möglichkeit sieht, dass die Kinder springen können, sollte etwas zum Herunterklettern anbieten.

Wer im Kindergarten große Seile hat, die an der Decke angebracht sind, kann unten 2 zusammenknoten und eine Bank in die Schlaufe hineinlegen. Nun ist die schiefe Ebene auch noch wackelig.

3 Reifen werden im Abstand von etwa 60 cm hintereinander aufgestellt (dazu braucht man natürlich drei kleine Helfer, die die Reifen festhalten). Jetzt nimmt man zwei dünne Bodenmatten (Ruhematten).

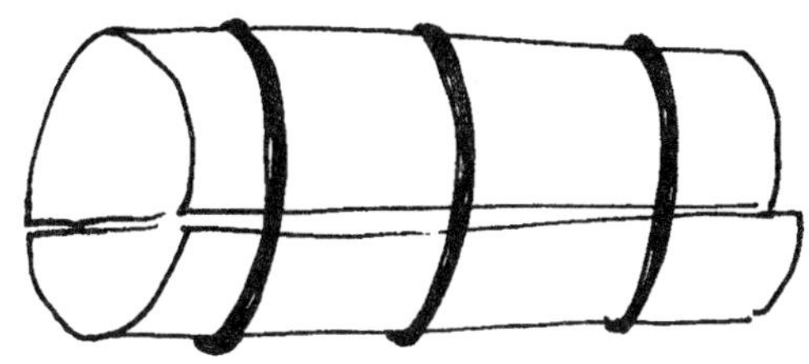

Eine von diesen wird durch die untere Hälfte der Reifen geschoben, so dass sie sich an die Reifen anlegt. Die andere wird oben in die Reifen gelegt, so dass daraus eine große Röhre wird. Nun können die Kinder durchkrabbeln und darin herumrollen.

Das Kostüm ist das gleiche wie beim Seiltänzer.

Es gibt natürlich noch viele andere Artisten. Gehen Sie auf die Vorschläge der Kinder ein und lassen Sie die Kinder mit den Requisiten spielen.

Einige Dinge sind am besten in einem Turnraum oder im Freien (Seiltänzerin, Dompteur) zu spielen, andere können im Zimmer geübt werden.

Als Höhepunkt wird eine Zirkusvorstellung im Kindergarten vorbereitet.

viw, taw, auw,

ZIRKUSVORSTELLUNG IM KINDERGARTEN

Besprechen Sie mit den Kindern, was man dafür alles braucht.

Hier einige Anregungen:

- Eintrittskarten
- Manege
- Beleuchter
- Vorhangöffner und -schließer
- Popkornverkäufer
- Ganz wichtig und nicht zu vergessen ist natürlich die Musikkapelle, die zu jeder Attraktion einen Tusch spielt.

Zu der geplanten Vorstellung werden im Kindergarten Eintrittskarten verteilt. Auch Eltern können eingeladen werden, Popkorn kann verkauft werden ...

auw

DAS LIED VOM ZIRKUSPFERD

Melodie: Refrain des Liedes *Milord*
(gesungen von Edith Piaf)
Verfasser: unbekannt

C F
Da hat das Zirkuspferd sich einfach umgekehrt
C D G
und hat mit seinem Schwanz die Fliege abgewehrt
C
Die Fliege war nicht dumm,
F
sie machte summ-summ-summ
C D G
und flog mit viel Gebrumm ums Zirkuspferd herum

Das Lied wird ständig wiederholt und mal langsam und dann wieder schneller gesungen

Im AOL-Verlag sind zum Thema Zirkus einige Materialien erschienen, zum Beispiel ein dicker Band mit Kopiervorlagen und Aufführungsvorschlägen, ein bebildertes Buch mit Anleitungen, eine Zaubermappe etc.
Außerdem gibt es eine CD mit Begleiheft (Zylinder, Frack und Schabernack, Bestellnummer A012), die eine lustige Zirkusaufführung im Handumdrehen ermöglicht.
Sehen Sie im Katalog nach oder lassen Sie sich beim Verlag telefonisch beraten.

Bilderbücher zum Thema:
Elfriede und Eberhard Binder: Zirkus Salami. Herder.
Hermann Moers,Józef Wilkon: Tonio auf dem Hochseil. Nord-Süd.
Peter Spier: Der Zirkus kommt. Thienemann.

3.7 DORT DRÜBEN WIRD GEBAUT

Für die meisten Kinder sind Baustellen sehr interessant. Sie bleiben stehen und beobachten interessiert die verschiedenen Maschinen. Es wird überlegt, ob der Kran wohl so hoch wie der Kirchturm ist, wie er bewegt wird, wie der Betonmischer funktioniert ...
Es lohnt sich auf jeden Fall mit den Kindern dieses Thema aufzugreifen, wenn in der Nähe des Kindergartens eine Baustelle ist, an der die Kinder täglich vorübergehen. Meist ist es ja so, dass die Eltern morgens, wenn sie die Kinder bringen und wenn sie sie wieder abholen, keine Zeit zum Stehenbleiben und Schauen haben.

viw

BAUSTELLENBESICHTIGUNG

Versuchen Sie bei der Baufirma, die an der Baustelle in ihrer Nähe arbeitet, die Erlaubnis zu bekommen, die Baustelle mit Führung besichtigen zu können. Wichtig wäre, dass die Kinder wissen, was gebaut wird, mit welchen Materialien, wie lange der Bau dauert, mit welchen Maschinen gearbeitet wird ...
Dem Führer sollte klar sein, dass es Kinder sind, denen er etwas erzählt. Detaillierte technische Daten sind für Kinder uninteressant.
Toll wäre, wenn die Kinder verschiedene Dinge dürften wie z. B. einmal auf dem Bagger sitzen, helfen den Kran zu bedienen, über eine Behelfstreppe gehen, in

einem Bauwagen vespern und einen Schutzhelm tragen dürfen ...

An jeder Baustelle steht das Schild „Betreten Verboten, Eltern haften für ihre Kinder". Den Kindern sollte das Schild gezeigt werden und es sollte klar sein, dass sie alleine auf Baustellen nicht spielen können.

kiw, vew, taw, viw

BAUPLATZ IM KINDERGARTEN

Material:
Holzbretter in verschiedenen Größen, Bausteine, alte Autoschläuche und -reifen (gibt es bei jedem Reifenhändler), rot-weiß gestreiftes Band als Baustellenabsperrung, Kies und Sand, Schaufeln, Eimer, Schubkarren, Dränagerohr

Kinder wollen erleben, begreifen, erfahren. Sie wollen nachahmen, ausprobieren, weiterentwickeln. Gerade dieses Thema bietet sich zum Arbeiten an. In den meisten Kindergärten gibt es einen Sandkasten, der recht klein ist, Plastikförmchen, die bald ihren Reiz verlieren, Sand, der nicht aus dem Sandkasten raus darf ...
Um eine Baustelle einrichten zu können, brauchen die Kinder aber viele verschiedene Materialien und die Erlaubnis diese an verschiedene Orte transportieren und benutzen zu dürfen.
Überwinden Sie sich und seien Sie nicht so ängstlich, die Kinder lernen den Umgang mit diesen Materialien sehr schnell. Allerdings ein kleiner Splitter oder eine Abschürfung kann schon mal vorkommen.

Was kann man mit welchem Material arbeiten?

Holzbretter:
Zuerst müssen die Kinder die Holzbretter gut abschmirgeln und je nachdem auch etwas einwachsen. Dann können sie als Brücken, schiefe Ebenen, Rutschbahn ... eingesetzt werden.
Auch eine Wippe ist damit ganz schnell gebaut. Einfach einige Reifen oder einen runden Holzblock in die Mitte und ein Brett darüber, fertig ist die Wippe.

Bausteine:
Bausteine kann man aufeinanderstapeln, als Absperrung benützen, aufeinander legen zu einem Tisch, Stuhl oder Bett oder einfach nur hin- und hertragen um zu zeigen, wie stark man ist.

Autoreifen und Autoschläuche:
Zuerst werden die Schläuche gewaschen. Das ist eine Arbeit, bei der man ganz schön schmutzig wird. Also alte Kleider tragen! Danach werden die Reifen mit Luft gefüllt (am besten an einer Tankstelle). Das Ventil sollte man mit Isolierband befestigen, damit keine Verletzungsgefahr besteht.
Jetzt haben die Kinder tolle Spielmöglichkeiten im Freien. Man kann die Reifen rollen, übereinanderstapeln und hineinklettern, Verstecken spielen, zusammenbinden und einen Tunnel bauen, und vieles mehr gibt es von den Kindern zu erfinden.

Dränagerohr:
Sie brauchen ein etwa 2 m langes Dränagerohr (gibt es in Baumärkten). Durch dieses Rohr können die Kinder Sand rieseln lassen, Tennisbälle rollen und im Sommer auch Wasserdusche spielen. Es ist für die Kinder sehr spannend zu sehen, in welchem Teil des Dränagerohres die hineingegebenen Dinge sind und auf welcher Seite sie wieder herauskommen.

Kies und Sand:
Ausführlich haben wir dieses Thema in Kapitel 3.10 Wir spielen im Freien (Sand- und Kiesgrube) behandelt.

vew, taw, viw

BEMALEN EINES BAUZAUNS

Material:
lösungsmittelfreie Lackfarbe, Pinsel, Becher, Malkittel (Stichwort Malkittel, siehe auch Seite 19)

Oft wird um eine Baustelle ein Bauzaun errichtet. Dieser sieht meist nicht sehr schön aus. Wenn Sie einen solchen Zaun an der Baustelle beim Kindergarten haben, fragen Sie, ob ihn die Kinder bemalen können. Meist sind die Baufirmen sogar bereit, die Kosten für die Farbe zu übernehmen.
Nehmen Sie nicht alle Kinder auf einmal mit. 5 bis 6 Kinder reichen. Vergessen Sie nicht Malkittel und eine Stehleiter oder Stühle zum daraufstehen. Am Anfang haben die Kinder Schwierigkeiten, wenn sie noch nie so großflächig gemalt haben.

vew, kiw, viw, taw

ARBEITEN MIT SPECKSTEIN

Material:
Speckstein, Fuchsschwanz, Feilen, Sandpapier, Stahlwolle

Speckstein ist ein ganz besonderer Stein, den man sehr gut bearbeiten kann. Die Kinder sägen sich mit dem Fuchsschwanz einzelne Stücke ab und bearbeiten diese zuerst mit der Feile. Am besten wäre es, wenn verschieden grobe Feilen zur Verfügung stünden. Spitzen, Ecken und Kanten werden geglättet. Anschließend wird der Stein mit Sandpapier und Stahlwolle ganz glatt und rund geschliffen. Wenn der Stein gut bearbeitet ist, ist er ein richtiger Handschmeichler, den die Kinder gerne in der Hand halten und damit spielen.

kiw, taw, viw

YTONGSTEINE BEARBEITEN

Material:
Ytongsteine (gibt es in jedem Baustoffhandel. Da Ytongsteine sehr porös sind, gibt es oft Steine, die angeschlagen sind. Fragen Sie, ob Sie solche Steine kostenlos bekommen.), Sägen (am besten eignen sich Fuchsschwänze), Hammer, Meißel, Feilen

Ytong ist ein leichter, poröser Stein, den Kinder sehr gut bearbeiten können. Lassen Sie den Kindern freie Hand bei der Gestaltung ihres Steines. Sie werden sehen, die Kinder werden ganz unterschiedliche Dinge daraus machen (Männchen, Stühle ...)

viw, auw, taw

WERKBANK

In jeden Kindergarten gehört eine Werkbank. Sie sollte einen Platz haben, an dem die Kinder ruhig arbeiten können und an dem sie andere nicht stören (das Arbeiten an einer Werkbank macht meist viel Krach).

Gut aufgehoben ist die Werkbank deshalb in einem speziellen Raum, der nicht besonders groß sein muss, aber am besten mit einer Tür versehen ist. Um den Krach beim Arbeiten etwas zu reduzieren, können Sie Filzplättchen unter die Füße der Werkbank legen.

Zur Werkbank gehören Schraubstöcke, in denen die Kinder die Werkstücke befestigen können, damit sie beim Arbeiten nicht verrutschen.
Neben der Werkbank muss ein Schrank oder Regal sein, an dem die Werkzeuge liegen oder hängen. Jedes Werkzeug hat seinen eigenen Platz, an den es immer wieder hinkommt. Dies klappt meist am besten, wenn das Werkzeug jeweils in der Schublade oder am Regal einen vorgezeichneten Platz hat.

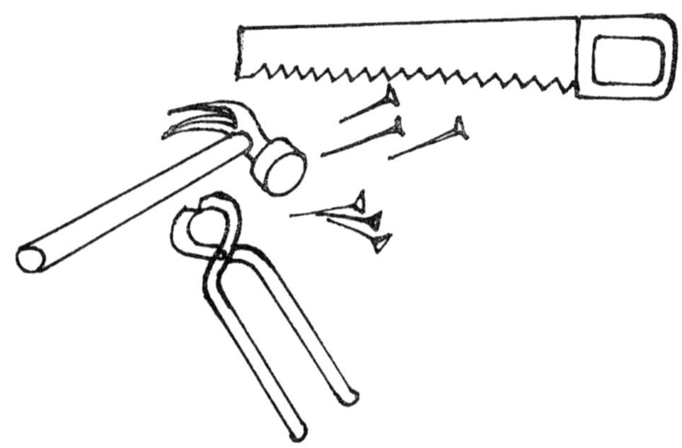

Welche Werkzeuge gehören zu einer Werkbank?
Hammer, Feilen und Raspeln verschieden grob, Sägen (Fuchsschwänze, Laubsägen Feinsägen), Schraubenzieher, Beißzangen, Schraubzwingen, Ahle, Handbohrer, Scheren, Schleifklötze und Schleifpapier in verschiedenen Körnungen, Zollstock, Schnitzmesser, Gehrungs-Schneidelade, Pinsel, Holzleim ...

Werkmaterial:
- Holz
  Versuchen Sie in einer Schreinerei, Holzverarbeitungsfabrik oder in einem Sägewerk Abfallholz zu erhalten. Auch Äste und Zweige kann man gut gebrauchen.
- Speckstein
  (Gibt es in vielen Hobbymärkten oder Bastelkatalogen)
- Nägel und Schrauben in verschiedenen Stärken
- Verschiedene andere Werkmaterialien wie:
  Leder oder Stoffreste, Styropor ...

Einige Anmerkungen zum Umgang mit Werkzeugen:

Die Kinder sollen den sachgerechten Umgang mit Werkzeugen lernen, deshalb wäre es gut, die verschiedenen Werkzeuge nach und nach einzuführen.
An einer Werkbank haben je nach Größe 2 bis 4 Kinder Platz zum Arbeiten. Alles, was mehr wird, stört die anderen und die Gefahr von Verletzungen wird größer. Nach dem Gebrauch werden die Werkzeuge wieder an den dafür vorgesehenen Platz zurückgebracht.
Achten Sie darauf, dass die Werkbank die richtige Größe für Kinder hat. Kleinere Kinder können auf einen Hocker oder auf eine Kiste stehen, um gut arbeiten zu können.

kiw, viw

NAGELBILDER

Material:
ca. 2 cm starke Holzbrettchen (am besten eignen sich Weichholzarten wie z. B. Kiefer. Versuchen Sie in Hobbymärkten, Schreinereien Abfallholz zu bekommen), Nägel in verschiedenen Stärken, Hämmer

Jedes Kind erhält ein Brett und versucht Nägel hineinzuschlagen. Die größeren Kinder können sich vorher Gegenstände, Figuren vorzeichnen und auf den Konturen die Nägel einschlagen. Am Anfang haben die Kinder oft Schwierigkeiten die Nägel hineinzuschlagen, mit der Zeit werden sie aber geschickter dabei. Manchen Kindern tut schon nach kurzer Zeit der Arm weh. Diese können dann später oder an einem anderen Tag weiter arbeiten.

kiw, viw, taw

ZWEIGE BEARBEITEN

Material:
Zweige, die auf einer Wanderung von den Kindern gesammelt wurden, Sägen, Feilen, Raspel, Schmirgelpapier

Aus Zweigen können die Kinder verschiedene Dinge für Kleine-Welt-Spiele herstellen. Die Zweige werden mit Säge, Raspel, Feile ... bearbeitet. Es entstehen Zäune, Männchen, Absperrungen, Hütten ...

Haben die Kinder erst einmal mit der Herstellung von Gegenständen für Kleine-Welt-Spiele begonnen, sind sie kaum noch zu bremsen und haben immer wieder neu Ideen, was sie noch alles herstellen können.

olw, kiw, viw, taw

HANDSCHMEICHLER AUS HOLZ

Material:
Verschieden große Holzklötze (am besten Abfallholz aus einer Schreinerei), Raspel, Feilen Schmirgelpapier, Holzwachs

Die Holzklötze werden zuerst mit der Raspel bearbeitet, dabei werden die Ecken abgerundet. Danach wird das Holz mit der Feile geglättet und anschließend mit Schmirgelpapier verschiedener Körnung bearbeitet bis das Holz ganz glatt in der Hand liegt.
Damit der Handschmeichler auch lange glatt bleibt, wird das Holz danach mit Wasser etwas angefeuchtet. Dadurch richten sich die Holzfasern noch einmal auf. Ist das Holz trocken, wird noch einmal geschmirgelt. Jetzt wird der Handschmeichler mit Holzwachs eingewachst und poliert.

Verweisen wollen wir in diesem Zusammenhang auf Kapitel 1.2 In meiner Familie fühle ich mich geborgen (Wir bauen ein Tasthaus) und auf das Lied: Wer will fleißige Handwerker sehen auf Seite 101.
Anregungen zu diesem Thema finden Sie auch in Kapitel 3.10 Wir spielen im Freien.

Bilderbücher:
Bagger, Kran und Walze. Schwann.
Urs Markus, Marie-Luise Pricken, Stefan Lemke: Im alten Garten wird gebaut. Ravensburger.
Luis Murschetz: Der Maulwurf Grabowski. Diogenes.
Gunilla Bergström: Pass auf, Willi Wiberg. Oetinger.

3.8 SO SOLL UNSER GRUPPENRAUM AUSSEHEN

Viele Gruppenzimmer von München bis Flensburg, egal ob Stadt-, oder Landkindergarten, sehen fast gleich aus. Eingerichtet mit den gleichen Spielmaterialien und Möbeln aus Kindergartenbedarfskatalogen. Es gibt Möbel, Regale, Tische und Stühle, Puppenecke, Bauecke ... Alles ist recht festgelegt. Die Kinder haben wenig Möglichkeiten selbst mitzugestalten und zu verändern. Wer aber will, dass die Kinder kreativ und aktiv sind, muss ihnen auch einen Freiraum lassen, damit sie dies verwirklichen können.

In diesem Kapitel möchte ich Ihnen Lust zum Umgestalten und Verändern machen. Achten Sie darauf, dass die Raumteiler verschiedene Höhen haben. Oft sind die Gruppenräume so eingerichtet, dass die Erzieherin alles überblicken kann. Kinder wollen und brauchen aber auch Raum um ungestört und unbeobachtet zu spielen.
Viele andere Anregungen zum Gruppenraum finden Sie unter anderen Themen im Buch, z. B. Geräuschmemory, Knete selbst hergestellt ... Dieses Kapitel bezieht sich hauptsächlich auf die Raumgestaltung.
Beim Durchlesen dieses Kapitels drängt sich Ihnen vielleicht die Feststellung auf: Das muss aber ein riesiges Gruppenzimmer sein, damit da alles hineinpasst. Unser Gruppenzimmer ist auch nicht größer als andere. Wir haben aber den Intensivraum und den Flur mitgenutzt.

GRUPPENRAUM

Bauecke

Die Bauecke sollte groß sein, damit die Kinder genügend Platz haben. Legen Sie den Boden mit einem Teppich aus, das bietet eine gute Kältedämmung von unten und trägt zur Behaglichkeit bei.

Wählen Sie einen Teppich, der allergen-arm ist, da viele Kinder auf bestimmte Teppichfasern allergisch reagieren. Es gibt auch schon Teppiche, die unten nicht mit Kunststoff sondern mit Jute beschichtet sind. Um den Teppich herum sollte die Bauecke an mindestens 3 Seiten begrenzt sein.
Gut eignen sich Regale, in die das Baumaterial eingeräumt werden kann.

Baumaterial: Holzklötzchen, Naturmaterialien wie: Muscheln, Steine, Tannenzapfen, Holzröllchen aus Ästen, Holztiere und Fahrzeuge, Schienen ... Auch Heu und Stroh können in der Bauecke verwendet werden. Auch wenn dies etwas mehr Arbeit macht beim Wegräumen (fast jeder Kindergarten hat einen Staubsauger, damit können auch schon Kindergartenkinder umgehen). Naturmaterialien geben den Kindern viel intensivere Sinneseindrücke als Plastikspielzeug. Sie haben verschiedene Gerüche, Gewichte, unterschiedliche Oberflächen ... Siehe auch Seite 115 (Zweige bearbeiten).

Puppenecke

Die Puppenecke soll den Kindern ermöglichen, Wohn- und Familienspiele zu spielen. Das Zusammenleben von Menschen in einer Familie oder einer anderen Gemeinschaft verarbeiten die Kinder in Rollenspielen. Die Puppenecke sollte in verschiedene Bereiche abteilbar sein (Küche, Schaf- und Kinderzimmer). Diese Einteilung sollte von den Kindern veränderbar sein (jede Familie hat eine andere Wohnung). Auch eine Abgrenzung nach oben ist wichtig. dies könnte durch einen Baldachin geschehen oder durch das Einrichten einer 2. Ebene.
Im Kapitel 1.2 wird die Puppenecke ebenfalls behandelt (Puppenecke neu einrichten, Matratzenbett).

Möbel in der Puppenecke: Tisch und Stühle, Herd, Schrank für Geschirr, Waschmaschine, Kühlschrank, Wickeltisch, Wiege, Schrank für Puppenkleider, Bett für Mutter und Vater, Türen, Lampe ...
Richten Sie die Puppenecke nicht gleich ganz „fertig" ein. Aus Karton kann man eine Waschmaschine oder einen Kühlschrank bauen.

Geschirr in der Puppenecke: Ess-, Koch-, Backgeschirr aus gutem Material (Holz, Metall, Porzellan, Korb ...)

Kochmaterial: Körner, Nüsse, Früchte eignen sich hierfür sehr gut, da die Kinder diese auch noch essen können (dann müssen aber alle essbar sein, also in dem Fall keine Bohnen!).

Im Kinderzimmer der Puppenecke sollten einige Puppen sein. Beachten Sie hier: Nicht auf die Masse kommt es an, sondern auf Qualität.
Zu der Babyausstattung lesen Sie im Kapitel 1.8 Ein Kind kommt auf die Welt (Die Puppenecke wird zum Babyzimmer).

Ich möchte Sie noch einmal ermutigen, nicht alles in der Puppenecke ganz fertig und fest einzurichten. Helfen Sie den Kindern dann, wenn sie etwas brauchen, einen Staubsauger, Tischdecken, Bilder an der Wand, besondere Kleider z. B. durch Basteln oder Nähen dies zu verwirklichen.

Leseecke
Eine Leseecke braucht ein Plätzchen, an dem es nicht ganz so laut ist. Sie sollte gut vom übrigen Raum abgeteilt sein. Ein gemütliches Sofa (fragen Sie an der Sperrmüllbörse, dort bekommen Sie solche Dinge kostenlos), ein Schrank oder Regal, in dem die Bücher aufbewahrt werden, schönes helles Licht (von einem Fenster oder einer Lampe, die Kinder anschalten können, wenn sie lesen wollen) sind für eine Leseecke wünschenswert.

Auswahl der Bücher: Ein Überangebot an Büchern bereitet den Kindern Schwierigkeiten bei der Auswahl. Es sollten also nicht zu viele Bücher zur Auswahl stehen. Wechseln Sie in gewissen Abständen die Bücher aus. Wählen Sie die Bücher nach dem jeweiligen Thema und nach den jeweiligen Interessen der Kinder aus. Es wird allerdings immer wieder Bücher geben, die Kinder vermissen, wenn sie ausgetauscht werden. In diesem Fall richten Sie sich nach den Bedürfnissen der Kinder.

Eine gute Sache finde ich eine Kindergartenbibliothek. Ein Ort, an dem die ganzen Bilder-, Sach-, Vorlesebücher, Lexika ... aufbewahrt werden und zu dem auch die Kinder Zugang haben. Die Kinder können hier Bücher finden, die sie mit in die Leseecke nehmen wollen.
Eine gute Kombination ist ein Tisch, auf dem Dinge zum jeweiligen Thema (Fundsachen, interessante Gegenstände ...) und die dazu passende Literatur zusammen aufbewahrt werden.

Malwand
Material:
Eine große Korkplatte oder Weichholzplatte (ca. 1,5 m hoch und 1 m breit), festes Papier in der gleichen Größe (erhältlich in vielen Druckereien), Farben, Pinsel, Malkittel (Zum Thema Malkittel siehe Seite 19)

Die Korkplatte wird mit Schrauben an einer Wand angebracht, so dass sie bis auf den Boden reicht. Auf dieser Korkwand wird mit Pinnwandnadeln das Papier befestigt. Neben der Malwand sind die Malkittel für die Kinder griffbereit an einem Hacken deponiert. Die Farben werden ca. 1 m von der Malwand entfernt auf einem Tisch oder in einem Regal deponiert. Der Sinn des Abstandes von Farben und Malwand liegt darin, dass die Kinder das Gemalte aus einer Entfernung heraus betrachten und dass sie Zeit haben, während des Weges hin und her zu überlegen, was sie malen wollen. Es sollten dickflüssige, kräftige, übermalbare Farben sein.
Für jede Farbe werden 2 Pinsel gebraucht, einen dicken und einen dünnen. Die Pinsel gehören nach dem Malen wieder in die jeweilige Farbe.

Bastel- und Maltisch
Hier gehören alle Utensilien hin, die zum Basteln und Malen gebraucht werden wie Scheren, Kleber, Wasserfarben, Buntstifte, Wachsfarben, Bleistifte, verschiedene Sorten Papier, wertloses Material (siehe auch das Kapitel 3.5. Müll, Müll, Dinge, die keiner mehr will). Die Materialien sollten für die Kinder übersichtlich angeordnet sein. Jedes hat seinen Platz, an dem man es immer wieder gut findet.
Im Kapitel 1.11 Ich habe heute Geburtstag (Geschenke verpacken) gibt es dazu allerlei Interessantes zu entdecken.

Stühle und Tische
Bei einer Gruppenstärke von 28 Kindern stehen in vielen Gruppenräumen 28 Kinderstühle und die dazu gehörenden Tische. Die meiste Zeit sind viele Stühle ungenützt, weil die Kinder irgendwo anders spielen. Nur wenn ein Stuhlkreis oder gemeinsames Essen angesagt ist, braucht man sie und sonst nehmen sie viel Platz im Gruppenraum weg.

Versuchen Sie einige Stühle und Tische auszulagern, in einen Abstellraum zum Beispiel oder auch einfach nur auf den Flur. Bei Gebrauch sind sie dann schnell wieder geholt.

Hängematte

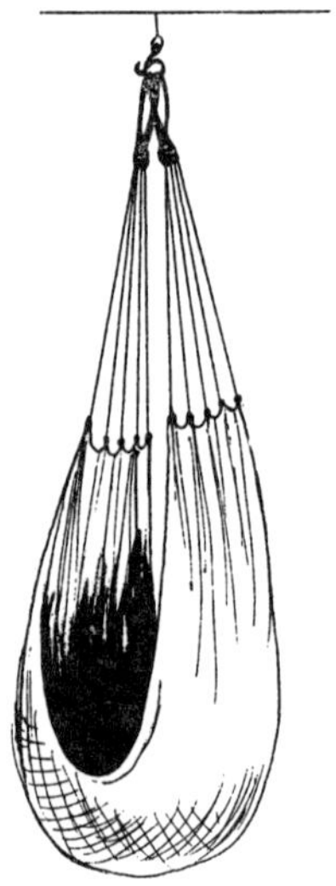

Eine Hängematte im Gruppenzimmer oder im Flur sollte nicht zu hoch hängen, wegen der Verletzungsgefahr. Am besten ist es, wenn unter der Hängematte ein Teppich oder eine Matratze liegt. Sie bietet den Kindern einen gemütlichen Platz, an dem sie ein wenig schaukeln oder sich einrollen können. Viele Kinder werden am Anfang Schwierigkeiten beim Ein- und Aussteigen aus der Matte haben, aber nach einiger Zeit, sind die Kinder dabei richtige Profis. Aufgehängt wird die Hängematte oben an der Decke. (siehe Bild)

Teppichbodensitze

Material:
verschiedene Teppichbodenreste (gibt es in Teppichhandlungen), Teppichbodenschneider oder scharfe Schere

Die Teppichbodenreste werden auf ca. 30 x 30 cm zugeschnitten. Für jedes Kind gibt es eine Sitzunterlage. Diese sind im Gruppenzimmer gut zu stapeln und die Kinder nehmen sie auch gerne, wenn sie Hütten bauen als Boden oder zum Bauen von Straßen ...

Hütten bauen

Kinder bauen sehr gerne Hütten zum Verstecken, Kuscheln, Vater und Mutter spielen ...
Was brauchen sie dazu?
Decken, Tücher, Kissen, Teppichbodensitze, Matratzen, Wäscheklammern, Seile und Schnüre, Kisten ...
Meist haben die Kinder ganz konkrete Vorstellungen, wie ihre Hütte aussehen sollte. Schwierigkeiten gibt es bei der Ausführung.
Wie hält die Decke am besten, ohne dass sie dauernd herunterfällt? Hier sind Sie gefragt. Helfen Sie den Kindern mit Wäscheklammern, Seilen, Schnüren und Kisten die Hütten zu stabilisieren.

Variable Spielecke

Die variable Spielecke könnte mit sogenannten Spiel- und Bauständern gebildet werden. Die Kinder können diese Ständer umstellen, durch zusätzliche Bretter verändern z. B. als Kaufladen, Post, Bank, Büro, Arztpraxis ... Hütten daraus bauen ..., zum Kasperletheater umfunktionieren .... je nach dem, was ihnen gerade wichtig ist.

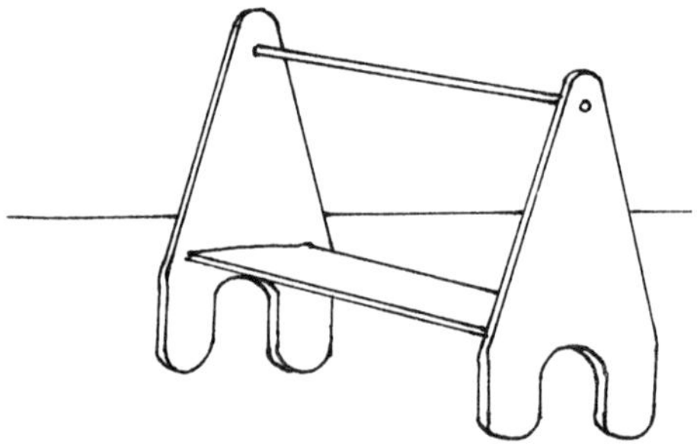

Lesen Sie zu diesem Thema auch:
Kapitel 1.4 Ich bin krank, mir geht's nicht gut. (Arztpraxis im Kindergarten)
Kapitel 1.6 Heut will ich mal ein anderer sein. (Theatergarderobe, Schminken)
Kapitel 2.5 Vom Essen und Trinken. (Einrichten eines Kaufladens)
Kapitel 3.3 Mein Vater ist Bäcker, meine Mutter Briefträgerin. (Die Bäckerei im Kindergarten, Post, Büro)

SAMMELBOX

Material:
Schuhschachteln, Stoff, Farben, u.s.w.

Kinder haben eine ungeheure Sammelleidenschaft. Für sie ist alles noch zu etwas zu gebrauchen. Damit die Kinder ihre gesammelten Dinge auch aufbewahren können, bastelt jeder für sich eine Sammelbox.
Jedes Kind nimmt eine Schuhschachtel und verziert diese, wie es ihm gefällt. Der Kreativität sind hier keine Grenzen gesetzt.
Am Ende des Kindergartenjahres oder bei Bedarf können Sie zusammen mit den Kindern die Schachteln

entrümpeln. Dabei ergeben sich tolle Gespräche und Erinnerungen können aufgefrischt werden.

Lesen Sie zu diesem Thema auch:
Kapitel 1.1 Die Neuen sind da. (Sockentier)
Kapitel 3.7 Dort drüben wird gebaut. (Werkbank)
Kapitel 2.1 Was lebt auf der Wiese. (Jahreszeitentisch)

3.9 FESTE UND FEIERN

Es gibt im Kindergarten viele verschiedene Anlässe ein Fest zu feiern. Um jedes Fest richtig planen zu können, sollte man sich die folgende Frage stellen und beantworten: Was will ich erreichen?

Ich muss unbedingt Geld einnehmen, damit ich eine wichtige Anschaffung tätigen kann.

In diesem Fall würde ich raten ein großes Fest zu veranstalten, das über den Kindergarten hinausgeht. Viel Geld wird meist über einen Basar oder eine Tombola eingenommen.
Um einen Basar zu veranstalten, brauchen Sie viele Eltern, die bereit sind einige Nachmittage oder Abende im Kindergarten zu basteln und werken. Ich habe die Erfahrung gemacht, dass auch Väter gerne bereit sind zu werken, wenn sie direkt angesprochen werden. Über die verschiedenen Bastelangebote, die gerade „in" sind, informieren sie sich am besten in einem Hobbymarkt oder Bastelgeschäft, das gut sortiert ist. Eine gute Einnahmequelle bietet eine Tombola. In verschiedenen Geschäften und Firmen in der Umgebung wird nach einer Spende für eine Tombola gefragt. Dies ist eine unangenehme Arbeit, aber meist lohnt es sich und die Firmen geben eine Spende aus ihrer Produktion oder dem Vertrieb.
Nun gibt es verschiedene Möglichkeiten die Tombola zu veranstalten. Sie können alle Spenden mit Zahlen versehen und Lose verkaufen. Dafür sollten Sie allerdings einige Gewinne, auch kleinere, haben, so dass niemand leer ausgehen muss. Wer nur größere Gewinne hat, kann Lose verkaufen und erst später eine Ziehung der Gewinne durchführen.
Fertige Lose gibt es in vielen Schreibwarenläden zu kaufen. Denken Sie in dem Fall daran die verschiedenen Loszahlen doppelt zu kaufen (damit man Lose ziehen kann).

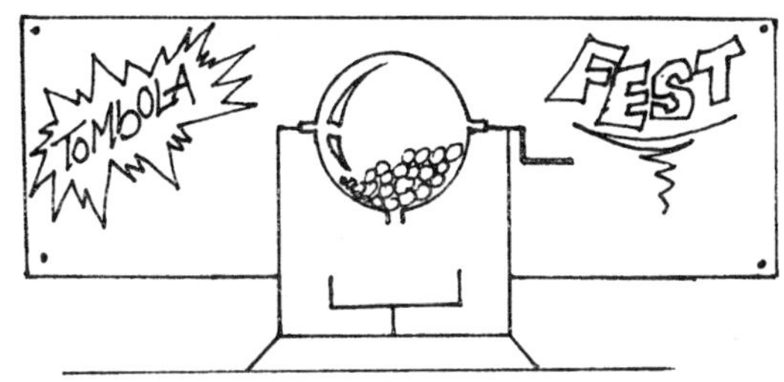

Damit die Eltern, die Dinge, die sie gebastelt haben, nicht selbst kaufen müssen, sollte das Fest über den Kindergarten hinausgehen. Dies gelingt am besten, wenn Sie zum Beispiel örtliche Vereine dazu bringen beim Fest aufzutreten (Musikverein, Gesangverein, Volkstanzgruppe ...). Außerdem könnten Sie ein Kasperletheater, Schattenspiel, Märchenspiel ... für die Kinder einüben und vorführen.
Auch an eine Bewirtung sollten Sie denken. Ob Sie sich nur für Kaffee und Kuchen oder auch für Mittagessen oder Abendessen entscheiden, hängt sowohl von der Helferzahl als auch von der gewünschten Dauer des Festes ab.

Ganz wichtig für ein solches Fest ist die richtige Werbung. Je besser die Werbung, desto mehr Leute kommen. Malen Sie Plakate, die an verschiedenen Stellen im Stadtteil/Dorf aufgehängt werden. Meldungen in verschiedenen Zeitungen und Wochenblättern sollten kurz den Inhalt und die Daten des Festes enthalten. Erkundigen Sie sich vorher, welche Zeitungen, Wochenblätter am meisten gelesen werden. Die meisten sind bereit, einen Veranstaltungshinweis kostenlos aufzunehmen (vielleicht sogar mit einem eindrucksvollen Foto vom letztjährigen Fest).
Bei aller Vorbereitung vergessen Sie nicht auch die Kinder mit einzubeziehen. Seien Sie nicht zu perfektionistisch und lassen Sie die Kinder soviel als möglich selbst basteln. Suchen Sie Dekorationen und Verkleidungen, die einfach sind und von den Kindern hergestellt werden können. Auch ein solch großes Fest sollte den Kindern Freude machen. Eine über Wochen gestresste Erzieherin, die meint, die Kinder müssten ein perfektes Programm vorführen und die ständig Deko-

rationen bastelt, wird den Kindern alle Vorfreude und Aktivität vermiesen.
Ein solches Fest bietet auch eine gute Möglichkeit ausländische Eltern mit ihren Kindern im Kindergarten zu integrieren. Schon aus Rücksichtnahme auf andere Kulturen und Religionen sollten Sie darauf achten, dass z. B. deren Essgewohnheiten berücksichtigt werden. Am besten ist es mit den Eltern ins Gespräch zu kommen und miteinander zu überlegen, welchen Beitrag zum Fest die ausländischen Eltern leisten können. Eine türkische Kaffee- oder Teestube z. B. kann eine Bereicherung für Ihr Fest sein.
Im Ravensburger Verlag ist ein Buch von Klaus W. Hoffmann mit dem Titel: „So singt und spielt man anderswo“ erschienen. Darin sind Kinderlieder und Kinderspiele aus Griechenland, Italien, der Türkei und Spanien enthalten, die Sie gut bei einem Fest singen und spielen können.

Es soll ein gemütlicher Nachmittag oder Abend mit Eltern werden.

Hier sollten Sie eine Form wählen, bei der die Eltern nicht allzuviel tun müssen.
Beispiel: Gemeinsames Grillen am Lagerfeuer, Gemeinsame Wanderung, Spielefest für Eltern und Kinder ... Wählen Sie eine Form, bei der Eltern und Kinder etwas gemeinsam tun können. Die Bewirtung sollte nicht zu aufwendig sein. Am besten eignen sich Dinge, die man gut vorher richten kann und sich jeder dann selbst bedient (Salat-, Kuchenbüffet).

Das Fest ist intern nur mit den Kindern.

Kinder freuen sich immer auf ein Fest. Sie bereiten gerne vor und sind Neugierig auf Neues. Es ist ganz einfach mit Kindern Feste zu feiern. Man muss sie nur einbeziehen bei Planung und Gestaltung.

MÜLLVERMEIDUNG

Bei jedem Fest sollte man daran denken nicht unnötig Müll zu produzieren. Das bezieht sich hauptsächlich auf den Bereich der Bewirtung. Plastikbesteck und Plastikgeschirr sind heutzutage eine Umweltsünde, die wir uns nicht mehr leisten können.

Alternativen: Viele Städte haben mittlerweile ein sogenanntes Geschirrmobil. Dazu gehört Geschirr und Besteck. Oft ist auch eine Geschirrspülmaschine vorhanden.
Fragen Sie bei der Stadtverwaltung in Ihrer Stadt oder in der nächstgrößeren Stadt nach, ob solch eine Einrichtung vorhanden ist und ob sie diese benutzen können. Viele große Hallen haben Geschirr, das sie oft auch verleihen. Falls wirklich keine Möglichkeit besteht genügend Geschirr zu organisieren, bleibt immer noch die Möglichkeit, dass die Eltern ihr Gedeck selbst mitbringen.
Für die Kinder haben wir eine Zeitlang vorher kleine Joghurtgläser gesammelt. Diese sind recht stabil und überleben meist einen kleineren Sturz.
Trinkhalme aus Makkaroni waren bei uns der Hit. Sie funktionieren genau wie Plastiktrinkhalme, man kann sie kürzen wie man sie braucht und am Schluss werden sie einfach aufgegessen.

In diesem Buch sind einige Ideen für Feste ausgearbeitet. Sie gehören zu einem Thema, können aber auch untereinander gekoppelt, verändert oder zu anderen Themen verwendet werden.

Zu Festen habe ich auch ganz besondere Projekte wie Mittagessen im Kindergarten gezählt, weil dies für die Kinder durchaus ein Fest ist.

Hier die einzelnen Feste:
Kapitel

1.2 In meiner Familie fühle ich mich geborgen
(Mittagessen im Kindergarten)

1.3 Ich habe eine Oma einen Opa
(Altenheimbesuch)

1.6 Heute will ich mal ein anderer sein
(Verkleidungsfest)

1.9 In der Nacht gibt es viele Schatten
(Nachtwanderung/Übernachtung)

1.10 Ich komme in die Schule
(Abschiedsfest)

1.11 Ich habe heute Geburtstag.

3.10 Wir spielen im Freien.
(Hüttenfest)

3.10 WIR SPIELEN IM FREIEN

In diesem Kapitel möchte ich Ihnen Lust machen den Außenbereich des Kindergartens zu verändern. In vielen Kindergärten sieht der Außenbereich recht eintönig aus. Es gibt eine Rutschbahn, eine Wippe, ein Sandkasten und eine Schaukel. Vielleicht gerade noch ein Holzhaus. Das ist aber dann meist schon alles. Den Kindern wird hier recht schnell langweilig, weil sie immer nur das Gleiche spielen können und wenig Möglichkeiten haben, selbst kreativ zu sein.

WEIDENHAUS ODER IGLUZELT AUS LEBENDEN PFLANZEN

Eine gute Alternative zu festen Holzhäusern ist ein Weidenhaus. Wird das Weidenhaus von Anfang an richtig angelegt, wächst es innerhalb eines Jahres so dicht zu, dass es für die Kinder wie ein Igluzelt aus lebenden Pflanzen ist. Es kann direkt nach dem Bau benutzt werden. Das Tolle an diesem Haus ist, es wächst und verändert sich, es kann erweitert werden, man kann nach einigen Jahren darauf herumklettern und es bietet im Sommer Schatten.

Es gibt verschiedene Möglichkeiten ein Weidenhaus zu bauen. Hier die einfachste und billigste Methode:
In einem Kreis werden Stecklinge von Silberweide, Salweide oder Korbweide mindestens zur Hälfte ihrer Länge in die Erde gesteckt. Der Abstand zwischen den einzelnen Stecklingen sollte ca. 20 bis 30 cm betragen. Diese Arbeit muss im zeitigen Frühjahr erledigt werden, bevor die Weiden Blätter treiben.
Wichtig: regelmäßig und ausgiebig wässern.

Der Nachteil dieser Methode ist, dass das Weidenhaus von den Kindern häufig nicht als solches erkannt wird, weil die Stecklinge recht klein sind.
Die Kinder sollten im ersten Jahr diese Anflanzung nicht benutzen.

Wenn die Weiden gewachsen und lang genug sind, werden sie oben zusammengebunden.
Fertig ist das Iglu.

Eine andere Art das Weidenhaus anzulegen, so dass es von Anfang an benutzt werden kann, erfordert mehr Aufwand, kann aber zu jeder Jahreszeit angelegt werden. Dies erfordert beharrliche Helfer oder einen Minibagger.

Bauanleitung
(Illustrationen auf den Seiten 125 bis 128):

Zunächst wird ein Kreis von ca. 3 m Durchmesser ausgesteckt. Entlang der Kreislinie muss ein 50 cm tiefer, 30 cm breiter Graben ausgehoben werden. An der Grabensohle werden im Abstand von 50 cm mit einem Erdbohrer 50 cm tiefe Löcher gebohrt (viele Bauern, Weinbauern, Gärtner und Landschaftsgärtner besitzen Erdbohrer). In diese Löcher werden armdicke Weidenäste gesteckt, die mindestens 5 m lang sind und möglichst wenig verzweigt sein sollten.
Setzen Sie sich mit Ihrem Förster in Verbindung, der kann Ihnen da bestimmt helfen. Die kleineren Zweige werden von unten her entfernt.
Oben wird das obere Ende des Weidenastes mit dem der gegenüberliegenden Seite mit Kokos-Strick zusammen gebunden. Dadurch entsteht das Gerippe des Weidenhauses.
Danach wird ein flexibles Drainagerohr (in jedem Baumarkt erhältlich) an der Außenseite der Weidenäste auf der Grabensohle eingebaut. Die Enden werden mit einem Abzweig aus PVC-Rohr verbunden. In die obere Öffnung des Abzweigs wird ein Stück Drainagerohr bis zur Erdoberfläche hochgezogen. Das ist der spätere Einfüllstutzen zum Bewässern.
Der Aushub des Grabens wird im Verhältnis 3:1 mit Sand vermischt. Danach wird mit dem sandreichen Substrat der Graben verfüllt. Es empfiehlt sich innerhalb des Weidenhauses die obersten 15 cm mit Sand aufzufüllen.
In die Zwischenräume der Weidenäste werden fingerdicke Weidenzweige im Abstand von 5 cm so tief wie möglich gesteckt.

Pflegeanleitung:
Nach dem Bau des Weidenhauses wird als erstes ausgiebig gewässert. In den Einfüllstutzen des Drainagerohres wird mit Hilfe eines Wasserschlauchs Wasser eingefüllt bis das sandreiche Substrat oben deutlich feucht wird.

Dieses Unter-Wasser-setzen sollte je nach Jahreszeit so oft stattfinden, dass das Substrat nie trocken wird (ca. 3 Monate lang). Dadurch werden für die Weiden Verhältnisse wie in einer Fluss-Aue nachgeahmt, was sie mit Sicherheit zur Wurzelbildung und zum Austreiben bringt.
Nach dem Austreiben der Weiden werden die Triebe miteinander verflochten. Die überflüssigen Triebe auf dem Dach des Weidenhauses werden mit einer Heckenschere klein gehalten. Dies bewirkt ein Dichterwerden des Daches und einen vermehrten Austrieb der Seiten. Der Eingang des Weidenhauses muss ebenfalls freigeschnitten werden.
Sind die Wände und das Dach des Hauses dicht zugewachsen, kann man einzelne Weidenruten länger wachsen lassen und damit ein „Vorzelt", einen „Tunnel" oder einen „Speicher" wachsen lassen. Der Fantasie sind keine Grenzen gesetzt!

Wer sich den Bau nicht zutraut (mit Elternhilfe sollte es aber möglich sein!), findet bestimmt einen aufgeschlossenen Landschaftsgärtner, der dies für ca. 1500 bis 2000 DM erledigt.
(Text und Skizzen von der Planungsgruppe Hettinger/Schaub, Dekan-Nöltner-Straße, 77839 Lichtenau)

kiw, viw, taw

SAND-KIESGRUBE

Material:
Schaufeln, Kies

Der Sandkasten im Kindergarten wird erweitert und ein kleiner Kiesbereich angelegt. Das geht recht einfach:

An einer Seite des Sandkastens wird die Sitzumrandung entweder ein Stück entfernt oder Sie bauen aus Holz eine Brücke, über die die Kinder von dem einen in den anderen Teil können. Das Loch für die Kiesgrube sollte ca. 50 cm tief sein. Die Größe richtet sich nach dem Platz, der dafür zur Verfügung steht.
Planen Sie aber nicht zu klein (also nicht unter 1 m Durchmesser). Ist die Grube ausgehoben, (sicher helfen die Kinder gerne beim Ausheben, wenn sie Schaufeln dafür bekommen) wird sie mit Kies gefüllt. Nehmen Sie groben Kies. Diesen erhalten Sie in Baustoffhandlungen oder, wo ein Kieswerk in der Nähe ist, direkt ab Werk.
Nun können die Kinder vom Sand- in den Kiesbereich überwechseln und beides hin- und hertransportieren, Burgen bauen, Sandkuchen backen und verzieren ...
Ab und zu, wenn zuviel Kies im Sandkasten liegt, wird eine Sortieraktion gestartet. Mit Sieben und Rechen wird der Kies aus dem Sand herausgesucht.
Lassen Sie die Kinder im Sand- und Kiesbereich auch mit Wasser arbeiten. Damit richtig gematscht werden kann.

Eine gute Anschaffung für den Außenbereich im Kindergarten sind Kinderbesen. Viele Kinder fegen sehr gerne und sehr ausgiebig. Aus welchem Grund sollten das auch immer nur die Erzieherinnen erledigen?

kiw, taw, viw

WASSERBEREICH MIT SCHWENGELPUMPE

Eine tolle Sache ist ein Wasserbereich, an dem die Kinder mit Wasser spielen können. Hier lohnt es sich für die Kinder eine Schwengelpumpe zu installieren, denn bei einer solchen muss erst kräftig gepumpt werden, bis das Wasser läuft (diese Installationsarbeit sollte allerdings eine Landschaftsgärtnerei oder eine Baufirma ausführen).

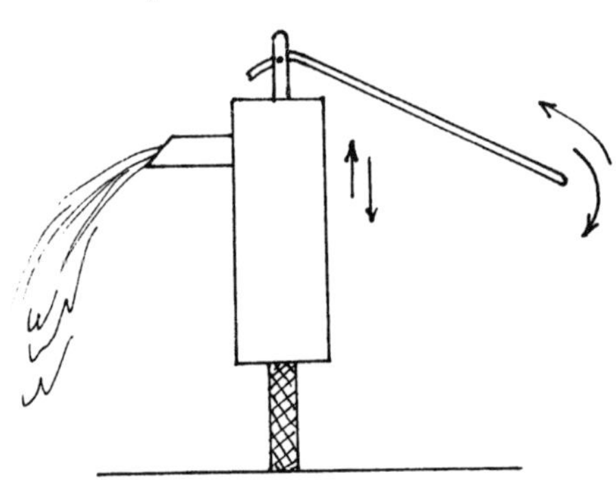

Das gepumpte Wasser läuft von der Pumpe in ein Auffangbecken. Das Auffangbecken sollte mit einem Stöpsel versehen sein.
Wer Platz hat, kann nach dem ersten Becken ein zweites installieren. In vielen Katalogen für den Kindergarten- und Schulbedarf gibt es solche Becken zu kaufen.
Der Untergrund unter dem Wasserbereich muss was-

serdurchlässig sein (unten Kies, darauf Sand). Das Wasser muss mit Hilfe eines Drainagerohres in die Kanalisation abgeführt werden.

Lesen Sie hierzu auch:
Kapitel
2.4 In unserem Garten gibt es viel zu tun

3.2 Das Leben auf dem Bauernhof
(Wir bauen Mais an)

3.7 Dort drüben wird gebaut
(Bauplatz im Kindergarten)

vew, taw, kiw

SCHMIERSEIFENRUTSCHE

Material:
Schmierseife oder Neutralseife, ein langes Stück Plastikfolie (Breite ca. 1,5 m Länge richtet sich nach Ihrem Platz, je länger desto besser), erhältlich in den meisten Bau und Heimwerkermärkten.

Die Plastikfolie wird auf Grasboden ausgebreitet und mit Wasser befeuchtet. Darauf wird die Schmierseife mit Schrubbern verteilt. Jeder zieht sich eine Badehose an. Nun kann's losgehen. Die Kinder können vorsichtig darübergehen, mit Anlauf draufspringen und darüberrutschen, auf allen Vieren darübergehen ... Zum Schluss wird die Folie wieder abgespritzt und dann getrocknet. Sie ist vielfach wieder verwendbar.

vew, kiw

ROLLBRETTER IM FREIEN

Rollbretter sind ein ideales Fortbewegungsmittel, auch im Freien. Allerdings sollte der Untergrund einigermaßen eben sein (Pflastersteine oder Asphalt). Man kann damit die verschiedensten Dinge transportieren, Eisenbahn, Straßenverkehr, Krankenwagen ... spielen. Im Gegensatz zu vielen anderen Fahrzeugen sind sie auch recht billig. Mehr zu diesem Thema finden Sie auf Seite 90 unter dem Stichwort Rollbretter.

vew

HÄNGEMATTE

Auch draußen kann eine Hängematte angebracht werden. Sie brauchen dazu 2 feste Gegenstände, an denen die Hängematte befestigt werden kann (Baum, Hauswand ...). Sie kann aber auch an einem Baum, der stabile Äste hat oder an einer festen Stange oben befestigt werden (siehe das Bild Hängematte im Gruppenraum Seite 118). Der Untergrund sollte nicht zu hart sein. Am besten wäre Sand oder Gras.
Kaufen Sie eine Netzhängematte, weil diese schneller trocknet und nicht immer der ganze Sand darin liegt.

kiw, viw

HOLZKISTEN ZUM BAUEN VON KAUFLÄDEN...

Versuchen Sie in Gemüseläden, Supermärkten oder Obstgroßmarkthallen Obstkisten zu bekommen. Mit diesen Kisten können die Kinder ganz tolle Kaufläden, Eisenbahnen, Häuser ... bauen.
Auch einige Bretter können zum Bauen gut gebraucht werden. Bretter können Sie in vielen Schreinereien erhalten. Sie müssen dann noch abgeschmirgelt und gewachst werden. Diese Arbeit werden die Kinder gerne übernehmen.

SPIELE FÜR DRAUßEN

Für draußen gibt es unzählige Spiele, die von den Kindern ganz gerne gespielt werden und die sie nach kurzer Zeit auch ganz selbstständig spielen können.
Hier einige Beispiele:

viw, kiw

Fangen

Dieses Spiel gibt es in verschiedenen Varianten. Sicher kennen Sie aus Ihrer eigenen Kindheit auch noch andere Varianten wie zum Beispiel Fangen, Fangen mit

Ich glaube nicht, dass ich das hier näher beschreiben muss. Fast jedes Kind kennt sie.
Lesen Sie hierzu auch auf Seite 29 Sanitäter fangen.

kiw

Fischer, wie tief ist das Wasser?

Aus mehreren Kindern wird ein Kind ausgezählt, dieses ist der Fischer. Es stellt sich an eine Wand oder an ein Tor. In einigen Metern Entfernung stehen alle anderen Mitspieler gegenüber. Sie rufen: „Fischer wie tief ist das Wasser?" Worauf der Fischer antwortet: „ ... m tief." Darauf die Mitspieler: „Und wie kommen wir hinüber?" Darauf antwortet der Fischer: „Zu Fuß, schwimmend, auf allen Vieren, im Seitgalopp, auf einem Bein hüpfend ..." Nun versuchen die Mitspieler so schnell wie möglich in der geforderten Bewegungsart auf die andere Seite zum Fischer zu kommen. Dieser kommt ihnen auch in dieser Bewegungsart entgegen und versucht dabei Mitspieler zu fangen. Wer gefangen ist, wird in dieser Runde Hilfs-Fischer.
Wenn alle Spieler gefangen sind, beginnt das Spiel von neuem. Der neue Fischer ist das Kind, welches als letztes gefangen wurde.

kiw, viw

Wer hat Angst vorm großen Bär?

Wie oben stehen sich ein Kind (großer Bär) und mehrere Mitspieler gegenüber. Der große Bär ruft den anderen zu: „Wer hat Angst vorm großen Bär?" Worauf alle antworten: „Niemand!". Der große Bär fragt dann: „Und wenn er kommt?" Darauf antworten die Kinder: „Dann rennen wir!" Nun geht es los. Die Mitspieler rennen los und der große Bär versucht sie zu fangen. Wer gefangen ist, geht mit zum großen Bär. Das Spiel wird solange weitergespielt, bis alle gefangen sind.
Das Spiel neu beginnen darf das Kind, welches als letztes gefangen wurde.

auw, viw kiw, taw

Fußzähler

Alle Mitspieler stehen in einer Reihe an einer Wand. Die Füße stehen ein Stück von der Wand weg. Ein Kind ist der Fußzähler. Er stellt sich vor seine Mitspieler und zählt immer bis auf 10. Bei jeder Zahl tritt er jedem Mitspieler leicht auf jeden Fuß und dies der Reihe nach. Der Fuß, welcher bei der Zahl 10 getroffen wird, muss dann ganz zurück an die Wand gestellt werden. Es wird so lange gezählt, bis nur noch ein letzter Fuß vorne steht. Das Kind, welchem dieser Fuß gehört, darf dann hervorkommen. Es stellt sich dem Fußzähler gegenüber. Nun treten die Mitspieler einzeln, einer nach dem anderen hervor. Das Kind und stellt sich zwischen die beiden, die sich an den Händen halten. Während die beiden das Kind in der Mitte mit den Armen schaukeln, sagen sie: „Lach nicht, schmoll nicht, zeig uns deine weißen Zähne nicht." Nun zeigen sie mit dem Finger nach oben, unten, rechts und links und sagen dabei jeweils passend: „Schau nach oben!" „Schau nach unten", „Schau nach rechts", „Schau nach links". Das Kind, welches in der Mitte steht, befolgt die Befehle der beiden, möglichst ohne zu lachen.
Nun halten sich beide wieder an den Händen. Hat ein Kind während dieser Zeit gelacht, so wird es hin- und hergeschaukelt mit den Worten: „Hinaus, hinaus du Lachmaus."
Danach wird es mit einem Klaps auf den Po aus der Mitte leicht hinausgeschubst. Bei Kindern, die nicht gelacht haben, heißt das Sprüchlein: „Hervor, hervor du darfst durch das Tor." Danach heben die beiden Kinder ihre Arme auf einer Seite hoch und lassen das Kind hinausgehen – und das nächste kommt dran.

auw, taw

Abzählverse

Eine kleine Mickymaus,
zieht sich mal die Hosen aus,
zieht sie wieder an
und du bist dran.

Eins, zwei, drei, vier, fünf, sechs, sieben,
eine alte Frau kocht Rüben,
eine alte Frau kocht Speck,
und du bist weg!

Eins, zwei, drei,
du bist frei.

Ene, bene, subtrahene,
divi, davi, domino,
Eck, Speck, Dreck,
und du musst weg!

Symbolische Plandarstellung

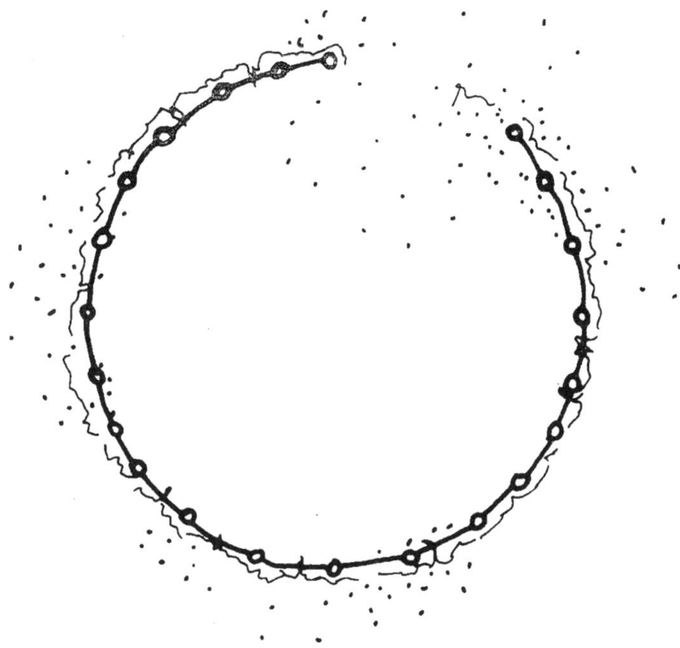

Weidenhaus in Rasenfläche/Wiese

M: 1 : 50

Draufsicht

M 1 : 20

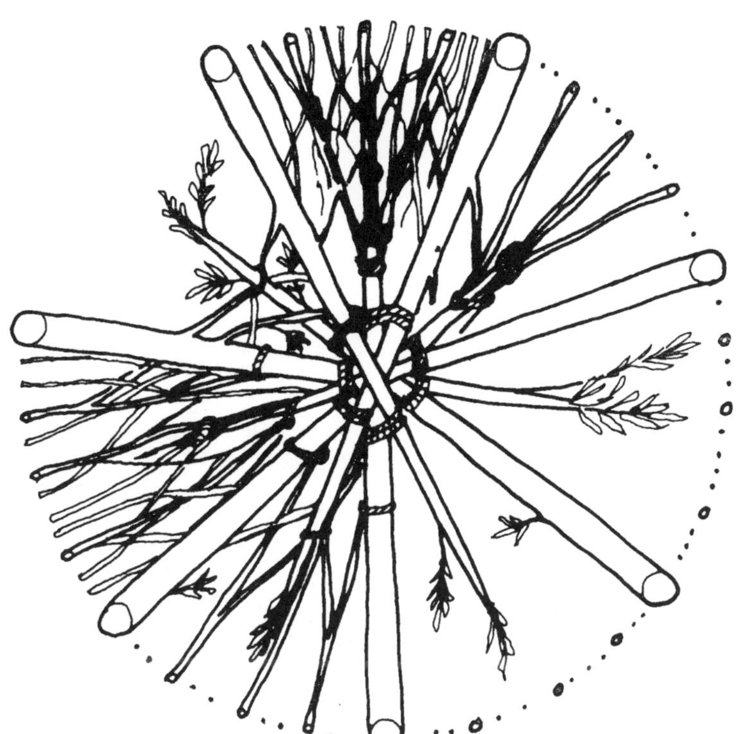

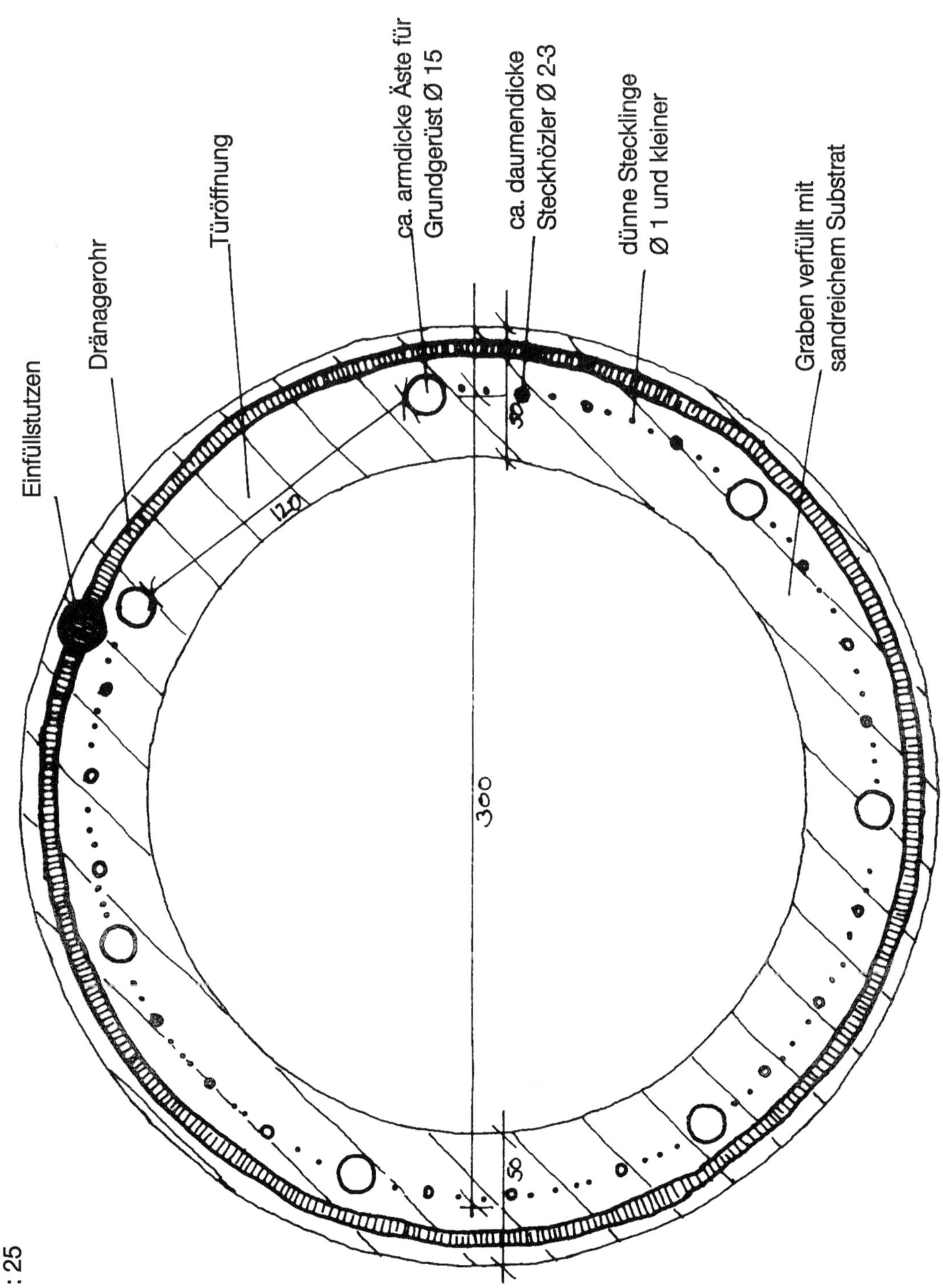

Grundriss

M 1 : 25

Querschnitt

M 1 : 25

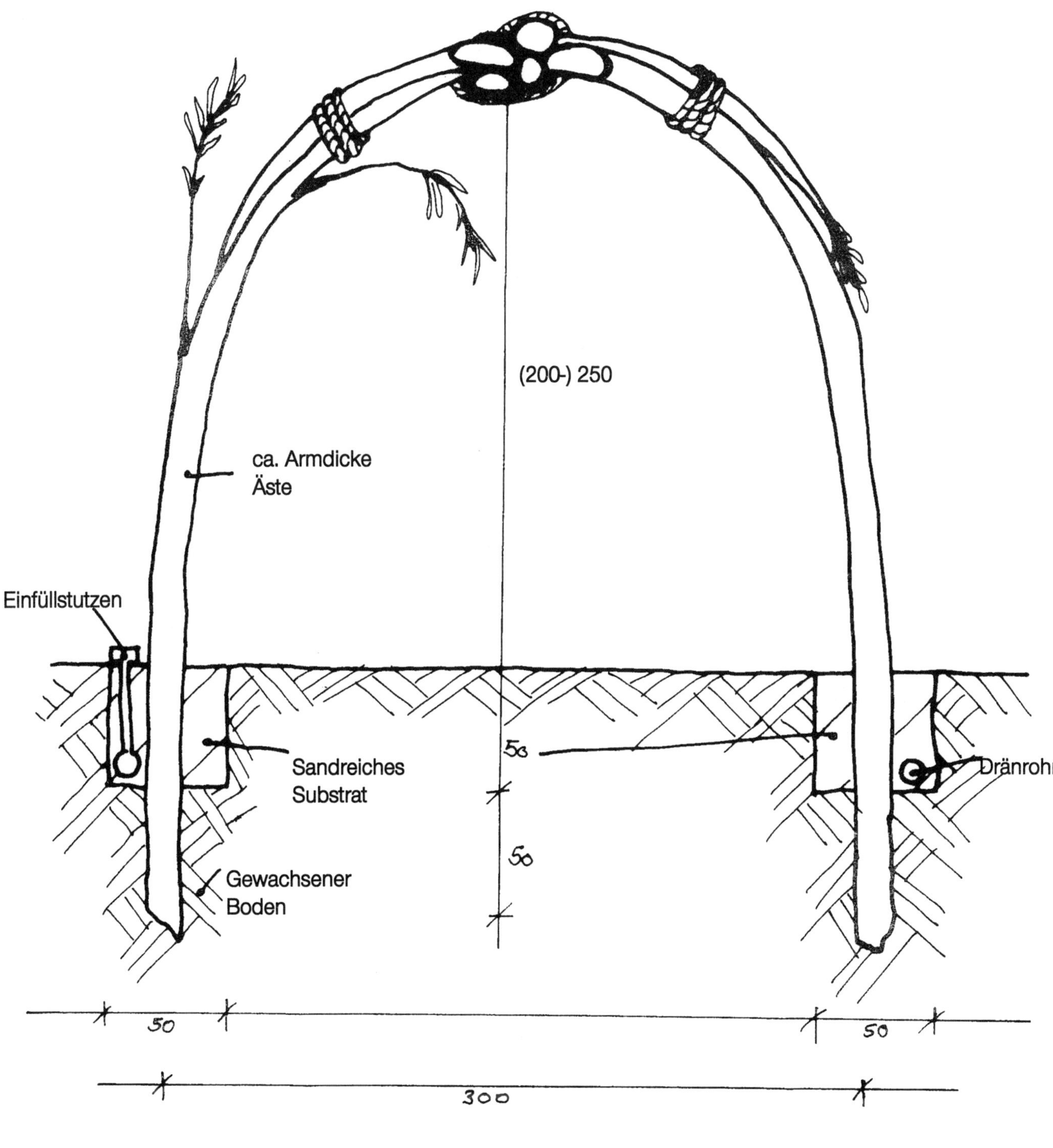

Ansicht nach ca. einem Jahr

LITERATURHINWEISE

Behrends, Deseniß, Häring, Kowalczyk:
Liebe Eltern. 41 Elternbriefe zu 71 wichtigen Themen von der Einschulung bis zum Zeugnis.
AOL-Verlag, Bestell-Nr. A341.

D. Borchers + E. Rüger:
Die Zwergen-Olympiaden. Jeweils 40 tolle Spielstationen für draußen und drinnen.
AOL-Verlag, Bestell-Nr. A522 für draußen und Bestell-Nr. A523 für drinnen.

Petra Brandt, Peter Thiesen:
Umwelt spielend entdecken.
Ein Arbeitsbuch für Kindergarten, Hort und Grundschule. Beltz praxis.

Feiner, Niederle, Michelic:
Kinder erleben ihre Umwelt.
Modelle und Methoden zur Umwelterziehung im Vorschulalter. Österreichischer Bundesverlag Wien.

Hildegard van der Gieth:
mit Kindern. Der etwas andere Planer für Kindergarten, Grundschule, Hort und Eltern.
AOL-Verlag, Bestell-Nr. A556.

Helga Grimm:
ABC mit allen Sinnen. Komm mit in unsere bunte Welt. AOL-Verlag, Bestell-Nr. A344.

Helga Grimm:
... und weiter geht's mit allen Sinnen 1.
Miteinander leben, lernen, lachen.
AOL-Verlag, Bestell-Nr. A345.

Helga Grimm:
... und weiter geht's mit allen Sinnen 2.
Pflanzen, Tiere, Welt entdecken.
AOL-Verlag, Bestell-Nr. A355.

Helga Grimm:
Reim, Rhythmus und Bewegung – das ABC erleben.
AOL-Verlag, Bestell-Nr. A352.

GU Naturführer Blumen.
Gräfe und Unzer.

Hans-Georg Häring & Walter Kowalczyk:
Das fängt ja gut an! Vom Kindergarten in die Grundschule. AOL-Verlag, Bestell-Nr. A432.

Klaus W. Hoffmann:
So singt und spielt man anderswo.
Ravensburger.

Gerhild Kirschner:
Die Kinder stark machen. Schule als Forum für Kinder.
Aggressionsabbau durch Persönlichkeitsaufbau.
AOL-Verlag, Bestell-Nr. A551.

Renate Klöppel, Sabine Vliex:
Helfen durch Rhythmik.
Verhaltensauffällige Kinder – erkennen, verstehen, richtig behandeln. Herder.

Elke Kohlwey, Edelgard Moers:
Mit offenen Sinnen durch den Wald.
Sinnliche Projekte zu diesem Thema.
AOL-Verlag, Bestell-Nr. A364.

Armin Krenz:
Der „Situationsorientierte Ansatz" im Kindergarten.
Herder.

Dieter Krowatschek & Ulrike Zuzak:
Entspannung in Kindergarten und Grundschule.
Buch + CD. AOL-Verlag, Bestell-Nr. A552.

Renate Mrozek:
Vorschularbeit von A bis Z. Offene Arbeit, hautnahes Lernen, Projekte, eine Chance zur Chancengleichheit.
AOL-Verlag, Bestell-Nr. A525.

Gudrun Schröter:
Toni Taktvoll. Musik mit allen Sinnen.
Elementare und sinnliche Einführung in die Notenlehre für Kinder ab 5 Jahren.
AOL-Verlag, Bestell-Nr. A339.

SCHUBRA (Schulbranchenbuch) erscheint jählich im Februar neu. Mit allen Adressen, die für Kindergarten und Schule wichtig sind. book • byte • vision, Lichtenau. Über AOL-Verlag Bestell-Nr. B005.

Seh-Spiele, Hör-Spiele, Riech- und Schmeck-Spiele, Tast-Spiele. Don Bosco Verlag.

Susanne Stöcklin-Meier:
Natur-Spielzeug. Ravensburger.

Umwelt-Spielekartei. Spielewerkstatt Rhinozeros. Ökotopia Verlag.

Was blüht denn da?
Kosmos.

Was dir die Erde sagt. Praxisvorschläge zur Umwelterziehung im Vorschulalter. Oikos.

Gisela Walter:
Erde, Luft, Wasser. Die Elemente im Kindergartenalltag. Herder.

G. Wunderlich, G. Marquardt:
Das kleine Geburtstagsbuch. Spiel, Sport, Spaß und Spannung in Kindergarten, Hort, Schule, Verein und zu Hause!
AOL-Verlag, Bestell-Nr. A378.

G. Wunderlich:
1, 2, 3 mit allen Sinnen. Die Welt der Zahl.
AOL-Verlag, Bestell-Nr. A346.

Kostenlose Materialien rund um den Kindergarten:

Mit allen Sinnen – Kurzprospekt Kindergarten
AOL-Verlag, Bestell-Nr. A466.
Infoblatt Entspannen und Konzentrieren
AOL-Verlag, Bestell-Nr. F105.
Kindergarten-Curriculum
AOL-Verlag, Bestell-Nr. A468.

Liebe Kollegin, lieber Kollege, liebe Eltern,

es waren einmal 9 Länder, die fühlten sich sehr allein und hilflos.
Wie wäre es, fragten die kleineren Länder eines der größeren und stärkeren Länder, wenn wir uns zusammenschließen würden? Gemeinsam sind wir stark.
Und so geschah es.

Damals merkten die Länder, dass eines der wichtigsten Güter die Kinder ihrer Untertanen sind. Ihnen sollte es daher einmal besser gehen als den Alten. Sie sollten Kindergärten und Grundschulen bekommen, in denen das Leben und Lernen mit allen Sinnen möglich, in denen Platz für alle sei, egal ob klug oder einfältig, schwarz oder weiß, katholisch oder gar nichts.

Und ziemlich bald, im Jahr 1977, beschloss das oberste Gremium aller Länder, der sogenannte Rat, folgende Regelung in seiner altmodischen Amtssprache:

Der Rat empfiehlt, dass die Mitgliedsstaaten

1. der Schaffung einer Situation hohe Priorität zukommen lassen, in der Vorschulerziehung allen Kindern für wenigstens zwei Jahre vor dem offiziellen Schulstart angeboten werden kann;
2. sich als Ziel setzen sollten, die vorschulische Erziehung ohne Bezahlung durch die Familien bereitzustellen;
3. alle zur Verfügung stehenden Mittel explorieren, um die Eltern davon zu überzeugen, wenigstens ein Jahr vorschulische Erziehung für ihre Kinder in Anspruch zu nehmen, indem sie z. B. die Pflichtregistration aller Kinder, welche für die vorschulische Erziehung in Frage kommen, in Betracht ziehen, ohne notwendigerweise einen Besuch zur Pflicht zu machen;
4. planen sollten, die vorschulische Grundschulerziehung unter das gleiche Ministerium zu bringen, so dass beide Ebenen Teil des gleichen kontinuierlichen Erziehungsprozesses sind, oder, wo sich dies als unmöglich herausstellt, einen Dienst einrichten, der für die Koordination der Arbeit aller Einrichtungen und Institutionen, die mit dem Vorschulbereich zu tun haben, zuständig ist;
5. versuchen, ein gemeinsames Curriculum zu erstellen, das sich durch die Vorschul- und die ersten Grundschuljahre hindurchzieht;
6. in der ersten Phase Möglichkeiten aufzeigen, dass das Kind sich kennenlernt, dass es seine ganze Persönlichkeit entwickeln kann, dass es sich über sein Potential klar wird und dass es die Fertigkeiten, die diesem Entwicklungsstadium angemessen sind, beherrscht;
7. dem Kind in der zweiten Phase Möglichkeiten aufzeigen, die grundlegenden Lernfähigkeiten, die bereits teilweise erworben worden sind, zu festigen;
8. unter Berücksichtigung ihrer eigenen nationalen Situation folgendes definieren:
   a) eine flexible und anpassungsfähige Reifeschwelle, die alle Kinder, die die erste Phase durchlaufen haben, normalerweise erreicht haben werden, bevor sie mit dem organisierten schulischen Lernen beginnen;
   b) ein Gesamt an Wissen und Fähigkeiten, das die Kinder normalerweise beherrschen sollten, bevor sie in die zweite Phase eintreten;
9. Lehrer ermutigen, den verschiedenen Möglichkeiten das Lernen zu fördern, Rechnung zu tragen, z. B. durch Erfahrung, durch Spiel und Exploration, durch selbstgewählte Aktivitäten, durch individualisiertes Lernen und durch Arbeit in Gruppen, die für die verschiedenen Zwecke verschieden zusammengesetzt sind;
10. sicherstellen, dass neue Schulgebäude so konzipiert werden, dass sie für die verschiedenen Lehr- und Lernwege geeignet sind;
11. die Erstellung von Lehrmaterialien zu fördern, die dazu konzipiert sind, die oben genannten Lernwege zu erleichtern;
12. Wege untersuchen, um die Bemühungen der verschiedenen sozialen Wohlfahrtsorganisationen zu koordinieren mit den Bemühungen der Schule und des Zuhauses, und dies in einem partnerschaftlichen Verhältnis mit gegenseitigem Respekt;
13. regelmäßigen Kontakt zwischen Eltern und Schulen auf einer Basis von offener Freundschaft unterstützen, und das durch die ganzen Jahre der vorschulischen und grundschulischen Erziehung ihrer Kinder;
14. Wege aufzeigen, um Eltern und die Öffentlichkeit über Erziehung im Allgemeinen und ihre lokalen Schulen im Besonderen zu informieren, ob nun durch Radio, Fernsehen, Presse, lokale Mitteilungen oder Treffen von Eltern und der Öffentlichkeit;
15. Wege entwickeln, um die Eltern aktiv in die Erziehung ihrer Kinder einzubeziehen;
16. Eltern, Lehrer, Psychologen, Pädiater, Sozialarbeiter und andere Erwachsene zu ermutigen, die Rollen der anderen zu schätzen, zu verstehen und mit

ihnen zu kooperieren, während sie gleichzeitig versuchen ihre eigene spezielle Rolle auszufüllen;
17. Erziehungsprogramme für gegenwärtige und potentielle Eltern fördern, in denen es um die kindliche Entwicklung und soziale Interaktionen geht, beginnend mit den späteren Jahren ihres Besuchs als Schüler von weiterführenden Schulen;
18. versuchen, die Koordination der Bemühungen dieser verschiedenen Erwachsenen einer Institution oder einer Person zu übertragen (ob das nun ein Klassenlehrer, ein Inspektor, ein Verwalter oder ein Berater ist), die fähig ist, alle Beteiligten zu inspirieren, und die fähig ist, alle Versuche, die Schule und die Kinder zu unterstützen, zu leiten.

Als das die Länder lasen, da freuten sie sich und gingen daran diese 18 Regeln zu verwirklichen, ein jegliches nach seiner Art.
Auch die Bundesrepublik Deutschland ging hin und ging und ging und ging und geht noch heute.

Doch siehe da, eines Tages drang die Kunde von den 18 Punkten auch hinter die 7 Berge bis zu den 7 AOL-Zwergen nach Lichtenau.
Hier im kleinen Dorf Scherzheim saßen Traudel, Marianne 1 und Marianne 2 vor ihren kleinen Computern und schrieben mit ihren kleinen Fingern die dicken Berge von Manuskripten ab, die ihnen fleißige Erzieherinnen und Lehrerinnen aus dem ganzen Land geschickt und die Hertha und Frohmut korrigiert hatten.
Waren die Bücher dann fertig, wurden sie von Anita 1 („Schäffi") und Anita 2 (Schmitti) liebevoll in Seidenpapier gewickelt und in eine Schachtel gelegt und von einem großen gelben Auto abgeholt.
Als die 7 AOL-Zwerge dann die 18 Punkte lasen, da erstaunten sie, sahen sich an und riefen: Aber das machen wir doch schon die ganze Zeit so!
Und dann schickten sie dem Europarat ihr Kindergartencurriculum, das sie in vielen Stunden mit vielen fleißigen Erzieherinnen und Lehrerinnen erarbeitet hatten.
Und warteten auf eine Antwort. Und wenn sie nicht gestorben sind, dann warten sie noch heute.

Ja, Ihr lieben Kolleginnen und Kollegen in Kindergarten und in der Grundschule, so ist das nun mal im Leben: die schönsten Märchen schreibt uns immer noch die Wirklichkeit.
Noch immer haben unsere Kinder und Enkel keinen verwirklichten Anspruch auf einen Kindergartenplatz und noch immer wird am falschen Platz gespart:
bei der Bildung unserer Kinder.

Selbst in die Hand nehmen!
Da bleibt uns dann wohl nichts anderes mehr übrig, als dass wir uns einfach nach den Empfehlungen des Europarates richten und ab sofort die Zusammenarbeit zwischen Kindergarten und Grundschule selbst in die Hand nehmen.

Eine wichtige Grundlage für die Zusammenarbeit ist dieses Buch. Denn viele der hier beschriebenen Ideen und Projekte lassen sich ebenso gut in der Grundschule wie im Kindergarten verwirklichen.
Ein weiterer Baustein ist unser Kalender/Planer **mit Kindern**. Er richtet sich an alle Erzieher/innen und Grundschullehrer/innen und wird von Hildegard van der Gieth aus Kempen herausgegeben. Er gibt durch seine ausgefeilten Beobachtungsbögen unseren Kindern die Chance, dass ihre Begabungen und ihre Schwächen möglichst früh erkannt, ihre starken Seiten weiter gestärkt und ihre schwachen Seiten behutsam gefördert werden.

Für uns vom AOL-Verlag ist das **Lernen mit allen Sinnen** keine Floskel, die wir uns an das Hemd nähen, um Ihnen unsere Bücher zu verkaufen. Wir nehmen das wirklich ernst. Das werden Sie spätestens dann merken, wenn Sie einmal unser SCHWARZES BUCH in die Hand nehmen (Nr. A444) oder einen Blick in die Sinnen-Bände für die Grundschule werfen.
Wenn wir Ihre Zeit noch etwas in Anspruch nehmen dürfen, dann stellen wir Ihnen jetzt einige Auszüge aus unserem **Kindergartencurriculum** (Kigacu) vor, auf dessen Grundlage alle unsere Materialien für den Kindergarten und die ersten Grundschuljahre erarbeitet sind.

Die nachfolgenden Ausführungen stammen (gekürzt) aus dem Kigacu des AOL-Verlags:

Die **Grund-Orientierung** unserer Kindergarten-Materialien folgt dem situativen Ansatz: Erzieher/innen beobachten Kinder und greifen die Anregungen auf, die von ihnen kommen. Je nach Thema kann sich dieses auch zu einem mehrwöchigen Projekt ausweiten. Da wir als einzelne Komponenten des Kigacu aber auch einen Stoffverteilungsplan (diesen hier) und einen Kalender/Planer anbieten (oben erwähnt), siedeln wir einen Teil der Themen bei den natürlichen und gesetzten jahreszeitlichen Abläufen und Ereignissen an, bei denen sie am ehesten gesucht und gefunden werden.

Zum Sinn unseres Curriculums:
Wir versuchen, Materialien für den Kindergarten, die

Vorschule und den Grundschulbereich zu erstellen, die den Kindern eine möglichst breite Grundlage bieten für die Entfaltung und Förderung aller Sinne für die Teilnahme am Leben.

Zwar kommen die Kinder erst zu einem Zeitpunkt in den Kindergarten, in dem wichtige Vorentscheidungen für ihre köperliche und geistige Entwicklung schon gefallen sind, doch sind sie immer noch in einem Entwicklungsstadium, in dem Mängel leichter als in der Grundschule berücksichtigt, zum Teil behoben und gute Anlagen besonders gefördert werden können. Dies gilt in abgeschwächter Form natürlich auch für die Grundschule im Vergleich zur weiterführenden Schule. Bei allen Materialien muss dabei die **veränderte Kindheit** berücksichtigt werden: Zerfall der traditionellen Familienstrukturen, Einzelkinderdasein, eine extreme Zunahme einseitiger Kommunikation durch Fernsehen und Video, Förderung passiver Auseinandersetzung mit der Umwelt **(„Das Schwinden der Sinne")**. Ebenso die Zunahme **neuer Formen des Zusammenlebens** (auf Zeit) und **neue Formen technischer Kommunikation** (Telefon, Fax, Computer). Diese führen dazu, dass im Kindergarten andere Anforderungen an die Arbeit der Erzieher/innen gestellt werden.

Unser Ziel ist die umfassende Förderung der uns anvertrauten Kinder: **Mit allen Sinnen** – das ist der Anspruch, dem wir uns stellen wollen.

Im Einzelnen:

A. Bei allen Materialien sollen die Sinne der Kinder möglichst differenziert und vielseitig angesprochen werden. Dieses Lernen mit allen Sinnen (die „sensorische Integration") soll sich möglichst konkret in allen Bausteinen wiederfinden (Lernen ist hier grundlegend verstanden als Auseinandersetzung des Individuums mit seiner Mitwelt: Das beginnt beim Erfassen von Farben, Düften, Tönen, Formen, Bewegungen, Oberflächen und endet noch nicht im Diskurs).

   Besonders ist darauf zu achen, dass – wo immer es möglich ist – alle die Bereiche einbezogen werden, die unter Punkt 5 des Kigacu angesprochen werden.

   Punkt 5 ist wie eine Art Checkliste an alle Veröffentlichungen anzulegen.

B. Alle Materialien sollten so weit wie möglich dieselben Symbole verwenden für Lehrer/innenhinweise, schriftliche und mündliche Aufgaben, Gruppenarbeit etc. Hierbei ist die Zahl der Symbole möglichst niedrig zu halten. Die Art der Symbole soll leicht zu identifizieren sein.

C. Alle Materialien sollen so weit wie möglich die anderen Materialien miteinbeziehen und jeweils darauf verweisen. Die Materialien sollen untereinander vernetzt werden, die Themen in vielfältiger und differenzierter Form immer wieder aufgreifen und den Kindern je nach ihren Fähigkeiten unterschiedliche Weisen des Zugangs öffnen.

D. Alle Materialien für Erzieher/innen und Lehrer/innen sollen einen kommentierten Literaturteil erhalten. Das heißt, es sollen – möglichst exakt und zuordnungsfähig – zwischen 3 und 15 Titel so besprochen werden, dass deren Hauptzweck erkennbar wird. Schlechte Bücher werden nicht rezensiert – bis auf wenige Ausnahmen (wenn es beispielsweise ein ganz bekanntes Werk ist, das aber nichts taugt und vor dem man warnen will).

Begriffsbildung und Aneignen geistiger Handlungen (zentrale Überlegungen):

Das Wahrnehmen mit den Sinnen ist der erste Schritt zur Auseinandersetzung des menschlichen Wesens mit der Umwelt. Damit ist aber Wirklichkeit noch nicht begriffen. Dies beginnt mit dem Wahrnehmen von bestimmten Strukturen und Ritualen, die dem Kind die Orientierung geben und erste Zeitbegriffe vermitteln: Hell und Dunkel, Hunger und Essen, Durst und Trinken, Müdigkeit und Schlaf, Lachen und gekrabbelt werden – alles das trifft auf ein sehr offenes, alles aufsaugendes Gehirn, das alle Sinneseindrücke, die Ohr, Auge, Mund, Herz, Hand und Fuß übermitteln, aufnimmt, daraus Strukturen bildet und diese ständig an neue Strukturen adaptiert.

Es geht uns zunächst um das Erkennen der Wirklichkeit durch sinnliche Auseinandersetzung mit der Umwelt, dann um die Konkretisierung und zugleich Verallgemeinerung sinnlicher Erfahrung und schließlich um das Erkennen von Strukturen.

Auf diese Reihenfolge, die sich auf immer anderen Ebenen wiederholt und zugleich auf diese Ebenen wieder einwirkt (auch auf die Art und Weise, wie unsere Sinne die Wirklichkeit wahrnehmen), sollen unsere Materialien Rücksicht nehmen.

Die Kinder sollen in die Lage versetzt werden, ihre Sinneseindrücke zu ordnen und in einen Zusammenhang bringen zu können und so nach und nach die Welt zu erobern, sie zu be-greifen und sich in dieser Welt zu verorten, den Raum und den Körper in eine Beziehung zueinander zu bringen, Nähe und Ferne, Gegenwart und Vergangenheit sinnlich zu erfahren und eine Ahnung davon zu bekommen, dass es auch etwas gibt, das vor uns liegt, das zukünftig ist.

Viele der Eigenschaften und Fähigkeiten, die in der Grundschule Voraussetzung sein sollten, werden in der bewussten Teilnahme am Leben erworben - und das ist nur dort möglich, wo das Erfahren der Welt sinnlich stattfindet. Fehlen diese Möglichkeiten, fehlen oft die Voraussetzungen für die Teilnahme an den elementaren sekundären und abstrakten Lernprozessen, die in den ersten beiden Jahren der Grundschule angeboten werden.

Aber gerade im wichtigen Vorschulzeitalter hat in den letzten Jahrzehnten eine schleichende Entsinnlichung stattgefunden. Einige anschauliche Beispiele aus den Diskussionen mit Kolleginnen und Kollegen sollen dies verdeutlichen (und hier sind wir für weitere Hinweise und Beispiele sehr dankbar):

- Den Frühstückstisch deckt eilig die berufstätige, häufig alleinerziehende Mutter. Kein Kind muss 3, 4 oder 5 Brettchen abzählen und hinstellen.
- Die Oma bringt für jeden Enkel eine Tafel Schokolade mit (und niemand muss mehr „teilen" (lernen)).
- Bei den alten Telefonen mit der Wählscheibe entwickelte das Kind ein Gefühl dafür, dass eine höhere oder größere Zahl auch mehr Zeit braucht, weil die 8 eben länger dauert als die 2 (deswegen werden in vielen Kindergärten die alten Telefonapparate im Spiel eingesetzt).
- Wenn Gabi früher vier Kartoffeln auf dem Acker in ein Pflanzloch stecken musste, dann lernte sie schnell zählen, rechnen und schätzen.
- Für Helmut, dessen Vater Schneider war, hörte die Welt der Zahl bei 150 (so lang war nämlich das Maßband des Vaters)
- Und Ina lernte bei der Tante mit dem kleinen Friseurladen zählen, ordnen und messen, als sie die Lockenwickler nach Art und Größe ordnen musste.

So machten sie alle Erfahrungen mit der Welt der Zahl, mit Mengen und Größen, die den meisten unserer Kinder heute verborgen bleiben.

Sinnliches Lernen wird heute durch Video und Gameboy ersetzt. Und in der Schule kreisen die Kinder aus einer Menge von Bildern die ein, die gleich sind.

Das nur empfangende Wahrnehmen, das ohne aktive Teilnahme abläuft (Fernsehen, Film) und den Kindern die Geschwindigkeit und die Reize in der dem Medium eigenen Art und Weise überstülpt, hindert die Kinder daran, ihre eigenen Geschwindigkeiten beim Erfassen der Welt und beim Ausbilden der Sinne zu entfalten.

Wie die Gehirnforschung festgestellt hat, produziert der menschliche Embryo in der Zeit kurz vor der Geburt eine unglaubliche Menge scheinbar überflüssiger Nervenzellen im Gehirn. Vom Zeitpunkt der Geburt an sterben diese Zellen ab.

Man muss sich das klar machen: Zwischen 30 und 50 Prozent der Nervenzellen des Gehirns verschwinden in den Tagen, Wochen und Monaten nach der Geburt. Das halbe Gehirn stirbt in der Zeit, in der zugleich die wichtigsten Strukturen für die Menschwerdung des menschlichen Säuglings geschaffen werden.

Die Wissenschaftler vermuten, dass das Gehirn ein Angebot des Säuglings an seine Umwelt darstellt in einer Breite, die von der Umwelt gar nicht ausgefüllt werden kann (weil es vermutlich keine Umwelt gibt, die alle möglichen Reize in allen möglichen Variationen bietet). Man darf aber vermuten, dass die einfache Schlussfolgerung zutrifft, dass das Gehirn sich umso mehr ausbilden kann, je mehr natürliche Reize (also die Reize, denen wir Lebewesen ausgesetzt waren und teilweise noch sind, seit es Leben auf dem Planeten gibt) vom Gehirn erfasst und verarbeitet werden.

Natürliche Reize fallen zunehmend weg. Wer friert, zieht sich warm an. Wer Hunger spürt, isst. Wer müde ist, schläft. Extreme Reize finden kaum noch statt.

Körperliche Arbeit, wie sie seit dem Aufkommen der menschlichen Rasse überlebensnotwendig für alle war (von einigen Privilegierten abgesehen), wird heute durch die gigantische Ausbeutung, Verschwendung und Nutzung der natürlichen Ressourcen (Rohstoffe, Energie) weitgehend ersetzt.

Gleichzeitig findet auf fast allen Gebieten eine Bevorzugung der Aktivitäten der linken Gehirnhälfte statt (lesen, rechnen, schreiben, ordnen, analysieren) und eine Benachteiligung der rechten Gehirnhälfte (Verarbeitung von Gefühlen, Tönen, Bewegungen, Fremdsprachen) ... (mehr dazu steht in dem AOL-HosenTaschenBuch Nr. A411: Das kleine Buch vom Lernen).

Die Grundlage für erfolgreiches Lernen ist eine stabile Wahrnehmungsstruktur.

Dies bedeutet: Der Mensch benötigt eine umfassend kommunizierende Gehirnfunktion. Die dafür notwendige Vernetzung („Neuronenbrücken") geschieht am effektivsten über die Stimulationen der drei Basisbereiche der Wahrnehmung, über die taktile, kinästhetische und vestibuläre Wahrnehmung.

Die ständig steigenden Beobachtungen im Zusammenhang mit Wahrnehmungsstörungen, motorischen Defiziten sowie Konzentrationsmängeln von Kindern verlangen ein **Lernen mit dem ganzen Körper.** Neben dem Lernen mit Auge und Ohr hat besonders das körperliche Lernen, das Lernen mit Bewegung, Bedeu-

tung. Wichtig ist die Rhythmisierung des Tages und der Woche und die Schaffung von Bewegungsangeboten und -möglichkeiten.
Lernen auf der Grundlage von mehr Bewegung, Lernen mit allen Sinnen, muss Kardinalprinzip nicht nur in Kindergarten und Grundschule sein. Frustrationen und Aggressionen in Verbindung mit einem mangelnden Selbstwertgefühl der Kinder und Jugendlichen sind auch eine Folge der Nichtbeachtung und der mangelnden Wertschätzung ihrer an Bewegung orientierten Lernfähigkeit.

Im Sich-Bewegen können Kinder ihre Welt erkunden (explorative Bedeutung) • **gestalten** (produktive Bedeutung) • **sich dabei verständigen** (kommunikative Bedeutung) • **vergleichen** (komparative Bedeutung) • **und sich selbst erfahren, indem sie sich ausdrücken** (expressive Bedeutung) • **anstrengen und sich spüren** (adaptive Bedeutung).

Was sollte in der „bewegten Umgebung" geschehen?
Hier einige thesenartige Prinzipien am Beispiel einer Grundschule:
- offener Unterrichtsbeginn mit einem Zeitziel
- differenzierter Unterricht mit selbstbestimmten Arbeitsformen
- Lernen an Stationen, auch außerhalb des Klassenraums
- projektorientiertes Lernen
- Zeit lassen sich individuell in ein Thema zu vertiefen
- Pausen als Bewegungspausen mit vielfältigen Angeboten
- tägliche Bewegungszeiten mit vorbereiteten Bewegungsimpulsen. Zum Beispiel: balancieren, Raumerfahrungsübungen, Koordinationsübungen, Pedalo fahren, Stelzenlauf, Trimilin-Springen ...
- regelmäßiges Lauftraining in allmählich sich steigerndem Zeitumfang (3-mal wöchentlich, beginnend mit 5 Minuten)
- Förderunterricht „in Bewegung", unter bewusster Einbeziehung aller Sinne
- Sportunterricht als Bewegungsunterricht
- aktives Sitzen (variables Sitzen: Stühle – auch mal rittlings, die Arme auf die Rückenlehne gestützt – Sitzbälle, Quader, Würfel

All dies soll unser Curriculum mitbedenken und bei der Erstellung von Materialien beachten:
Wir lernen am besten, wenn alle Sinne beteiligt sind. Und am gründlichsten lernen wir das, was wir nicht nur mit allen Sinnen wahrnehmen, sondern mit möglichst vielen Sinnen auch selbst ausprobieren und ausführen (denn dann merken wir uns im Durchschnitt 90% – während von dem, was wir nur hören, nur 20% im Gedächtnis bleiben).

5a) Mit allen Sinnen
Auch hier sollen die nachfolgenden Punkte einmal in Form einer Checkliste bei allen Unterrichtsformen und bei allen Aktivitäten herangezogen werden. Zugleich sollen hier aber auch Übungen, Geschichten und sonstige Aktivitäten aufgenommen werden, die den jeweiligen Unterpunkt besonders trainieren.
5.1 Situationsbezogenes Vorgehen (an den Interessen der Kinder ansetzen)
5.2 alle Sinne ansprechen (Bewegen, Sehen, Hören, Sprechen, Fühlen, Schmecken)
5.3 aus sinnlichen Wahrnehmungen Übergänge zum Aufbau von Strukturen schaffen
5.4 soziales und kommunikatives Handeln und Verhalten fördern
5.5 Gesundheitliches Grundwissen und -verhalten aufbauen und fördern.
5.6 Gefühl für Rhythmik und Körperbeherrschung aufbauen
5.7 Übungen zur Stille und Meditation
5.8 projektorientierte und lebensbezogene Vorhaben und Materialien: handelndes Lernen
5.9 im Lernbereich die Gesetze der Ähnlichkeitshemmung beachten (also bei einer Übung z. B. nicht gleichzeitig rechts und links ansprechen) Zu diesem wichtigen Bereich (Ranschburg-Phänomen) gibt es beim AOL-Verlag unter der Nummer F101 ein kostenloses Informationsblatt)

5b) Sozialisation: Gewalt, Rassismus, Solidarität
Erzieher/innen und Lehrer/innen berichten immer häufiger von schweren Formen asozialen Verhaltens. Hemmschwellen scheinen abgebaut zu werden, auch schon im Kindergarten.
Hatte man früher einen Gegner besiegt und wehrte sich dieser nicht mehr, so ließ man von ihm ab – ein auch in der Tierwelt bekanntes Instinktverhalten.

Klaus Hurrelmann: „Es wird weiter zugeschlagen, auch wenn das Opfer schon kampfunfähig am Boden liegt. Es fehlt so etwas wie ein ‚Ehrenkodex' von Gewalt, der die Opfer noch bis vor wenigen Jahren vor allzuschweren Verletzungen schützte."

Die Forschung ist sich weitgehend einig darüber, dass die Zunahme von Gewalt nicht in erster Linie den Bildungseinrichtungen anzulasten ist, sondern Ausdruck

der Veränderungen und der damit verbundenen Zunahme von Gewalt in den Familien ist. Die Ursachen: Langanhaltende elterliche Spannung, besonders im Vorfeld von Trennung/Scheidung; soziale Isolation der Kleinstfamilie, häufig in der Form Alleinerziehende mit Kind; wirtschaftliche Krisensituationen ... Hinzu kommt der Leistungsdruck auf das Kind schon im Kindergarten. Die Kinder werden schon früh auf die Wettkampfbedingungen der Konkurrenzgesellschaft eingeschworen – und erfahren dann ein Versagen als Verletzung ihres Selbstwertgefühls. Hierauf reagieren sie häufig geschlechtsspezifisch:
die Mädchen nervös und die Jungen mit Gewalt.

In den letzten Jahren werden wir immer häufiger von Nachrichten erschreckt, die man früher nicht gehört hat: dass im Rahmen der Wiedervereinigung nicht nur Frauen mit ihren Kindern einfach sitzengelassen wurden, sondern dass auch Paare ihre Kinder zu Hause ließen und sich in den Westen absetzten.
Im August 93 ging die Geschichte einer vorgetäuschten Entführung durch die Presse, als eine Mutter ihr Kind tot trat und der Vater es anschließend in den Mülleimer warf.
Die Zunahme der Gewalt (auch der sexuellen) in den Familien wird von den Kindern nur schlecht verarbeitet und bewältigt.
Sie erfahren in der Regel auch außerhalb der Familie Konfliktlösungen auf der Gewaltebene.
Wer selbst Kinder im kritischen Alter hat, weiß auch um die Wirkungen des exzessiven Fernsehkonsums (in einer 2. Grundschulklasse, in der einer der Autoren des Kigacu im Jahr 1990 unterrichtete, lag der durchschnittliche Fernsehkonsum bei 3,5 Stunden täglich. Nachgewiesen!)

Was können Kindergarten und Schule dem entgegensetzen?
Zuallererst ein gutes Betriebsklima. Erzieher/innen und Lehrer/innen müssen miteinander gut auskommen und sich im Ziel darin einig sein, den Kindern das Gefühl geben zu wollen, in ihrer Individualität geschätzt und angenommen zu sein.
Sie geben den Kindern die Möglichkeit, sich auf unterschiedliche Weise zu bewähren. „Aggressivität ist letzlich immer eine Reaktion eines Menschen darauf, nicht geachtet und nicht gewürdigt zu sein." (Hurrelmann, Grundschulzeitschrift 67/93). Er führt an dieser Stelle weiter aus: „Hier liegt deswegen auch der Schlüssel für die pädagogische Antwort, die wir in den Erziehungs- und Bildungseinrichtungen versuchen müssen.
Weiterhin spielen feste Regeln und Rituale, klare und faire Beurteilungsregeln, deutliche Modelle und Praktiken der Konfliktregulierung und ein überzeugender Täter-Opfer-Ausgleich eine große Rolle. Um die geschlechtsspezifischen Ausgangsbedingungen zu beachten, müssen Jungen und Mädchen zeitweise getrennt und unterschiedlich angesprochen werden."

Die Kinder stark machen – hinter dieser Forderung steht das Konzept, die Kinder auf dem Weg zu sich selbst, zu ihrer eigenen Mitte zu begleiten. Kinder – gerade von Alleinerziehenden (in der Regel Mütter) – suchen Stärke oft außerhalb, in männlichen Bezugspersonen (Hausmeister, Lehrer) und sind anfällig für autoritäre Verhaltensmuster und Denkweisen.
Kinder stark machen heißt daher, möglichst früh die Kinder als eigene Persönlichkeiten anzuerkennen und ihnen die notwendigen Freiräume und die nötigen Grenzen zu gewähren und dabei immer die Persönlichkeit des Kindes zu achten und zu würdigen. Bereits im Kindergarten können Streit-Schlichter-Programme eingeübt, Gefühle geäußert und anerkannt werden.
Ebenso wichtig ist es, unseren Leserinnen und Lesern, also den Lehrer/innen und Erzieher/innen ein positives Selbstbild zu geben, indem wir sie einerseits qualifizieren (durch Workshops unserer Regionalstellen und durch die Reihe Bausteine KulturSozialManagement) aber auch durch solche liebevollen Geschichten wie die von Herrn K.s Lieblingspädagogin (kann unter der Bestellnummer F102 kostenlos beim AOL-Verlag bezogen werden). Diese Unterstützung der Erzieherpersönlichkeit soll auch in unseren Materialien zum Ausdruck kommen – ebenso wie Angebote, die die Ansätze zur Gewalt und zum Rassismus möglichst früh und möglichst mit allen Sinnen angehen – und wenigstens auf kleiner Stufe ein Gefühl von Solidariät vermitteln. Ein spielerisches Beispiel dafür können die Zwergen-Olympiaden oder der Partner-Spaß-Parcours werden, bei denen es in der Regel nicht auf Kraft, Körpergröße und Schnelligkeit ankommt, sondern auf Witz, richtige Selbsteinschätzung, individuelle Leistung und oft auch auf die Unterschiedlichkeit der Partner, die gemeinsam eine Übung bewältigen und aus der Unterschiedlichkeit heraus ihren Punkt- und Lustgewinn ziehen.

Der AOL-Kindergarten-Prospekt: Unter der Nummer A466 erhalten Sie den kostenlosen Kindergartenkatalog des AOL-Verlags. Darin finden Sie eine verkürzte und aktualisierte Zusammenfassung dieser Seiten und eine ausführliche Vorstellung der Materialien, die auf der Grundlage unseres Curriculums entstanden sind.

AOL: Mit allen Sinnen – Herz & Kopf gewinnen!

Angst vorm Computer? Computer in der Grundschule sind nicht mehr aufzuhalten. Sie sollten aber vernünftig und kompetent eingesetzt werden. **Hacker Harry** richtet sich auch an Lehrer/innen, die sich schnell und völlig problemlos in die Geheimnisse der EDV einweihen lassen wollen oder müssen. **In 3 Tagen sind Sie Profi!**

DAS SCHWARZE BUCH?
Hier können Sie problemlos investieren: Für 3,-DM (Schutzgebühr) schicken wir Ihnen den 128-S. starken AOL- und Freiarbeit-Katalog: Lesebuch und Ideensteinbruch – und zugleich ein Blick in die Schulen von morgen: Langweiliger wird sie jedenfalls nicht, aber mehr Nerven kostet sie auch nicht.
Lassen Sie sich in die andere Schule entführen.

Der Pädagogische Schnäppchenführer:
Hier finden Sie mehr als **500 kostenlose Lehr- und Lernmittel**, Bastel- und Bildmaterial, Dia-Serien, Folien, Arbeitsblätter und Unterrichtshilfen. Mit Bezugsquellen und -bedingungen, Stichwortverzeichnis und allem, was das Lehrer/innenherz begehrt. Kostet Sie nur 20,– DM und ist unbezahlbar.

■ Die drei von der pädagogischen Tankstelle: Für alle Lehrer/innen GS und FS/SL:

Liebe Kollegin, lieber Kollege,
diese drei Materialien (**Hacker Harry**, **DAS SCHWARZE BUCH** und der **PSF**) werden Ihnen Tag für Tag das Leben innerhalb und außerhalb der Schule erleichtern. Alle drei sind im AOL- und Freiarbeit-Verlag erschienen und brandaktuell:

- ❐ **Hacker Harry:** Nr. A590, 44,00: Tolle Einführung in die EDV, in MS-DOS + in die Textverarbeitung. Der schnelle Lehrgang für aufgeweckte Dritt- & Viertklässler/innen, aber besonders f. Lehrer/innen, die sich bisher nicht getraut haben...
- ❐ **DAS SCHWARZE BUCH:** Nr. A444, 3.-: Wenn Ihnen ein befriedigendes Lehrer/innenleben etwas wert ist.
- ❐ **Der Pädagogische Schnäppchenführer PSF:** Nr. B199, 20,–: Wirkt wie eine kleine Gehaltserhöhung...

Das sind 3 von 800 Lehr- und Lernmitteln, Büchern und Nachschlagewerken, mit denen wir die Kinder zum Lachen und Lernen bringen und sie und Sie jeden Tag wieder gern in die Schule gehen lassen. Hier und auf den folgenden Seiten finden Sie die Materialien für die andere Grundschule: Hunderttausende von Schülerinnen und Schülern lernen mit unseren LernScheiben, LernKarussells und 5-Fächer-Lernkarteien. Wir beachten die Gesetze der Ähnlichkeitshemmung, üben differenziert den Freiarbeit-Grundwortschatz, beteiligen alle Sinne am Lernen, stärken die Persönlichkeit unserer Schülerinnen und Schüler (und erleichtern **Ihnen** rundherum die Arbeit: Mit allen unseren Materialien unterstützen wir Sie in Ihrer Vorbereitung, in der Durchführung und bei der Lernzielkontrolle und informieren Sie umfassend über alle Einsatzmöglichkeiten). Lernen Sie die Welt des ganzheitlichen Lehrens und Lernens kennen. Machen Sie Ihren Beruf zu Ihrem Hobby. Wir helfen Ihnen dabei. Lassen Sie sich Zeit und schauen Sie in Ruhe diese Seiten durch. Auf dem nächsten Blatt finden Sie die Bestellpostkarte. Sie können auch die ganzen 4 Seiten als Bestellliste verwenden: Kreuzen Sie an, was Sie haben wollen.

■ Die Kinder wachsen und mit allen Sinnen die Welt erobern lassen:

- ❐ **mit Kindern:** Nr. A520, 16,80: Taschenplaner für Kiga & GS. Mit Beobachtungsbögen, Geburtstags- & Menstruationskalendern, monatl. Projekte-Tips, Notenlisten, Stundenplänen & jährlich wechselnden Schwerpunktthemen
- ❐ **Die Zwergen-Olympiade 1:** Nr. A522, 44,00: 40 sinnliche Spielstationen für Kiga, GS, Geburtstagsfeiern, Schulfeste ...
- ❐ **Die Zwergen-Olympiade 2:** Nr. A523, 44,00: 40 weitere herrlich sinnliche Stationen, eher für drinnen. Noch schöner!
- ❐ **Der Partner-Spaß-Parcours:** Nr. A109, 44,–: Sportspiele, immer zu zweit, für Kids, Grufties & Originale. Sinnenschmaus
- ❐ **Mit allen Sinnen – draußen & drinnen:** Nr. A521, 48.–: Jahresarbeitsplan für Kiga & GS: *Ich bin da, du bist da; Natur erleben. Wo ich wohne, gibt es viel zu sehen.* Tolle Projekte & Ideen für das Lernen mit allen Sinnen.
- ❐ **Toni Taktvoll: Musik mit allen Sinnen:** Nr. A339, 44,–: 63 KV mit 24 Stundenbildern step by step: Noten & Rhythmus
- ❐ **Das fängt ja gut an:** Nr. A432, 25,–: Das neue A5-Buch zur Einschulung. Mit Vorbereitung, Eltern- & Lehrerhilfen ...

■ Die unglaublichen 6 Sinnen-Bände von Helga Grimm und Gabriele Wunderlich:

- ❐ **Reim, Rhythmus und Bewegung: Das ABC erleben.** In der neuen Rechtschreibung. Und ganz lebendig. **Nr. A352, 48,–**
- ❐ **ABC mit allen Sinnen:** Nr. A344, 48.–: „Eine Fundgrube für Lehrer/innen" (E. Brinkmann). Unser Hit in Klasse 1+2
- ❐ **...und weiter geht's mit allen Sinnen – Bd. 1: miteinander leben, lernen, lachen** Nr. A345, 48,–: für Kl. 1-4
- ❐ **...und weiter geht's mit allen Sinnen – Bd. 2: Pflanzen, Tiere, Welt entdecken** Nr. A355, 48,–: für Kl. 1-4
- ❐ **1, 2, 3 mit allen Sinnen:** Nr. A346, 48,–: Die Eroberung der Welt der Zahl; Rechengeschichten, Schatzkiste: Kl. 1+2
- ❐ **1·1 mit allen Sinnen:** Nr. A347, 48,–: In 5 sinnlichen Schritten systematisch & kreativ zum Einmaleins. Für Kl. 2-4
- ❐ **DAS SECHS SINNEN-BÄNDE-PAKET f. die ganze GS:** Nr. P100, 260,–: Sie erkennen Ihre Schüler/innen nicht wieder!

Sie können die folgenden 4 Seiten als Bestellliste verwenden (ankreuzen, raustrennen, zusenden) oder Sie schicken uns die ausgefüllte Bestellkarte von Seite 3/4 zu...

Wechsel-Würfel, Kellnerklingel, LernScheibe & Robischon:

Vario-Cube-System: Schaumstoffwürfel aus FCKW-freiem Schaumstoff mit 13,5 cm Kantenlänge mit auswechselbaren Spiel- und Lernkärtchen und der Ideen-Börse mit Vorschlägen für die Lernbereiche Formen und Farben, Sprache, Mathematik, Spiel und Konzentration, Reaktion, Lernzirkel u.v.m. Die wechselbaren Fronten und Blanko-Kärtchen erlauben Ihnen individualisierende Formen des Lehrens und Lernens, Freies Lesen, Schreiben und Sprechen. Für Kiga, GS, Hort, Förderschule und engagierte Eltern ...

■ Der FCKW-freie Würfel mit den Wechsel-Fronten: Universell spielen und lernen:

- ❒ **Vario-Cube (VC) Würfel, rot:** Nr. V741, 28,00 DM
- ❒ **Vario-Cube Würfel, grün:** Nr. V743, 28,00 DM
- ❒ **4 Würfel: je 1 blau, rot, gelb, grün:** Nr. V740: 99,00 DM
- ❒ **VC-Ideen-Börse:** Nr. V746, 9,80 DM: Anleitungsheft
- ❒ **VC-Alphabet-Stanzlinge, 12 Bogen:** Nr. V752, 16,80
- ❒ **VC-Volle Zahlen 40-10 000:** 6 Bogen: Nr. V754, 8,40
- ❒ **VC-Kalender:** Tage, Wochen, Monate: Nr. V756, 14.-
- ❒ **Vario-Cube Würfel, blau:** Nr. V742, 28,00 DM
- ❒ **Vario-Cube Würfel, gelb:** Nr. V744, 28,00 DM
- ❒ **VC-Würfel, beige, antiallergen:** Nr. V745, 30,00 DM
- ❒ **VC-Stanzlinge, blanko:** 60 St. auf 10 Bg: Nr. V751, 9,80
- ❒ **VC-Zahlen-Stanzlinge:** Nr. V753, 14,– DM: Ziffern 0-30
- ❒ **VC-Uhrzeiten: digital & analog:** Nr. V755, 11,20: 8 Bogen
- ❒ **VC-: Farben & Formen:** Nr. F757, 6,80 DM: 4 Bogen, bunt

■ Spiel, Spaß, Konzentration und Entspannung mit der Kellnerklingel:

Kennen Sie den Film *Drei Männer im Schnee*? Und die Klingel, die am Empfang beim mürrischen Portier stand? Die Portiers- oder Kellnerklingel? Ihr achteckiger Fuß ist aus einem massiven Eichenholzblock gefräst, die Klingelmechanik aus unverwüstlichem Stahl.

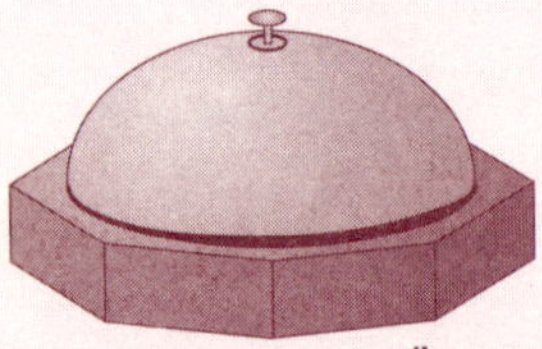

In Deutschlands erstem Hotel, Brenners Park-Hotel in Baden-Baden, finden Sie die Kellnerklingel noch. Und bei uns. Holz und Stahl und ein Buch. Für 29,80 DM. Auch ästhetisch ein Genuss! Ein klarer, durchdringender Klang, der Ihnen bei Elternabenden, in der Lehrerkonferenz und im ganz normalen Klassenunterricht die notwendige Aufmerksamkeit verschafft. Und dann geht es los: Spiele, Rätsel, Übungen zur Entspannung und Konzentration: Eine Schatzkiste voller Ideen für die GS. Komplett:

❒ **Jetzt geht's los!** Nr. A470, 29,80 DM: Original Kellnerklingel mit einem HosenTaschenBuch voller Muntermacher.

■ Rolf Robischon: Die ganz andere Grundschule. Der Weg dorthin ist ganz leicht.

- ❒ **Das Kind und die Schrift:** Nr. F680, 4,–: Schulanfang; Rechtschreiben; Texte verfassen; Lesen; Lernen; Hausaufgaben...
- ❒ **Lernen ist wie Atmen.** Nr. A340, 25,00: Texte aus der anderen Schule. Ein Buch wie ein Baum. Mächtig und frei.
- ❒ **ABC SCHUL-Anfang:** Nr. F681, 98,–: Kopiervorlagen zum Anfangsunterricht. Weg mit der Fibel. Die Großbuchstaben werden sehr schnell eingeführt. Nach wenigen Wochen schreiben und lesen die Kinder. Lesen durch Schreiben. Wagen Sie es!
- ❒ **Bärenstarke Grammatik:** Nr. F682, 98,–: KV im Ordner: Vorbereitete Sprachkundeaufgaben in übersichtlicher Anordnung.
- ❒ **Geschichten-Werkstatt Kl. 1-4:** Nr. F685, 49,– DM: Kreatives Schreiben in der Grundschule. Mit 3 Lineaturen.
- ❒ **Null-Fehler-LernKarussell Mathe 1:** Nr. F625, 23,00: Freiarbeit-Selbstlern-Kartei A6: Plus-Minus im Zahlenraum bis 20.
- ❒ **Null-Fehler-LernKarussell Mathe 2:** Nr. F626, 23,00: A6-Kartei im stabilen Ringbuch: Mal/geteilt mit 2, 3, 4, 5 und 10.
- ❒ **Null-Fehler-LernKarussell Mathe 3:** Nr. F627, 23,00: A6-Kartei im Ringbuch: Plus/Minus im Zahlenraum bis 100.
- ❒ **Null-Fehler-LernKarussell Mathe 4:** Nr. F628, 23,00: A6-Kartei im Ringbuch: Mal/geteilt mit 6, 7, 8, 9, 11, und 12.
- ❒ **Null-Fehler-LernKarussell Mathe 5:** Nr. F629, 23,00: A6-Kartei: Plus/Minus, Mal/geteilt im Zahlenraum bis 1 000 000.

■ Von Freiarbeit-LernScheiben und LernKarussells für Deutsch & Mathe für Kl. 1-4:

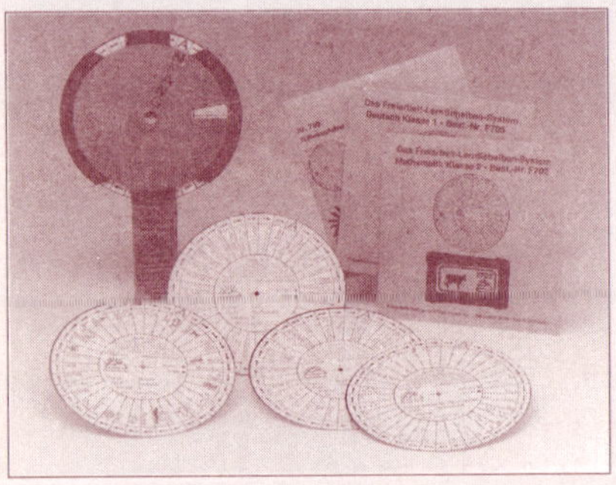

Mit den LernScheiben (links) lernen schon über 310.000 Schüler/innen in allen Bundesländern, mit den LernKarussells rechts schon 100.000. In ganz normalen Grundschulen in den Fächern Deutsch und Mathematik. Lehrplanbezogen, miteinander vernetzt, aber auch jeweils für sich einsetzbar. Die Gesetze der Ähnlichkeitshemmung werden streng beachtet. Der Grundwortschatz wird im Deutschen differenziert geübt.
In unseren Freiarbeit-Materialien können Sie jeweils auch mit Blanko-Materialien die Schwerpunkte üben, die in Ihrer Klasse/Lerngruppe am wichtigsten sind. Durch unsere Mechaniken bleibt die Reihenfolge jeweils erhalten, nichts kommt durcheinander. Das sind praxisbewährte Lernsysteme.

- ❒ **LernScheibenhalter:** Nr. F700, 8,–: Mit Druckknopf: Für auswechselbare LernScheiben, auch für eigene Programme.
- ❒ **6 Scheiben Mathematik Klasse 1:** Nr. F701, 12,00 DM
- ❒ **6 Scheiben Mathematik Klasse 3:** Nr. F703, 12,00 DM
- ❒ **6 Scheiben Deutsch Klasse 1:** Nr. F705, 12,00 DM
- ❒ **6 Scheiben Deutsch Klasse 3:** Nr. F707, 12,00 DM
- ❒ **24 Blanko-Schreiben mit Hilfsraster:** Nr. F790, 24,00 DM
- ❒ **6 Scheiben Mathematik Klasse 2:** Nr. F702, 12,00 DM
- ❒ **6 Scheiben Mathematik Klasse 4:** Nr. F704, 12,00 DM
- ❒ **6 Scheiben Deutsch Klasse 2:** Nr. F706, 12,00 DM
- ❒ **6 Scheiben Deutsch Klasse 4:** Nr. F708, 12,00 DM
- ❒ **LernScheiben-System GS komplett:** Nr. F797, 150,00

- ❒ **LernKarussell Holz:** Nr. F600, 20,00: Stabile Ringmechanik auf massiv. Sperrholzplatte auf lernfreundlichem Lernpult.
- ❒ **32 Karten Mathematik Klasse 1:** Nr. F601, 16,00 DM
- ❒ **32 Karten Mathematik Klasse 3:** Nr. F603, 16,00 DM
- ❒ **32 Karten Deutsch Klasse 1:** Nr. F605, 16,00 DM
- ❒ **32 Karten Deutsch Klasse 3:** Nr. F607, 16,00 DM
- ❒ **32 Karten Mathematik Klasse 2:** Nr. F602, 16,00 DM
- ❒ **32 Karten Mathematik Klasse 4:** Nr. F604, 16,00 DM
- ❒ **32 Karten Deutsch Klasse 2:** Nr. F606, 16,00 DM
- ❒ **32 Karten Deutsch Klasse 4:** Nr. F608, 16,00 DM
- ❒ **Das LernKarussell Grundschule komplett:** 8 Lernkarussells + 4 Kartensätze D & M für Kl. 1-4: Nr. F697, 280,00 DM

AOL & Freiarbeit: von führenden Schüler/innen empfohlen!

Die Freiarbeit-Klassen-Lernwerkstatt: Nur 170,00 DM für die ganze Klasse!

Sich selbst zum Thema machen – und andere schöne Dinge des Lebens ...

- ❐ **Lernzirkel: Ich und meine Gefühle :** Nr. A910, 29,–: 12 Lernstationen Kl. 3-6: Wie bin ich? Mutig sein. Elternsprüche ...
- ❐ **Lernzirkel: Mein Ich-Buch:** Nr. A911, 29,–: 15 Lernst. Kl. 3-6: Ich male mich an. Blick aus meinem Fenster.Tagebuch ...
- ❐ **Lust auf Lesen 1: Schnuppertexte für Kl. 3-4:** Nr. A531, 34,–: Projekte, Rätsel, Fragen zu 30 bekannten Büchern.
- ❐ **Bücherquiz für Kids:** Nr. A057, 34,–: A4-KV: Die Welt der Bücher von Andersen bis Ende entdecken. Für Kl. 2-5
- ❐ **Bilderkreuzworträtsel:** Nr. A132, 10,–: Herrliche Rätsel mit zusätzlichen Sprachübungen für alle und für DaZ/DaF
- ❐ **40 Mathematische Malbilder:** Nr. A128, 34,–: A4-Kopiervorlagen: Wunderschöne Ausmal- & Rechenbilder für Kl. 1-4
- ❐ **2 Lernquartette: Urzeit-Pflanzen** und **Rekorde im Tierreich:** Nr. V362, 8,–: Von Schuppenbäumen & Blauwalen ...
- ❐ **Kochkiste 1-3: Roh, aber herzlich, Dr. Voll & Mr. Wert, Der kleine Knoblauch- & Spagettifresser:** Nr. F573, 35,00 DM

DIE BÜCHER VON GERHARD SENNLAUB, DIE UNS LEHRER/INNEN DIE HERZEN WEITEN UND DIE KÖPFE KLÄREN

- ❐ **MACHT'S GUT! Vom Lehren, vom Lernen, vom Mitdenken.** Balsam für unsere Lehrerseelen. Nr. A357, 38,– DM
- ❐ **SEHT ZU! Lesen, Schreiben, Rechtschreiben, Legasthenie.** Das große gute Vorsatzbuch für Deutsch! Nr. A356, 34,– DM

PROJEKTE, RÖLLCHEN, MUSEEN...: Die Lichtblicke in jeder Stunde, an jedem Tag, in jeder Woche ...

- ❐ **Umwelt erfahren – Umwelt bewahren:** Nr. A363, 38,–: 156 Umweltprojekte zu allen Bereichen für Vor- und Grundschule.
- ❐ **Mit offenen Sinnen durch den Wald:** Nr. A439, 25,00: Rundfunksendung; Leben wie die Indianer; Waldlehrpfad ...
- ❐ **Abenteuer Museum: Kunst für Kinder. Ein Buch für Erwachsene:** Nr. A368, 44,00: Kinderbildnisse, Kubismus, Statuen.
- ❐ **Lesen lernen mit links ...** und rechts – mit Hilfe beider Gehirnhälften. Edu-Kinestetik in der Praxis. Nr. V065, 36,– DM
- ❐ **Mit allen Sinnen – draußen und drinnen.** Der Jahresarbeitsplan für Kiga, GS und FS. Stoff für viele Jahre! Nr. A521, 48,–
- ❐ **10-Minuten-Tips für Lehrer/innen zur Bewältigung des schwieriger werdenden Schulalltags.** A5-Buch Nr. A365, 25,–

Wenn Sie mit wenig Aufwand schnell und fundiert in die Freiarbeit einsteigen wollen

Die Freiarbeit-Klassen-Lernwerkstätten für Kl. 1-4: LernScheiben & LernKarussell für Deutsch & Mathe; Lauf- & Büchsendiktate, Lese-, Rechen- & Sachröllchen, Platzhalter u. v. m.: mit Begleitbuch, Ordnungsaufklebern, Lehrer/innen-Informationen

- ❐ **Die Freiarbeit-Lernwerkstatt Kl. 1:** Nr. F981, 170,00
- ❐ **Die Freiarbeit-Lernwerkstatt Kl. 2:** Nr. F982, 170,00
- ❐ **Die Freiarbeit-Lernwerkstatt Kl. 3:** Nr. F983, 170,00
- ❐ **Die Freiarbeit-Lernwerkstatt Kl. 4:** Nr. F984, 170,00
- ❐ **Kartei „Das trifft's!"** Nr. F579, 28,–: A5-Kartei im Ringbuch: Treffende Wörter für Gefühle, Satzanfänge, Sachen ...
- ❐ **Freiarbeit: So fange ich an:** Nr. F383, 9,50: Schon weit über 10.000 Stück verkauft. Das Erste-Hilfe-Buch zur Freiarbeit.
- ❐ **Das Freiarbeit-Werkbuch Primarstufe:** Nr. F553, 29,–: Kopiervorlagen: Der Querschnitt für Selbermacher. Im Ringbuch.

ern informieren Sie die AOL-Regioalstellen in **Ihrer Schule** in spanenden **Workshops** (150,00 DM für as ganze Kollegium) oder mit koenlosen **Büchertischen**. ufen Sie Ihre nächstgelegene AOLegionalstelle an – aktuelle Auskünfe erhalten Sie unter **07227-95 88-0**

LZ, Ort	Telefon-Durchwahl
1217 Dresden	0351-471 96 86
4177 Leipzig	0341-4 77 19 49
0405 Berlin	030-442 10 12
0787 Berlin	030-213 98 88
5890 Pohlitz	03364-80 01 08
4890 Stolk	04623-71 35
0163 Hannover	0511-62 51 00
5390 Gießen	0641-79 15 54
1179 Mön.gladb.	02161-55 66 38
4793 Bochum	0234-96 10 30
7906 Kempen	02152-529 76
8317 Drensteinfurt	02538-10 50
3797 Lohmar	02246-183 72
6111 Saarbrücken	0681-39 95 46
8167 Mannheim	0621-339 17 59
2072 Tübingen	07071-76 31 72
7866 Rheinau	07844-76 17
9271 St. Peter	07660-16 52
3355 Grabenstätt	08661-92 99 06
8069 Tettnang	07542-89 46
9522 Heidenheim	07321-97 31 08
0471 Nürnberg	0911-86 19 10
3617 Meiningen	03693-65 87
9817 Eisenach	0641-79 15 54

B.-Nr.	Stück	Kurztitel	Preis

○ **Bitte stellen Sie die AOL-Materialien doch einmal an unserer Schule vor und rufen Sie mich zur Vereinbarung eines Termins kurz an:**

Telefon: **Mein Name:**

Hiermit bestelle ich die links aufgeführten Materialien (zzgl. 7,81 DM Versandkosten):

Name: ____________________

Straße: ____________________

Ort: __________ __________

Tel.: __________ Fax: __________

Schulart/Arbeitsbereich: __________

Ich bin ❐ Lehrer/in, ❐ Erzieher/in, ❐ Elternteil, ❐ Schüler/in, ❐ Student/in, ❐ Referendar/in, ❐ Schulleiter/in, ❐ __________

Meine Kundennummer: __________

Liebe Kollegin, lieber Kollege, gerne schicken wir Ihnen mit Ihrer Bestellung kostenlos unsere Informationsschriften (auch dann, wenn Sie nicht unseren erbetenen Mindestbestellwert von 42,– DM einhalten).
Kreuzen Sie Ihre Wünsche an:

- ❐ Informationen zur **Ähnlichkeitshemmung** (Nr. F101)
- ❐ **Lernhilfen-Katalog für Eltern & Schüler** (A488)
- ❐ **Herrn K.s Lieblingspädagogin** (F102)
- ❐ **Freiarbeit-Grundwortschatz FGWS** (F104)
- ❐ **Kindergarten-Übersicht: Mit allen Sinnen** (Nr. A466)
- ❐ **entspannen und konzentrieren** (F105)
- ❐ **Der Mensch sitzt nicht auf dem Stuhl allein** (F106)